IQ² Denk Dich fit!

Jung im Kopf mit Gehirnjogging

Philip Carter

PREMIO

PREMIO ist ein Imprint der Arcturus Publishing Limited, London,
und der Premio Verlag GmbH, Münster

Umschlagmotiv: www.istockphoto.com
Wort und Texträtsel (Abschnitt 1): Verlag Horst Deike KG, 78462 Konstanz

ISBN 978-3-86706-082-0

Printed in Singapore 2009

www.premio-verlag.de

Inhalt

Denken Sie sich fit!

Sportler können ihre Leistung steigern und ihre Erfolgsaussichten verbessern, egal, in welcher Liga sie spielen. Dies erreichen sie durch hartes Training und Verfeinerung ihrer Technik. Ebenso können Denksportler die Leistungsfähigkeit ihres Gehirns steigern. Die Mittel dazu sind Rätsel und Tests.

Beim Menschen ist das Gehirn das wichtigste Körperorgan und der entscheidende Vorteil gegenüber allen anderen Lebewesen. Es bewirkt Wahrnehmung und Gedächtnis, es formt Sprache, Fertigkeiten, Gedanken und Gefühle – und doch schenken wir gerade diesem Teil unseres Körpers oft die wenigste Aufmerksamkeit. Im Durchschnitt nutzen wir lediglich drei Prozent seines riesigen Potentials. So groß ist der Anteil der Informationen, deren wir uns bewusst sind; der Rest bleibt im Unterbewusstsein.

Dass sich die Leistungsfähigkeit des Gehirns nicht steigern lasse, ist ein weit verbreiteter Irrtum. Das Denkvermögen lässt sich beträchtlich erhöhen und in viel größerem Maße nutzen. Um dies zu erreichen, benötigen Sie ein speziell ausgearbeitetes Programm aus Rätseln und Test mit den dazugehörigen fachlichen Anleitungen. All das finden Sie in diesem Buch.

Es bietet Ihnen nicht nur unterhaltsame Übungen zum Training Ihres Gehirns, sondern befähigt Sie auch, verschiedene Arten der Intelligenz intensiv kennenzulernen: sprachliche, mathematische und visuelle Kompetenz, Gedächtnis und Persönlichkeit (den Emotionalen Quotienten oder EQ). In den ersten vier Abschnitten sind die Rätsel in drei Schwierigkeitsstufen eingeteilt: einfach, anspruchsvoll und schwer.

Für eine Reihe von Tests gibt es eine Leistungsbewertung, anhand deren Sie Ihre Stärken und Schwächen erkennen können. Im letzten Abschnitt erlaubt Ihnen eine Gesamtbeurteilung, das allgemeine Leistungspotential Ihres Gehirns zu erkennen; die Analyse sämtlicher Testergebnisse gibt Ihnen wertvolle Hinweise.

Wenn wir lernen, unser Gehirn in Form zu bringen und zu halten, können wir die Probleme im wirklichen Leben mit frischer Kraft und mit Selbstvertrauen anpacken und lösen.

Rätsel

Es macht Spaß, mit Wörtern zu spielen: sie zu ergänzen, sie zu rekonstruieren, sie neu anzuordnen und versteckte Bedeutungen darin zu entdecken.

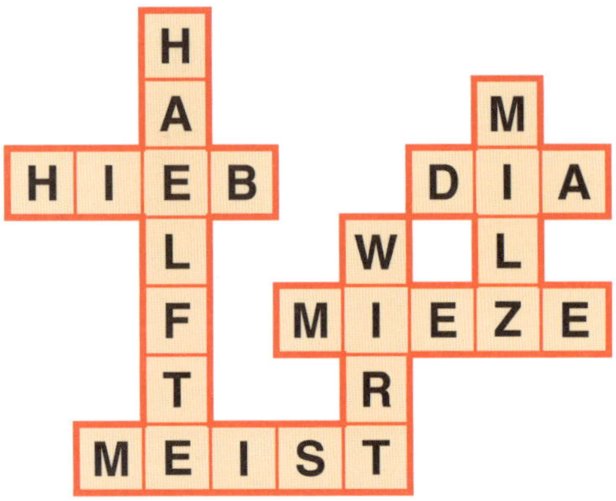

Worträtsel zur Entspannung gibt es schon seit einigen hundert Jahren. Richtig populär wurden sie jedoch, als die Zeitung *New York World* am 21. Dezember 1913 eine Neuerung veröffentlichte: ein rautenförmiges Kreuzworträtsel, das der aus Liverpool stammende Arthur Wynne erdacht hatte.

In diesem Rätsel war das Lösungswort FUN unter „Waagrecht 2" bereits eingesetzt. Kein anderes Wort der englischen Sprache (Fun = Spaß) wäre besser geeignet.

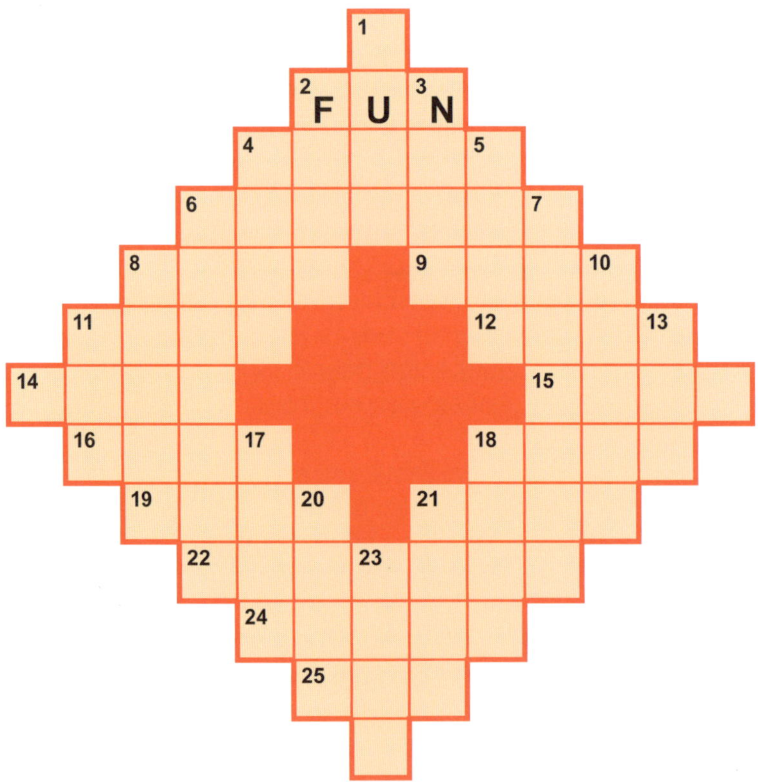

Arthur Wynnes Idee, der Vorläufer der modernen Kreuzworträtsel, schlug sofort ein, und die Leidenschaft für Kreuzworträtsel erfasste ganz Amerika. So groß war die Begeisterung, dass auf den wichtigen Einsenbahnlinien den Passagieren Rätsellexika zur Verfügung gestellt wurden.

Seit 1930 brachte auch die Londoner *Times* ein anspruchsvolles Kreuzworträtsel, und schließlich wurde diese Rätselart in ganz Europa populär. Das erste Buch mit Kreuzworträtseln erschien 1924 in den USA.

Die Beliebtheit der Kreuzworträtsel führte zu vielen Abwandlungen und verschiedenen Arten von Worträtseln. Wer sich regelmäßig mit diesen Rätseln beschäftigt, kann zweifellos seinen Wortschatz vergrößern und seine sprachliche Kompetenz erhöhen.

K	A	R	O
A	L	O	E
R	O	H	R
O	E	R	E

L	O	T	S	E
O	D	E	O	N
T	E	N	N	O
S	O	N	O	R
E	N	O	R	M

Dieser Abschnitt enthält eine vielfältige Auswahl von 185 Worträtseln, von denen jedes einzelne eine Herausforderung darstellt. Es gibt drei Schwierigkeitsstufen.

Mit Wörtern zu spielen ist allgemein verbreitet. Worträtsel sind die populärsten und am meisten verbreiteten Rätsel überhaupt. Wir alle müssen unsere Sprache verstehen und sprechen, um miteinander umzugehen. Wohl deshalb finden viele Menschen ein Worträtsel einfach unwiderstehlich.

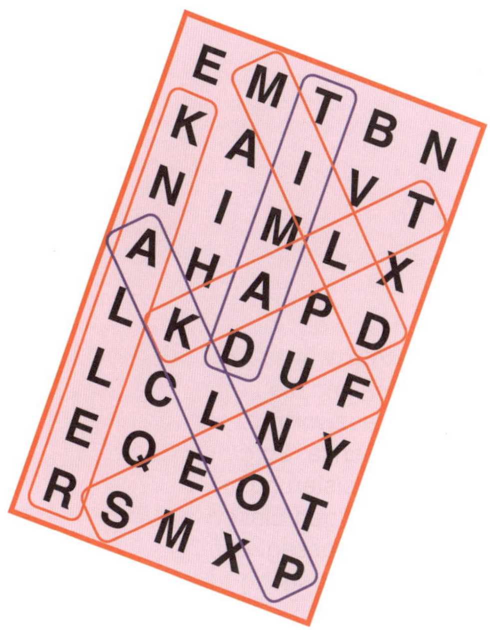

Einfach

1. Tragen Sie ein Wort in die Klammer ein, das sowohl der Definition über als auch der Definition unter der Klammer entspricht.

Leuchtkörper

(   )

Obst

2. Ersetzen Sie in jedem Wort einen Buchstaben und Sie erhalten eine bekannte Redensart.

DIR BOTE MADEN

3. Was ist ein Präzedenzfall?
- Wasserfall mit mehreren Stufen
- erstmalig auftretender Sachverhalt
- Sturz vorwärts vom Pferd

4. Wenn Sie den richtigen Anfang finden und den Linien folgen, ergibt sich ein Wort mit zehn Buchstaben. Jeder Kreis darf dabei nur einmal durchlaufen werden.

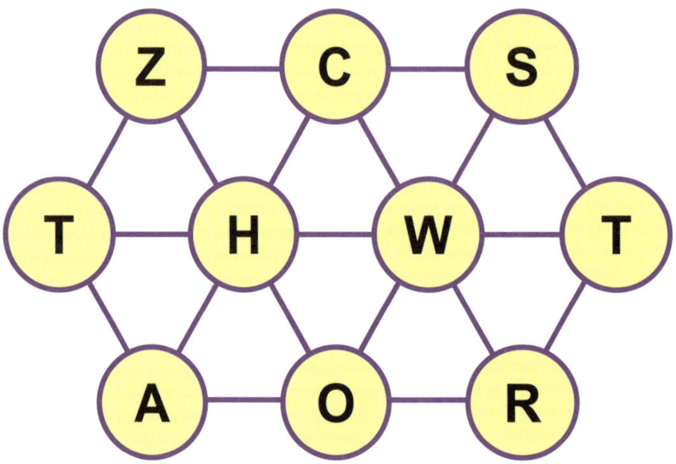

5. Finden Sie zwei Anagramme, also Wörter, die aus den gleichen Buchstaben bestehen.

OPFERTE	POSTBOTE	RAFFGIER	PROSPEKT
RADSPORT	TOEPFER	OELFARBE	ODENWALD

Einfach

6.

SALINE PASSTE ERBSE ist ein Anagramm welcher bekannten tröstenden Redewendung?

7.

Finden Sie ein Brückenwort. Es soll sowohl mit dem Wort davor als auch mit dem Wort danach einen sinnvollen Begriff ergeben.

TRAUM ( ) KLASSE

8.

Beginnen Sie in einer Ecke und fahren Sie im Uhrzeigersinn entlang den Außenkästchen bis zur Mitte fort. Es ergibt sich ein Wort mit neun Buchstaben. Die nicht aufgeführten Buchstaben müssen Sie dabei ergänzen.

E	N	
I		R
R	E	F

9.

Welches Wort gehört nicht dazu?

NORDEN ORDERN
DONNER DORNEN

10.

In welchem durch verschmähte Liebe verursachten Leid verbirgt sich ein doppeltes Mineralgemenge?

11.

Welche vier Silben lassen sich zu zwei Wörter zusammensetzen, die ein Gegensatzpaar bilden?

LEI MAT NEN HEI PRI FREM MEL DE GEI GER

12.

Finden Sie ein Brückenwort. Es soll sowohl mit dem Wort davor als auch mit dem Wort danach einen sinnvollen Begriff ergeben.

REISE ( ) SCHEIN

Einfach

13. Hier wurde ein lustiger Spruch in Silben aufgeteilt und in zufälliger Reihenfolge wiedergegeben.

CHEN EI HE HE KÜ
KUH LE MA MACHT
MÜ MUH NE VIE

14. Ersetzen Sie in jedem Wort einen Buchstaben und Sie erhalten eine bekannte Redensart.

KISSEN SO WER HOSE SÄUFT

15. Lösen Sie die rätselhaften Hinweise. Die Zahl in Klammern gibt die Anzahl der Buchstaben des Lösungswortes an.

1 Zeus liebte so Europa (5)

2 Politiker haben oft ein schlechtes (5)

3 Subjekt, Prädikat und vielleicht ein Objekt (4)

4 Kopf ohne Haare (5)

5 Vertragsfluss (4)

6 erdige Zeitschrift (3)

16. Welche Frucht verbirgt sich hinter 3A 2N 1S?

17. Welche beiden Wörter haben die gleiche Bedeutung?

MACHBAR, LEICHT, MÖGLICH, REICHLICH, GESAMT, AUSSERGEWÖHNLICH

18. LANDSEE GUTE GLUT ist ein Anagramm welcher bekannten Redewendung?

Tipp: positives Fazit

19. Welche zwei Wörter bilden ein Gegensatzpaar?

VERWERFLICH, GEFÜHLLOS, SICHER, SENSIBEL, KOMPLETT, SCHARF

Einfach

20.

Finden Sie einen dreibuchstabigen Wortabschnitt, der in jeder Zeile, den angegebenen Buchstaben vorangesetzt, einen sinnvollen Begriff ergibt.

\- - - E
\- - - S
\- - - AN
\- - - ERN

21.

Die ersten und die letzten Buchstaben der Lösungswörter ergeben, von oben nach unten gelesen, je eine Hauptstadt.

Zwei Stück
Epoche
Beute
Andenvolk
Perlwein

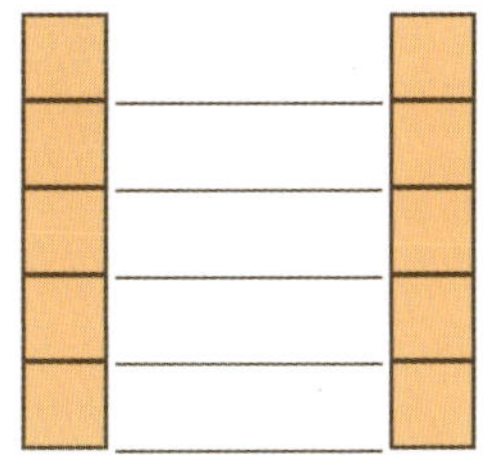

23.

Wenn 1HWDA „eine Hand wäscht die andere“ ergibt, was bedeutet dann 4ASMA2?

22.

Welche beiden Wörter haben die gleiche Bedeutung?

ZEITGEMÄSS, FUNDIERT, OBSOLET, MENSCHLICH, BIEDER, ALTMODISCH

24.

Lösen Sie nun dieses Kreuzworträtsel:

Waagrecht
1 Amphibie
6 Kiefernart
7 nach oben
9 ordern
11 ein Rauschgift
12 Ausruf des Staunens
13 halbgefrorenes Getränk

Senkrecht
2 Pferdesportler
3 Sklavenführer gegen Rom
4 Berg bei Innsbruck
5 Schellfischart
8 Regierung (abwertend)
10 kurz für: in das

Einfach

25. Ersetzen Sie die Anfangsbuchstaben so, dass neue sinnvolle Wörter entstehen. Die neuen Buchstaben ergeben etwas, das man nicht verlernen sollte.

RIEGEL, ZIER, BESEN, BEBEN, HASE, BUCH, MIERE

26. Welche vier Silben lassen sich zu zwei Wörter zusammensetzen, die eine ähnliche Bedeutung haben?

SCHAU	MER	DRA	BÜ
SOM	MA	SPIEL	TOR
CHER	MEN	AU	SCHEN

27. Welches Wort kann man Raum, Reise und Karte voranstellen, sodass sich drei neue Begriffe ergeben?

28. Welches in einer Oper steckende Münzstück legt man für schlechtere Tage zurück?

29. Wie muss das Wort in Klammern lauten, damit das Zitat von Friedrich Hebbel korrekt wiedergegeben ist?

„Das (nieswegs) ist die Wunde, die nie heilt und an der keiner stirbt“.

30. Beginnen Sie in einer Ecke und fahren Sie im Uhrzeigersinn entlang den Außenkästchen bis zur Mitte fort. Es ergibt sich ein Wort mit neun Buchstaben. Die nicht aufgeführten Buchstaben müssen Sie dabei ergänzen.

H	R	K
A		A
	T	R

31. Viermal ein neuer Anfang und Sie erhalten eine Nation, Trödelkram, einen Körperteil und Mineralkörner. Welche Wörter sind gesucht?

32. Wenn 4 F für 1 H „Vier Fäuste für ein Halleluja“ ergibt, was bedeutet dann 3 M und 1 B?

33. SICHERLICH MIESER KNOPF

Ordnen Sie die Buchstaben und Sie erhalten drei Obstsorten. Jeder Buchstabe wird einmal verwendet.

Einfach

34. Finden Sie ein Brückenwort. Es soll sowohl mit dem Wort davor als auch mit dem Wort danach einen sinnvollen Begriff ergeben.

QUER ( ) WAGEN

35. Welche zwei Wörter ergeben ein Gegensatzpaar?

EHRENWERT, ANSTÄNDIG, ERLESEN, KALTBLÜTIG, BILLIG, VERSÖHNLICH

36. Welche zwei Begriffe haben die gleiche Bedeutung?

ANBIEDERN, OPPORTUN, EINDEUTIG, NÜTZLICH, HINTERGÜNDIG, MERKWÜRDIG

37. Lösen Sie das Anagramm, um den Autor des folgenden Zitats zu finden: „Wer nicht kämpft, hat schon verloren."

BROT LEBT RECHT

38. Wenn man Goethe fragt, dann soll ein Mensch das, aber auch hilfreich sein. Mit gut wird er zum Wein. Welche Eigenschaft ist gesucht?

39. EI – EI – FANG – KEIT – KEIT – LIG – LIG – SCHNEL – SE – SEN – TELN – VER

Bilden Sie aus diesen Silben Wörter mit nachfolgender Bedeutungen:

1 Tierfalle, 2 verhindern, 3 Entzücken, 4 Eile

40. Finden Sie die beiden Wörter, die miteinander ein Anagramm bilden.

ANLEITER, LEINWAND, LANDFRAU, LEHRSATZ, ARNSTADT, LATEINER, ANWESEND, ANGELIKA

41. Ersetzen Sie die Endbuchstaben so, dass neue sinnvolle Wörter entstehen. Die neuen Buchstaben ergeben eine filigrane Eigenschaft.

HERR GERD HAUEN ARM

Einfach

42. Das vorgegebene dreibuchstabige Wort ist um den neben der Grafik stehenden Buchstaben zu erweitern, wobei das nächste Wort auch geschüttelt werden kann.

1 Stelle
2 gitterförmige Unterlage
3 Warenart
4 militärischer Rang

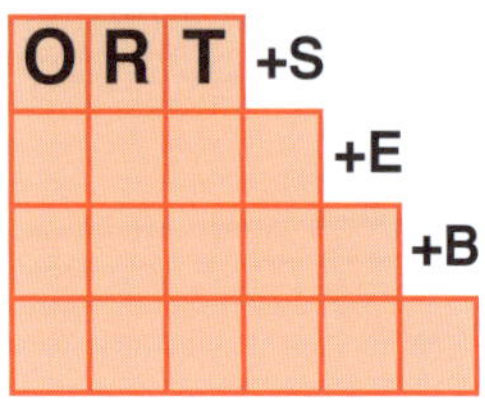

43. Finden Sie ein Brückenwort. Es soll sowohl mit dem Wort davor als auch mit dem Wort danach einen sinnvollen Begriff ergeben.

KONTO ( ) AKTIE

44. Welcher deutsche Nachkriegspoltiker ist ANDAUERND KOREA?

45. Der Nachlassempfänger verhält sich zur REBE wie das Ordnungsgestell zu?

46. Finden Sie die beiden Wörter, die miteinander ein Anagramm bilden.

BRETAGNE, BRUCHSAL, BROKKOLI, DURCHZUG, DUMMHEIT, GEBRATEN, ECKSTOSS, HAUSWIRT

47. Wenn man dieses Gewächs genau nimmt, hat es eigentlich nur vier Buchstaben. Im wirklichen Leben bringt es zwei mehr auf die Waage. Welche Frucht ist gesucht?

48. EIGER
ERBEN
ELOGE
GERNE

Welches der Wörter unten ergänzt die obere Liste an welcher Stelle sinnvoll?

TONGA, ENGEL, GAUDI, ANBEI, DIWAN

49. Finden Sie ein Brückenwort. Es soll sowohl mit dem Wort davor als auch mit dem Wort danach einen sinnvollen Begriff ergeben.

STERN ( ) RICHTUNG

Einfach

50. Zum Abschluss dieses Kapitels, noch ein (leichtes) Kreuzworträtsel:

Waagrecht
- 1 absolut jeder
- 5 Tanzbewegung (franz.)
- 6 königlich
- 7 gleichmäßig flach
- 9 „Aus“ beim Schach
- 13 Lärm um nichts
- 14 feierliches Gedicht
- 15 geachtete Personen

Senkrecht
- 1 Beiname New Yorks (Big ...)
- 2 Tabelle
- 3 Abschnitt des Korans
- 4 Röstbrotscheibe
- 8 Freiherr
- 10 italienisch: Liebe
- 11 Segelbootfahrt
- 12 Roman von Emile Zola

Anspruchsvoll

51. Tragen Sie die gelösten Begriffe silbenweise in die Rätseltreppe ein:

Waagrecht: 2 Gegenwehr, 4 männliches Haustier, 5 Staat in Westafrika, 7 Felshöhle, 8 Titel russischer Kaiserinnen

Senkrecht: 1 Hafenstadt in Südportugal, 2 Mönch mit Priesterweihen, 3 Hauptstadt Perus, 4 kleines Bauernhaus, 6 Vorname der Minnelli

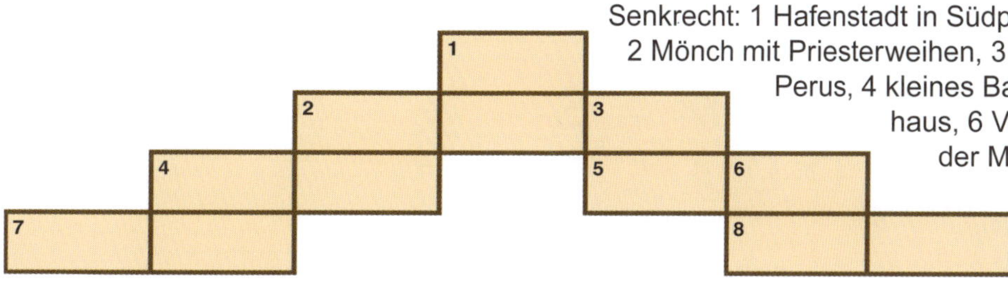

Anspruchsvoll

52. HONDA RUINE ist ein Anagramm aus den Namen welcher beiden europäischen Flüsse?

54. Die gesuchten Wörter tragen Sie bitte waagrecht und senkrecht in die Grafik ein: 1 engl.: anführen, 2 nicht beide, 3 afrikanischer Staat, 4 altgriechische Orakelstätte, 5 Teil des Schuhs, 6 Habsucht

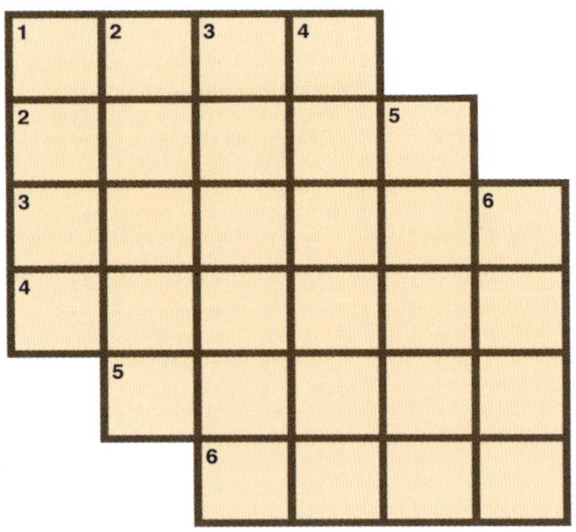

55. Fügen Sie den Namen eines Sakralbaus in die unterste Reihe ein. Bei richtiger Lösung ergeben sich senkrecht von oben nach unten gelesen sieben dreibuchstabige Wörter.

A	U	T	O	M	A	S
L	S	O	D	A	L	E

53. In jedem Kreis ist ein achtbuchstabiger Begriff gesucht. Im oberen Kreis verläuft er im Uhrzeigersinn, im unteren entgegen dem Uhrzeigersinn.

Ergänzen Sie die fehlenden Buchstaben!

Die gesuchten Wörter sind Antonyme.

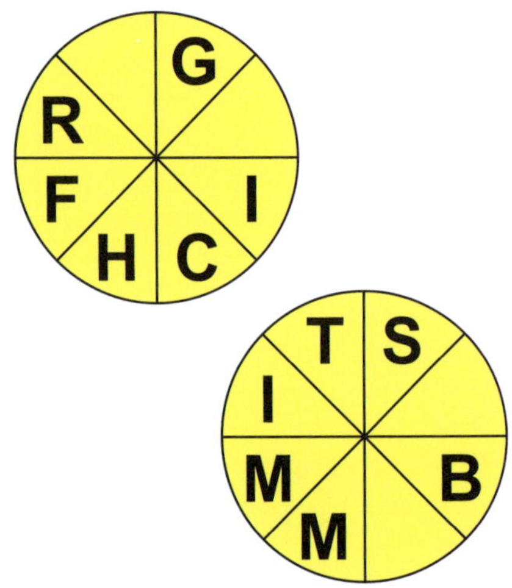

56. Was ist ein Curriculum?

– ein Reitparcours
– eine mittelalterliche Handschrift
– ein Lehrplan

Anspruchsvoll

57. Wenn die Buchstaben
Z T S T G L D
an den richtigen Stellen mit Selbstlauten aufgefüllt werden, ergibt sich ein Zitat von Benjamin Franklin.

58. BISLANG PROSA
ist ein Anagramm aus den Namen welcher beiden europäischen Städte?

GUTACHTLICHE PERSON
ist ein Anagramm aus den Namen welcher beiden europäischen Staaten?

59. (a - b) + (c - d) = x

a = Karibikinsel,
b = westafrikanischer Staat,
c = Kontur, d = Beschädigung im Stoff, x = die Schlusslösung

60. Diese doppelrunde Zahl bringt mich in Verbannung. Welches Wort wird gesucht?

61.

A	M	A	H	M	T	N
R	A	R	U	A	E	U

62. Gesucht sind zwei Wörter, die eine gegensätzliche Bedeutung haben. Beide Wörter verlaufen im Uhrzeigersinn, beginnen jedoch in unterschiedlichen Kreisen.

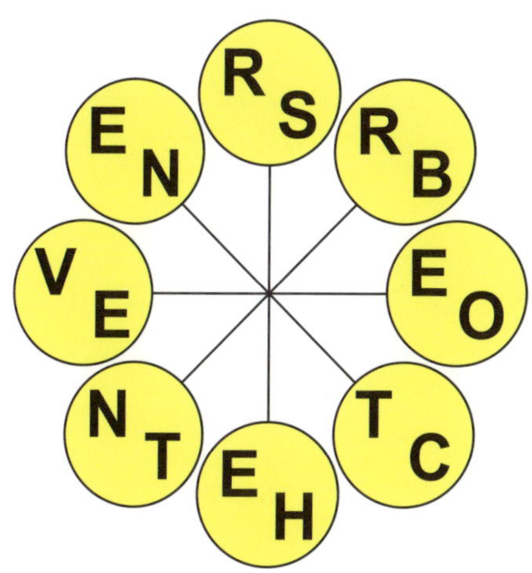

63. Finden Sie ein Brückenwort. Es soll sowohl mit dem Wort davor als auch mit dem Wort danach einen sinnvollen Begriff ergeben.

FINGER ( ) KRAFT

Anspruchsvoll

64. (a - b) + (c - d) = x
a = erlaubt sein, b = besitzanzeigendes Fürwort, c = dekoratives Plakat, d = Brief- und Paketgut, x = die Schlusslösung

66. Wenn Sie den richtigen Anfang finden und den Linien folgen, ergibt sich eine Redensart.

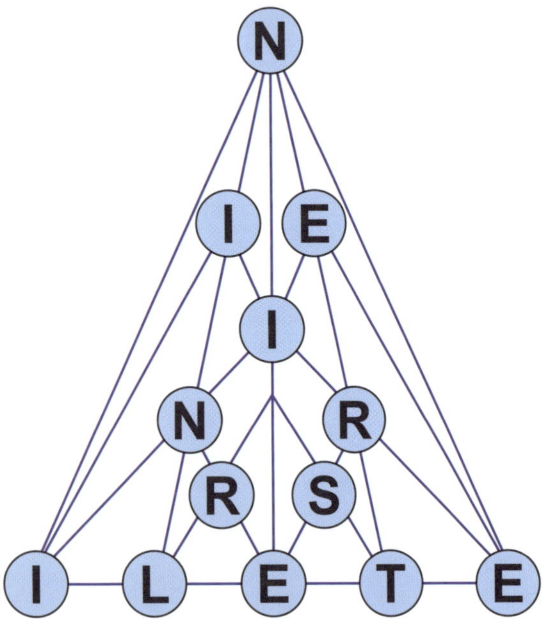

68. FEGENDEN BANANEN ist ein Anagramm. Welches Gegensatzpaar steckt darin?

69. In der richtigen Reihenfolge zusammengesetzt ergeben folgende Buchstabengruppen ein Zitat von Johann Wolfgang von Goethe.
ERSI – INDE – NDFE – NEID

65. Finden Sie den Buchstaben in der Mitte, der aus den Wortteilen links und rechts sinnvolle Begriffe macht.

ROT		AUT
TON		RDE
WOL		RAM
TOR		ROS

67. Die gesuchten Wörter tragen Sie bitte waagrecht und senkrecht in die Grafik ein: 1 Fruchtgetränk, 2 Frühlingsmonat, 3 Suche nach Antwort, 4 nordäthiopische Landschaft, 5 inhaltslos

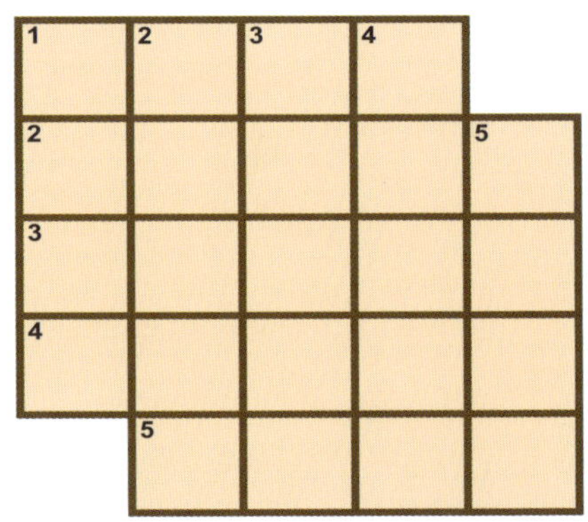

70. Vertauschte Selbstlaute: Welches Sprichwort versteckt sich hier?

JADAS DENG HUT ZWAE SAETAN

Anspruchsvoll

71. Welches gemeine Schauspiel hat etwas mit Seife oder Öl, auf jeden Fall aber mit Lachen zu tun?

72. Wenn Sie den richtigen Anfang finden und den Linien folgen, ergibt sich ein Wort mit 14 Buchstaben.

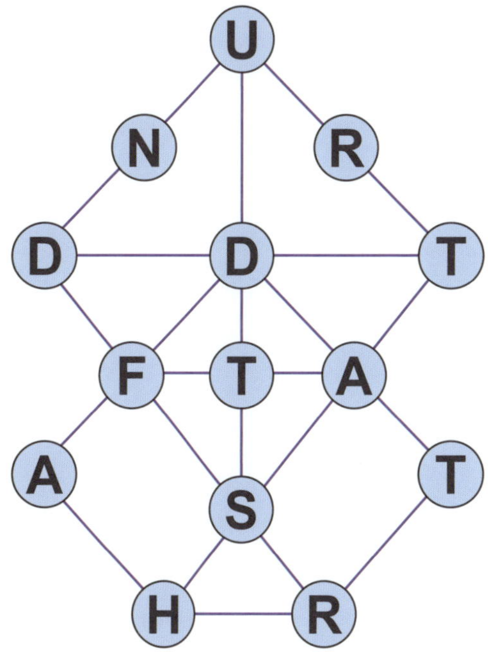

73. Das Gift der Schnabeltiere ist nicht tödlich, verursacht aber Schwellungen, die auch mit viel Morphium kaum zu lindern sind.

An welcher Stelle des Satzes fehlt eines der nachfolgenden Wörter?

A streifenförmige	B letale
C schmerzhafte	D männliche
E dunkle	F innere

74. Welches Wort kann man Kapital, Zellen und Baum voranstellen und erhält dabei drei neue Begriffe?

75. Dieser Bewohner einer süd-europäischen Großstadt ist auch ein Trinkgefäß. Wer oder was wird gesucht?

76. Finden Sie die beiden Wörter, die miteinander ein Anagramm bilden.

KLOSTER, KUNSTBAU, TORBOGEN, KATALOG, LEKTOR, SUBKUTAN

77.

D4	N6	B1
L3	G7	U5

Welche Buchstaben/Zahlen-Kombination fehlt für welches Wort?

Anspruchsvoll

78.

Finden Sie den richtigen Anfang und suchen Sie einen bekannten Ausdruck, indem Sie sich entlang der Verbindungslinien von Kreis zu Kreis bewegen.

Tipp: Gesucht sind zwei Wörter (mit 11 und 5 Buchstaben), die bezeugen, dass die Zeit nicht stehen bleibt.

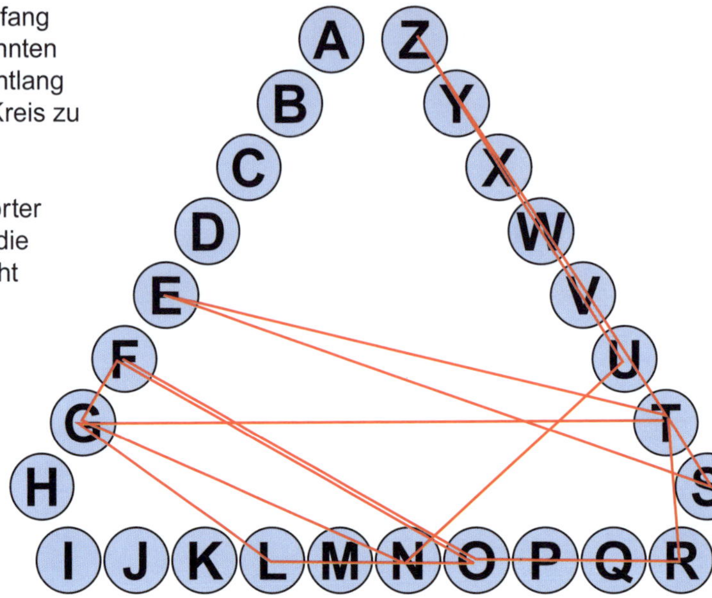

79.

Vier Begriffe aus dem Pflanzenreich wurden geschüttelt. Ordnen Sie die vier Anagramme und tragen Sie die Lösungen, jeweils von links nach rechts bzw. von oben nach unten, ein.

Danach übertragen Sie die Buchstaben in den gelben Kästchen in den Buchstabenschlüssel unten. Es ergibt sich ein Lösungswort aus dem gleichen Themenkreis.

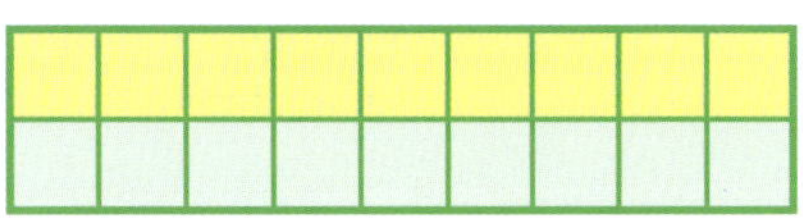

Anspruchsvoll

80. Kreuzworträtsel

Waagrecht

2 Barbies Exfreund ist auch ein Follett
4 verdrehte Bahre
6 es gab einen Doktor, der eine Bombe liebte
8 damit geht's zeitlich los
9 Hanni-Nanni-Mutter
11 ihn kann man aushauchen
12 jenseits des Gartens
14 Schieber
15 diesen Rückbergkamm gibt dem Menschen Halt
16 Amors Amtskollege
18 Freddy Schenk als Plüschtier
19 verwirrte Alte
21 mit einem n/m Tausch wird diese Pflanze zum landwirtschaftlichen Betrieb
22 Esel aus Draht
24 Prinz Charles ist es
25 feuchtes Seil

Senkrecht

1 Brecht in der Sesamstraße
2 Anfang und Ende weicher und das Beil wird zum Zahlungsmittel
3 Riechkolben
4 mit Mensch-Raum-Beziehung
5 mit einem zusätzlichen an werden diese Gebietsvorsteher zur Affennahrung
6 mare canis lupus
7 hier sieht Thor hinunter
8 Sorte am Fenster
10 Reden, Erden? besitzanzeigend
11 Gerstensaft
13 Einhorn im Ozean
17 der Fluss zu Oskars Ex-Land
18 Brecht machte aus diesem Gott Theater
20 geschnäbelter Mondgott
21 Anrede mit Östrogen
23 O'Neal vorne, Meg hinten und mit Air hebt es ab

Anspruchsvoll

81. Wie muss das Wort in Klammern heißen, um das Zitat von Jean Cocteau korrekt zu vervollständigen?

„Was bei der Jugend wie Grausamkeit aussieht, ist meistens (KIRCHE LEIHT).“

82. Wählen Sie aus der Liste zwei Wörter, die ähnliche Bedeutungen haben, und das Wort, das dazu das Gegenteil aussagt.

SCHWACH – SCHULDIG – KRAFTLOS – DANKBAR – HOCHMÜTIG – STARK

83. Die gesuchten Wörter ergeben magische Wortquadrate: Sie können sowohl waagrecht als auch senkrecht eingefügt werden.

1 deutsche Vorsilbe
2 noch bevor
3 Haarstyling-Produkt

1 Teil eines Theaterstücks
2 Papagei Neuseelands
3 Erdumdrehungszeit

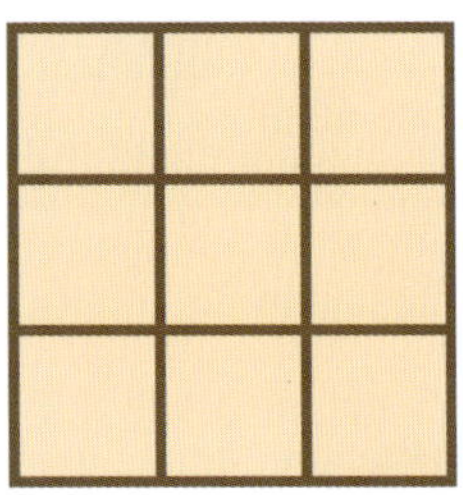

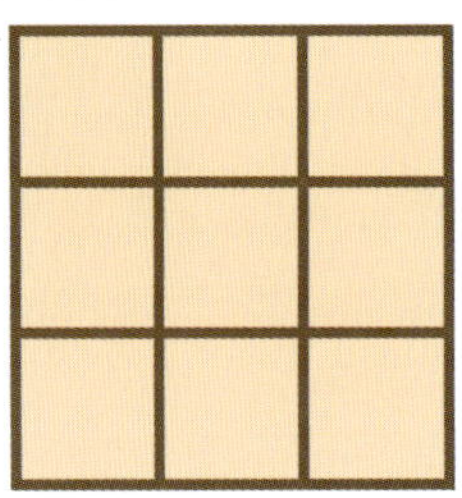

84. Zu einem Erfolg wurde „Mensch ärgere dich nicht!“, als Josef Friedrich Schmidt einige Lazarette mit dem Spiel ausstattete, um Soldaten die Langeweile zu vertreiben.

An welcher Stelle des Satzes fehlt eines der nachfolgenden Wörter?

A meist	B großem
C spezialisierten	D störende
E verwundeten	F beachtlich

85. Nach dem Prinzip „Eins + eins = drei“ werden hier zwei Wörter gesucht, die zusammen eine neue Bedeutung ergeben.

Wenn Sie ein Möbel mit dem Weichteil von Tieren verbinden, erhalten Sie Ausdauer.

Wenn Sie kindlich mit einem Handwerker verbinden, entsteht ein Mann ohne Frau.

Anspruchsvoll

86.

Die gesuchten Wörter ergeben ein magisches Wortquadrat: Sie können sowohl waagrecht als auch senkrecht eingefügt werden. Die vorgegebenen Definitionen sind allerdings nicht sortiert.

- seitlich
- Bestenauslese
- Stockwerk
- nach unten
- erblicken

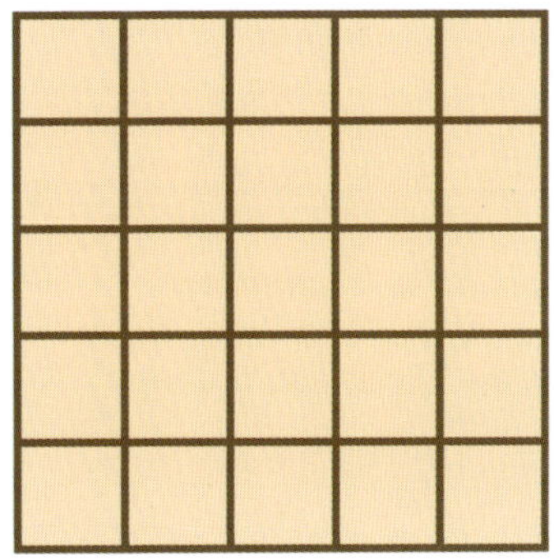

87.

Waagrecht

1 Sternbildkrankheit
6 wollte mehr über Sex wissen
7 macht aus Ton Geschirr
8 dient als zweite Haut und gibt Büchern Inhalt
9 Blumenauto
12 vollkommene Benzinanbieter
13 Ex-Portugiesin, jetzt chinesisch
14 literarisch falscher Vogel

Senkrecht

1 Haring-Richards, endlos
2 Hangabgleiten
3 steht zwischen Médecin und Frontières
4 Cäsars Betthupferl
5 diese Sünderin ist die beste Sängerin ohne Stimme
9 mit nade wird das Getränk vollständig
10 Köpfe können so eigensinnig werden
11 verdrehte Lage

Anspruchsvoll

88. FAERBEN NEUWERK ist ein Anagramm welcher beiden Wörter mit gleicher Bedeutung?

89. Wenn Sie den richtigen Anfang finden und horizontal und vertikal von Buchstabe zu Buchstabe fortfahren, ergibt sich ein Wort mit zwölf Buchstaben. Die fehlenden Buchstaben müssen Sie ergänzen.

B	F		A
R	S	E	K
O	K	I	

90. SEHEN SIEL SEIN SAND

Welchen Buchstaben kann man jedem dieser Wörter hinzufügen, sodass man neue Begriffe erhält? Die Buchstabenreihenfolge wird dabei nicht geändert.

91. Wählen Sie aus der Liste zwei Wörter, die ähnliche Bedeutungen haben, und das Wort, das dazu das Gegenteil aussagt.

GLÜCK SCHUND SCHICKSAL
GNADE VERDERBEN DUSEL

92. Verwandeln Sie ein Wort in ein anderes, indem Sie jeweils einen einzigen Buchstaben austauschen.

LAMM
RUHM

REDE
HABE

93. REDETEN DURCH KIND ist ein Anagramm welches literarischen Berufepaares?

94. Ergänzen Sie diesen Satz:

Ein Es - - - - - - - ie.

Das besondere ist, er liest sich vorwärts wie rückwärts gleich!

Anspruchsvoll

95. Was haben diese Wörter gemeinsam?

KRAXELN JUDOKA AUTOMAT
SALPETER JUWELEN ZWILLING

96. Wenn Sie die Buchstaben aus LEHRE SELBER DIEBE jeweils einmal verwenden, können Sie vier Wörter finden, die im Rätselgitter sowohl senkrecht als auch waagrecht eingefügt werden können.

97. Wenn die Buchstaben
R S T R T D N N T T
an den richtigen Stellen mit Selbstlauten aufgefüllt werden, ergibt sich ein Sprichwort.

98. Welchem Sprichwort wurden hier die Vokale und Wortlücken entfernt?

D R F R H V G L F N G T D N W R M

99. Vier Begriffe aus der Geografie wurden geschüttelt. Ordnen Sie die vier Anagramme und tragen Sie die Lösungen, jeweils von links nach rechts bzw. von oben nach unten, ein.

Danach übertragen Sie die Buchstaben in den gelben Kästchen in den Buchstabenschlüssel unten. Es ergibt sich ein Lösungswort aus dem gleichen Themenkreis.

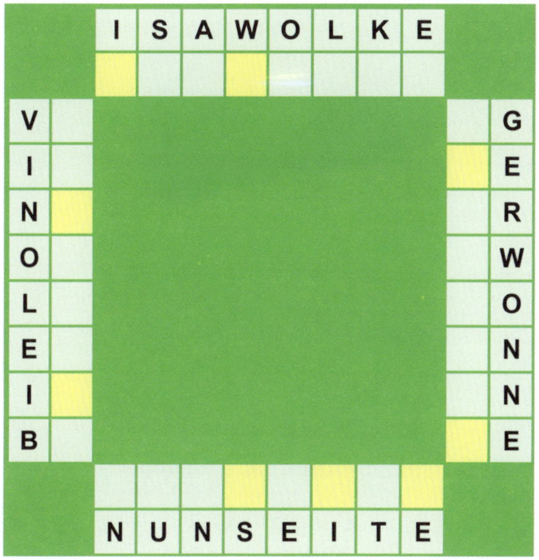

Anspruchsvoll

100. Verwandeln Sie ein Wort in ein anderes, indem Sie jeweils einen einzigen Buchstaben austauschen.

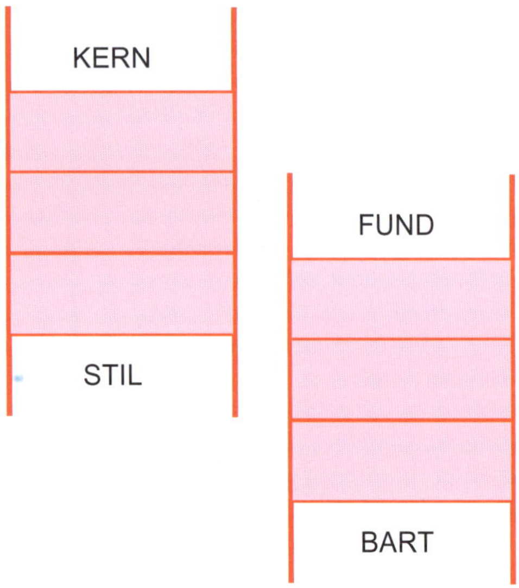

101. Waagrecht

1 Eins ist die Note, wenigstens in Deutschland
6 umgangssprachlich leicht angeheitert
7 nicht die Gemüsepflanze
8 Hauskaufjurist
9 1, 2, 3 brav nebeneinander
12 Qualitätstugend
13 der schwimmende Peter ist auch ein bayerischer Kloß
14 mit einem R wird der Balte zum Brief

Senkrecht

1 die Blocksberg ist auch ein Hut
2 auch wenn's so klingt, war es Nostradamus nicht mit den Augen
3 augenblicklich flach
4 „Was ich noch zu sagen hätte ..."
5 gibt es im Kino und am Himmel
9 Dicke sind es, die Erde auch
10 verwirrte Lege
11 sie zu zeigen fordern Kirche und Gericht

102. Verwenden Sie die Buchstaben in jedem Teilfeld, um je vier Wörter zu bilden, die alle auf „Ende" enden.

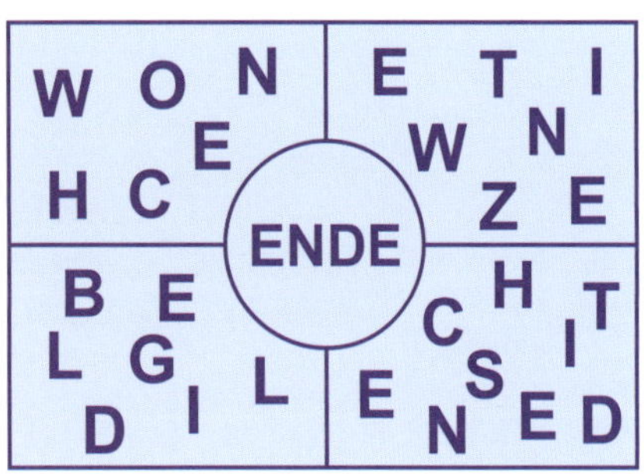

Anspruchsvoll

103. Entziffern Sie die Geheimschrift, bei der jeder Buchstabe des Alphabets, bis auf einen, durch einen anderen ersetzt wurde.

WZH HXSMVNHGV DZH DRI VIPVYVN QMVNNVN, RHG WZH TVSVRONRHEMPPV.

ZPYVIG VRNHGVRN

105. Die gesuchten Wörter ergeben ein magisches Wortquadrat: Sie können sowohl waagrecht als auch senkrecht eingefügt werden. Die vorgegebenen Definitionen sind allerdings nicht sortiert.

- schlimme Lagen
- nützliches Insekt
- mundartlich: Ameisen
- unbestimmter Artikel (2. Fall)
- feste Redewendung

104. Wenn Sie den richtigen Anfang finden und horizontal und vertikal von Buchstabe zu Buchstabe fortfahren, ergibt sich ein Wort mit zwölf Buchstaben. Den fehlenden Buchstaben müssen Sie ergänzen.

E	S	E	L
G	A	H	
T	F	C	S

106. Die Sonne besteht aus verschiedenen Zonen mit schalenförmigem Aufbau, wobei die Übergänge allerdings nicht voneinander abgegrenzt sind.

An welcher Stelle des Satzes fehlt eines der nachfolgenden Wörter?

A dehnbaren B streng
C zeitlichen D ausgeprägten
E aufgehende F sieben

107. ANTIKE PLANTAGE NAHT
Ordnen Sie die Buchstaben und Sie erhalten drei Städte, die Austragungsort der olympischen Sommerspiele waren. Jeder Buchstabe wird einmal verwendet.

Anspruchsvoll

108. Welches zehnbuchstabige Wort können Sie aus diesen Buchstaben bilden, wenn Sie jeden Buchstaben nur einmal verwenden?

L M B O F U P E N T

109. Nur eine Buchstabenkombination lässt sich zu einem sinnvollen sechsbuchstabigen Begriff ordnen. Welche?

LACSUH	MIRPLA
HAONDE	FINBAK
AITHLM	JEROPD

110. WEINGUT MELDET ist ein Anagramm welches Ausdrucks?

Tipp: Durchsetzungsvermögen

111. Kombiniert man diesen Gewässerboden mit einem Lotterieschein, weiß man nicht, warum. Welches Wort ist gesucht?

112. Wie oft kommt das Wort BRUNNEN im Rätselgitter vor? Es kann senkrecht, waagrecht, diagonal, vorwärts oder rückwärts geschrieben sein.

B	N	A	N	R	A	B	B	Q	B
R	J	B	E	R	Z	L	R	R	W
U	R	U	Z	R	D	I	U	I	B
N	N	S	B	V	U	N	N	H	R
N	N	N	E	N	N	U	R	B	U
A	E	W	N	L	B	F	N	R	N
B	R	U	N	N	N	N	E	N	N
A	L	M	U	W	B	R	W	H	A
N	M	R	V	Q	W	R	U	L	B
R	B	U	N	N	U	R	B	R	N

113. Finden Sie das Anagramm-Paar in dieser Wortliste:

NAGTEN	NATION
AGENTIN	TONNAGE
ANTIGONE	GENANNT
AGONIE	NEGATION

Anspruchsvoll

114. Wenn die Buchstaben
W R W G T G W N N T
an den richtigen Stellen mit Selbstlauten aufgefüllt werden, ergibt sich ein Sprichwort.

115. TANTE SCHLICHT ist ein Anagramm welcher beiden Wörter mit gegensätzlicher Bedeutung?

116. Waagrecht

1 lässiger Maler
6 private Schygulla
7 Ibsen-Land
8 auf dem Haupt, im Kamin und nach der Zigarette
9 Suppehauptgerichtsnachspeise
12 in dieser Holländerin riecht es nach Käse
13 belgische Ruhemöbelstadt
14 verdrehter Preis, steckt in einer Blume

Senkrecht

1 Fritz ist auch nicht kurz
2 sehr staubiges Deutschland
3 wenn Zeus' Mutter in die Jahre kommt, muss sie da verdreht vielleicht hin
4 Gegenteil von Abbeginn
5 männliche Hauptstadt
9 Timbuktu-Umland
10 rege Kaiserpfalz
11 Mittelstück mit Sinn

117. Ergänzen Sie die fehlenden Buchstaben:

DO - - - -	Comic-Figur (... Duck)
- DO - - -	deutscher Philosoph, † 1969
- - DO - -	Benzinrohstoff
- - - DO -	französischer Filmstar
- - - - DO	Stäbchenspiel

Anspruchsvoll

118. Welches zehnbuchstabige Wort können Sie aus diesen Buchstaben bilden, wenn Sie jeden Buchstaben nur einmal verwenden?

D O N S C E H I M L

119. Hier wurde ein Sprichwort in Silben aufgeteilt und in alphabetischer Reihenfolge wiedergegeben. Welcher Spruch wird gesucht?

DES DES EI FREM
FREUN GEN HINKT KLINGT
LOB LOB LOB STINKT

120. Gesucht sind zwei Wörter, die eine gegensätzliche Bedeutung haben. Beide Wörter verlaufen im Uhrzeigersinn, beginnen jedoch in unterschiedlichen Kreisen.

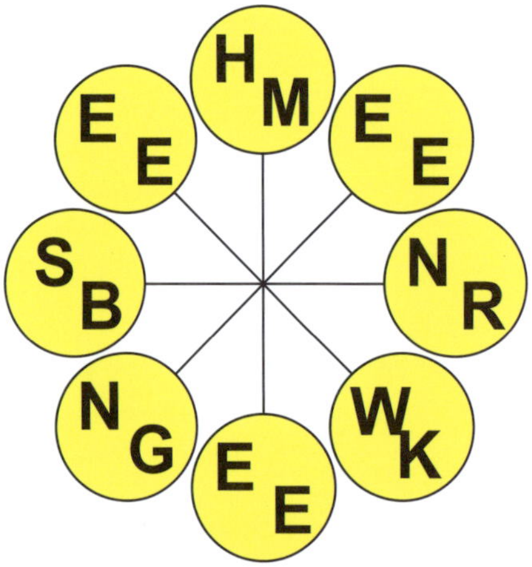

Schwer

121. Vervollständigen Sie die sechs Wörter so, dass die beiden Endbuchstaben eines Wortes die Anfangsbuchstaben des nächsten Wortes bilden. Verwenden Sie diese Buchstabenkombinationen: AL – EL – EN – ER – ER – RO – SE

_ _ Y _ _   _ _ T _ _   _ _ B _ _   _ _ G _ _   _ _ K _ _   _ _ F _ _

Schwer

122. Um dieses chinesische Sprichwort korrekt zu vervollständigen, müssen Sie die Anagramme in Klammern auflösen. Gesucht sind jeweils mehrere Wörter.

(___ _________ ___) zwischen (____ ________) ist
(redet Seeweg kurz) (zeche wem Sinn)

(___ ________)
(allen Eichen)

123. Die gesuchten Wörter ergeben ein magisches Wortquadrat: Sie können sowohl waagrecht als auch senkrecht eingefügt werden. Die vorgegebenen Definitionen sind allerdings nicht sortiert.

- Reitstock
- Computertaste
- Stierkampfplatz
- körniger Niederschlag
- lästiges Geräusch

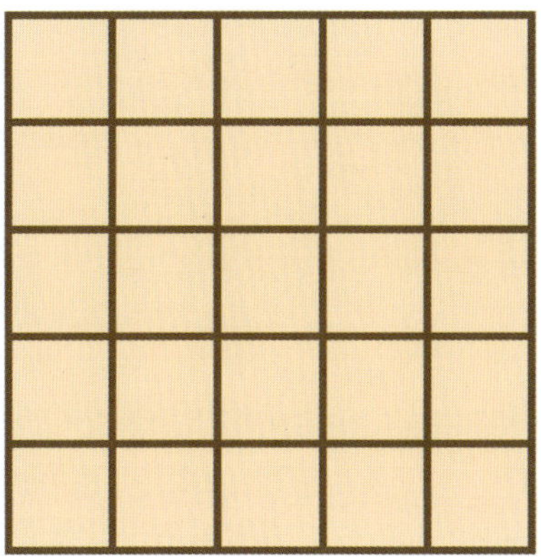

124. Welches dieser Wörter steht in der falschen Spalte?

INTELLIGENT	SCHWARZ
OFEN	SCHLAF
STIFT	GANG
HAUS	GLANZ
MUT	KÜHLTRUHE

125. HERRLICHE KREMPEL MERKEN
Ordnen Sie diese Buchstaben und Sie erhalten drei Berufe. Jeder Buchstabe wird einmal verwendet.

Schwer

126. Bei ___ ___ ___ sich

Kängurus ___ mit den ___ ___

der ___ ___ ___ in der ___

und ___ der ___.

Auf diese ___ ___ sie bis

zu 50 km/h.

Vierzehn Wörter wurden aus dem Text entfernt. Setzen Sie sie wieder an die richtige Stelle.

ab, Balance, bleibt, dient, erreichen, Geschwindigkeit, Hinterbeinen, höherer, Luft, muskulöse, nur, Schwanz, stoßen, Weise

127. Setzen Sie die vorgegebenen Wörter in die vorgesehenen Segmente, sodass zwei achtbuchstabige Wörter mit ähnlicher Bedeutung entstehen. Eines verläuft im äußeren Kreis, das andere gegenläufig im inneren Kreis.

NO: ILEL **SO:** TSLI
SW: GAGG **NW:** ESHC

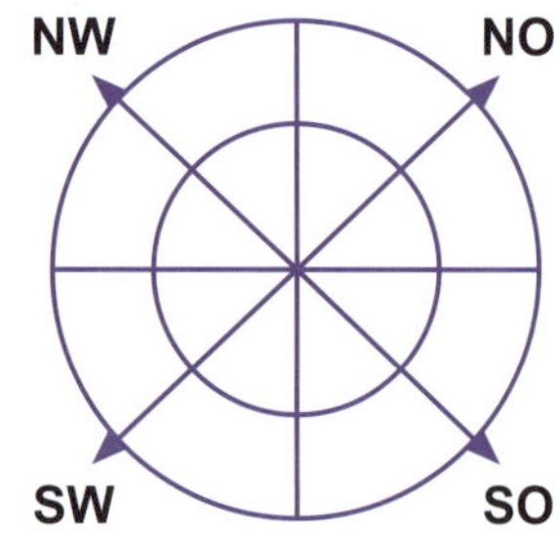

128. Aus welchem der Anagramme kann man keinen Beruf machen?

KERKERTEIL
BARECKE
OBSTPOET
REVUEFREAK
DASNERVT

129. GRUND ASPEKT GEMÄLDE EINSER

Suchen Sie das Gemeinsame zwischen den Wörtern und wählen Sie dann aus der unteren Liste das passende letzte Wort aus.

DUNKEL ERNTE KOPF SAMEN ZIPFEL

130. Nur eine Buchstabenkombination lässt sich zu einem sinnvollen zehnbuchstabigen Begriff ordnen. Welche?

OLLMIGUNGA GGLIORAKLP ABMOREETD KTUUARREAS CHMIESAUTZ

Schwer

131. Welches der Wörter rechts hat eine Gemeinsamkeit mit den Wörtern links?

SCHALE HAUT SÄURE KERN

WATTE FORM HUT KREIS

132. _ _ _ ist die _ _ _ eines _ _ _ , magnetisch _ _ _ _ _ _ _ _ _ .

Darunter _ _ _ alle Arten von _ _ _ . Das _ _ _ , das über diese _ _ _ Art

der _ _ _ verfügt, wird _ _ _ genannt.

Zwölf Wörter wurden aus dem Text entfernt. Setzen Sie sie wieder an die richtige Stelle.

Anziehungskraft, anzuziehen, Eigenschaft, fallen, geheimnisvolle, leitende, Magnet, Magnetismus, Material, Materials, Metallen, Stoffe

133. Ergänzen Sie in der Klammer jeweils ein Buchstabenpaar, sodass es mit den davorstehenden und den danach folgenden Buchstaben jeweils ein sinnvolles Wort ergibt.

Paarweise von oben nach unten gelesen, ergibt sich ein achtbuchstabiger Begriff.

FE (_ _) KT

KR (_ _) LI

KU (_ _) FT

PE (_ _) OR

134. Wenn ein Tier in einem Getränk (4 in 6) K(AFFE)E ergibt, was ist dann eine Bürde in einem Schutzverband (4 in 8)?

135. Wie lautet das längste Wort, das sich aus diesen Buchstaben bilden lässt?

A E E E P R M M N T T

Schwer

136. T R H E K R E ?

Welcher Buchstabe fehlt?

137. Was haben folgende Buchstabengruppen gemein?

HU INK ÖWE TAR ULE ALKE
ILAN OHLE RÄHE EISE
AUBE ABICHT ERCHE PECHT
ROSSEL LEIBER OLDAMMER

138. Wenn N B 3 Z K „Nicht bis drei zählen können“ ergibt, was heißt dann 3 x S K?

139. Was haben folgende Wörter gemein?

CD-REGAL
ABKAUFEN
IJSSELMEER
UV-FILTER
GHOSTWRITER
EFFEKT
OPERATION
STRAUSS
KLEMPNER

140.

NACHT	UHU	MAUS
MOND	EULE	RUHE
ECHO	IRIS	NEBEL
?		

Welches Lösungskästchen ersetzt ganz eindeutig das Fragezeichen?

SPÄT	AUGE
1	2
STERN	SCHAF
3	4

141. Welche beiden Wörter passen nicht in diese Liste?

ALLEIN
KURVENLINEAL
SALAT
WELTATLAS
GESTERN
WEGSTRECKE
OTTER
ANANASTORTE

Schwer

142. In den Wörtern

SCHUTZART REVOLTE HOCH EINTRITT

ist eine bekannte Redensart versteckt. Welche?

Ein Tipp: Senioren machen auch nicht alles richtig!

In den Wörtern

CABARETS WILDER STILKUSS

ist eine bekannte Redensart versteckt. Welche?

Ein Tipp: Das macht die Verwandtschaft aus.

143. Gesucht sind zwei Wörter, die eine gegensätzliche Bedeutung haben. Beide Wörter verlaufen im Uhrzeigersinn, beginnen jedoch in unterschiedlichen Kreisen.

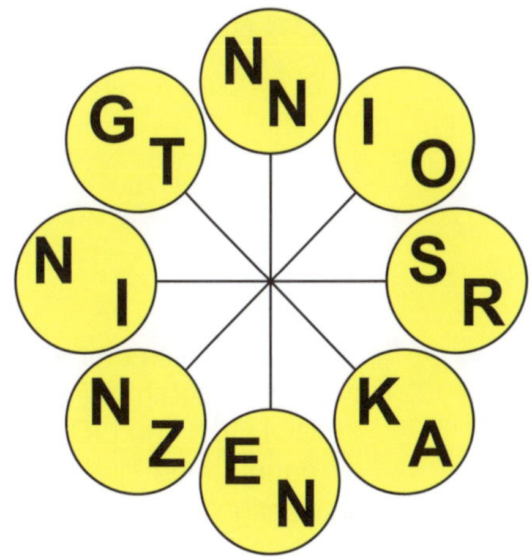

144. Was haben diese literarischen Figuren gemein?

Faust Freischütz Tom Sawyer Macbeth Egmont Tamino Schiwago

145. Vervollständigen Sie die sechs Wörter so, dass die letzten beiden Buchstaben jeweils die ersten des nachfolgenden Wortes sind. Um den Kreis zu schließen, endet das letzte Wort, wie das erste beginnt.

__EI__ __ID__ __DG__ __KE__ __EA__ __TI__

Schwer

146. Füllkreuzwort

Vervollständigen Sie das Kreuzworträtsel mit diesen Buchstaben:

A A A A A B
C E E I K L
L N N P R S
S S S T

E		F		W		R		N
	R		I		N		G	
E		N		U		K		G
	I				A		O	
E				O				A
	E		I				I	
F		U		H		R		N
	L		K		T		P	
P		U		E		Y		N

147.

Was hat sich hier versteckt? Das Anagramm (VERKLAGE DISCO DOLDEN von LIDERLICH FRISCHER) nennt Ihnen Titel und Autor dieses richtig zusammengesetzten Textes.

Fest *geraeumt* in der *Reden*

Steht die Form in *Helm* gebrannt.

Huete muss die *Gockel* werden!

Frisches Gellen, seid und Harz!

Von der *Rest in* heiß

Innern muss der *Wisch ess*

soll das Werk den *Strieme nobel:*

Doch der *Enges* kommt von oben.

148.

Bilden Sie das längste mögliche Wort. Verwenden Sie waagrecht, senkrecht und diagonal nebeneinander liegende Buchstaben. Jeder Buchstabe darf nur einmal im Wort vorkommen.

Y	H	S	G	J
E	K	L	U	Q
R	V	A	N	W
I	M	F	D	X
B	P	T	O	K

Schwer

149. Fügen Sie die Namen zweier Mittelgebirge in die obere und untere Reihe ein. Bei richtiger Lösung ergeben sich senkrecht von oben nach unten gelesen acht vierbuchstabige Wörter.

P	E	R	U	E	N	E	U
U	P	D	S	L	N	E	F

150. Ergänzen Sie in der Klammer jeweils ein Buchstabenpaar, sodass es mit den davorstehenden und den danach folgenden Buchstaben jeweils ein sinnvolles Wort ergibt.

Paarweise von oben nach unten gelesen, ergibt sich ein zehnbuchstabiger Begriff.

DA ( ) HL
KO ( ) EF
PL ( ) IS
RE ( ) AR
FA ( ) IC

151. Vier Gewürze wurden geschüttelt. Ordnen Sie die vier Anagramme und tragen Sie die Lösungen, jeweils von links nach rechts bzw. von oben nach unten, ein.

Danach übertragen Sie die Buchstaben in den gelben Kästchen in den Buchstabenschlüssel unten.

Es ergibt sich ein Lösungswort aus dem gleichen Themenkreis.

Schwer

152. EISSE SOLE

Fügen Sie diesen Buchstabenkombinationen jeweils den gleichen Buchstaben hinzu und Sie erhalten eine Redewendung.

153. Welche vier Buchstaben folgen in dieser Reihe?

KLOP TFAT DROF ????

154. Die unter den Spalten der Rätselgrafik aufgelisteten Buchstaben müssen in anderer Reihenfolge in die darüber liegenden Kästchen eingetragen werden. Bei richtiger Lösung ergibt sich – zeilenweise gelesen – ein Zitat von Friedrich Nietzsche.

					■				■			
■					■						■	
		■									■	
							■				■	
					■							■
C	H	H	T	C	H	W	A	U	E	E	N	N
I	L	E	E	N	E	N	U	H	N	T	E	D
A	E	L	G	E		L	E	C	H	D		M
A	C	L	A	S		A	E	S	H	N		S
	W		S	F		G		C		D		

155. Welches dieser Kombinationen ist kein Anagramm eines Wortes, das mit ANTI beginnt?

AHNT SEITE
AKT IN
ANFLUG GIFT RISS
BANAL KLEIE RITT
TINA ASTIP

156. ABRIEB CONRAD ERBHOF ?

Welches Wort folgt als nächstes?

DANIEL
GARTEN
GERUCH
GRUNDSTÜCK
DACHTERRASSE

Schwer

157. Fügen Sie die Namen zweier Komponisten in die obere und untere Reihe ein. Bei richtiger Lösung ergeben sich senkrecht von oben nach unten gelesen acht vierbuchstabige Wörter.

A	P	U	A	A	R	E	E
U	E	T	B	U	M	I	R

158. LIEBER RUDERHALS ist ein Anagramm welcher beiden Wörter mit ähnlicher Bedeutung?

159. Was haben diese Wörter gemeinsam?

DORNBUSCH ANZUG
TAXIERUNG ANBAHNUNG
AUTOMAT

160. Vier Begriffe aus der Tierwelt wurden geschüttelt. Ordnen Sie die vier Anagramme und tragen Sie die Lösungen, jeweils von links nach rechts bzw. von oben nach unten, ein.

Danach übertragen Sie die Buchstaben in den gelben Kästchen in den Buchstabenschlüssel unten.

Es ergibt sich ein Lösungswort aus dem gleichen Themenkreis.

Oben:

K	E	R	F	W	A	N	D	A	L	E

Links:

W	
I	
N	
D	
E	
L	
W	
I	
S	
C	
H	

Rechts:

	S
	T
	R
	O
	M
	H
	A
	G
	E
	L
	D

Unten:

A	U	A	G	R	I	P	P	E	A	G

Schwer

161. Setzen Sie die vorgegebenen Wörter in die vorgesehenen Segmente, sodass zwei achtbuchstabige Wörter mit ähnlicher Bedeutung entstehen. Eines verläuft im äußeren Kreis, das andere gegenläufig im inneren Kreis.

NO: LAIK **SO:** PETH
SW: BOAN **NW:** PETH

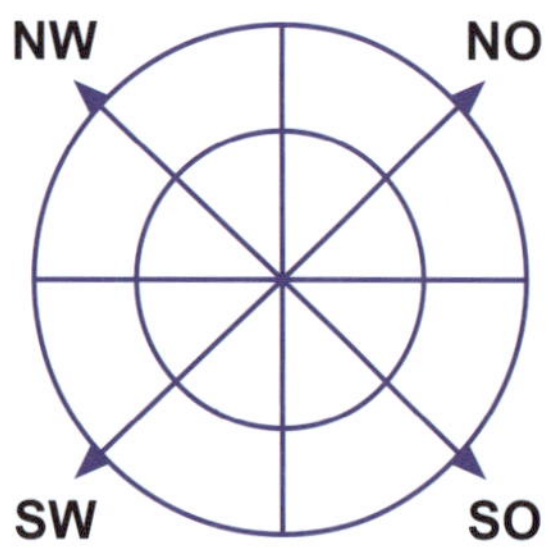

162. Wenn ein Tier in einem Getränk (4 in 6) K(AFFE)E ergibt, was ist dann ein Sinnesorgan in einer Leitungsanlage (3 in 8)?

163. Verwenden Sie die Buchstaben dieser Aussage LIEBER LIEH HUT, ER SUCHT MILCH jeweils einmal, um fünf Wörter zu bilden, die ein magisches Wortquadrat ergeben. Sie können sowohl waagrecht als auch senkrecht eingefügt werden.

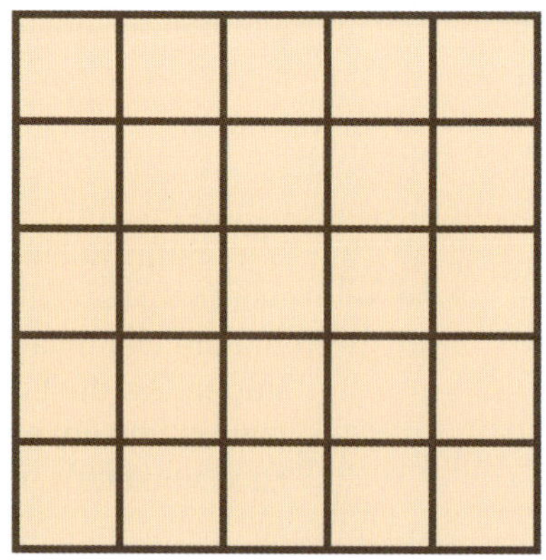

164. Ersetzen Sie die Endbuchstaben so, dass neue sinnvolle Wörter entstehen. Die neuen Buchstaben ergeben eine Fruchtart, deren harte Schale auch durch Nachdenken geknackt werden kann.

Talg – Kind – rau – Elm – Band – Hel – Bast – All

165. Welches Ego macht den Lastenheber zum schönen Zugvogel?

166. Welches Wort passt nicht dazu?

ABENTEUER
GERATTER
JUNGESELLE
KNOPFAUGE
MOHAIR
MUFFLON

Schwer

167. Finden Sie den richtigen Einstieg und die fehlenden Buchstaben und Sie erhalten ein Sprichwort.

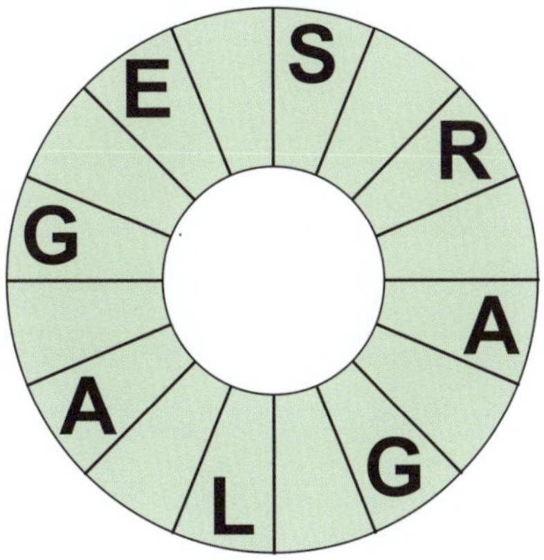

168. Gesucht sind drei Wörter, die eine ähnliche Bedeutung haben. Jedes Wort verläuft im Uhrzeigersinn, beginnt jedoch in unterschiedlichen Kreisen.

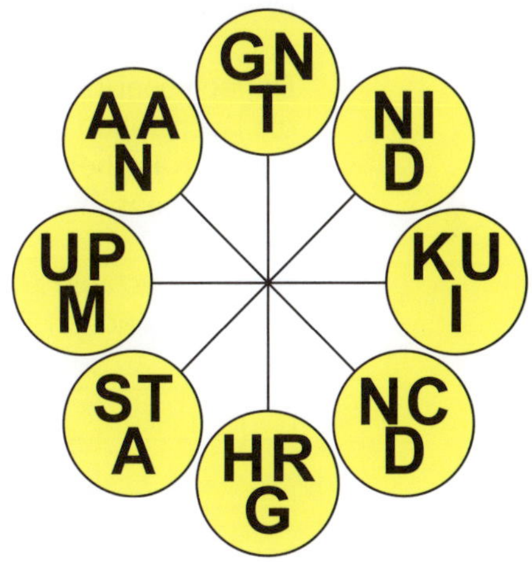

169. Zwischen Anfangs- und Endbuchstabe ist ein Sprichwort versteckt, das es zu finden gilt.

			X	D	Q			
		W	V	N	P	M		
	U	Z	M	U	W	O	N	
D	E	N	D	E	A	W	E	K
N	H	U	O	S	O	Y	C	C
E	F	I	L	L	M	R	W	E
	A	L	H	N	A	H	T	
		S	C	N	I	C		
			I	C	V			

Schwer

170. Vier Fest- oder Feiertage wurden geschüttelt. Ordnen Sie die vier Anagramme und tragen Sie die Lösungen, jeweils von links nach rechts bzw. von oben nach unten, ein.

Danach übertragen Sie die Buchstaben in den gelben Kästchen in den Buchstabenschlüssel unten.

Es ergibt sich ein Lösungswort aus dem gleichen Themenkreis.

171. Exorbitant verhält sich zu gigantisch wie diskret zu

MODERAT, TAKTVOLL, KLEINLICH, ABWEISEND

172. Welcher bereits einmal verlängerte, nun aber ultimativ ablaufende Zeitraum hat mit einer Aufhängungsvorrichtung zu tun?

173. ÜBERRAGEND = EMPÖRUNG
VERMUTUNG = COURAGE
AUFSCHNEIDEN = MISSGUNST
BALUSTRADE = ?

Welches Wort ersetzt das Fragezeichen?

TRAUER LEBENSFREUDE ZORN GEHORSAM DEMUT

174. KATZE FRAU TÜRE

Welches Wort der unteren Reihe hat etwas mit den oberen drei Wörtern gemeinsam?

FLUR STADT MASCHINE SCHLANGE PUNKT ANGST

Schwer

175. Bilden Sie das längste mögliche Wort. Verwenden Sie waagrecht, senkrecht und diagonal nebeneinander liegende Buchstaben. Jeder Buchstabe darf nur einmal im Wort vorkommen.

C	K	D	P	F
W	L	G	B	A
U	N	T	R	V
E	H	D	S	H
R	J	C	X	M

176. Was bekommt jemand, wenn etwas gar nicht so schlimm wird, wie befürchtet – und zwar ganz ohne nasse Füße?

177. KREUZ FARBEN
SEITEN MINNA ?

Welches Wort folgt als nächstes?

SEKUNDE STUNDE MONAT
JAHR WOCHE

178. Das Wort STAGNATION ist ein Anagramm welches anderen zehnbuchstabigen Wortes?

179. Die Balken sind so zu verschieben, dass die waagrechten Reihen ein Zitat nach Georg Christoph Lichtenberg ergeben.

1	2	3	4	5	6	7	8
EL	DI	ED	CH	IO	NW	EN	AT
AN	IE	RA	NK	TE	SP	ME	IS
AU	FT	AL	CH	EW	AR	HA	TT
EI	LZ	TE	ES	IE	FR	EI	TD
IC	UN	TE	HS	EC	KL	DG	LU

Schwer

180. Ergänzen Sie in der Klammer jeweils ein Buchstabenpaar, sodass es mit den davorstehenden und den danach folgenden Buchstaben jeweils ein sinnvolles Wort ergibt.

Paarweise von oben nach unten gelesen, ergibt sich ein zehnbuchstabiger Begriff.

TO (_ _) UR
EL (_ _) HM
PA (_ _) NG
AB (_ _) ST
OF (_ _) DE

181. In diesem Gedicht wurden Wörter entfernt. Setzen Sie diese richtig ein. Wenn Sie das Anagramm – DAME ODER KURIE – richtig lösen, wissen Sie, von wem das Gedicht ist!

_ _ _ lässt _ _ _ blaues _ _ _ wieder _ _ _ durch die Lüfte; süße, _ _ _ Düfte streifen

_ _ _ das Land. _ _ _ träumen schon, wollen balde _ _ _ . – Hoch, von fern ein _ _ _

Harfenton! Frühling, ja du bist's! _ _ _ hab' ich _ _ _ !

ahnungsvoll, Band, Dich, flattern, Frühling, kommen, leiser, sein, Veilchen, vernommen, wohlbekannte

182. Bringen Sie die Buchstaben in die richtige Reihenfolge und Sie erhalten jeweils eine Sportart:

E E I N R T	A C E H N T U	A B H I L N O T
C E E H I K O S Y	E E F I K N R S T U	A D E E F H L N R U U

183. Um ein Zitat aus William Shakespeares „Romeo und Julia" zu erhalten, müssen Sie die Anagramme in den Klammern richtig auflösen.

Wenn (_ _ _ _ _) (_ _ _ _ _ _ _) schont, (_ _ _ _ _ _ _) sie Mord.
(da eng) (Erde rom) (Verb Ute)

Schwer

184.

Setzen Sie diese fünfbuchstabigen Wörter in das Rätselgitter ein:

ACHSE	ITALA	RADAU
AHNEN	IWEIN	RAPPE
BETAS	KAPPA	RUMBA
BUHNE	KLEIE	SEHEN
DELON	KOSAK	SPORT
DIVIS	KRANZ	STEIG
EGEDE	LOIRE	TATZE
EKLIG	MALTA	TRAFO
ELEVE	NAPPA	TUTEL
HETZE	NATTE	URAHN
HORAZ	NETZE	WAGEN
IBIZA	NONNE	ZINNE

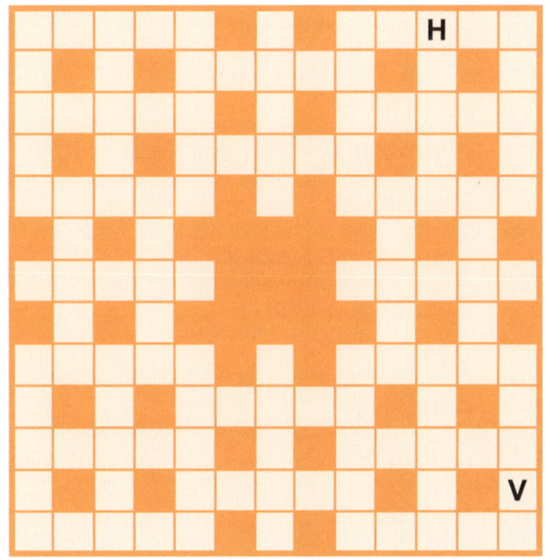

185.

Vier Städte wurden geschüttelt. Ordnen Sie die vier Anagramme und tragen Sie die Lösungen, jeweils von links nach rechts bzw. von oben nach unten, ein.

Danach übertragen Sie die Buchstaben in den gelben Kästchen in den Buchstabenschlüssel unten.

Es ergibt sich ein Lösungswort aus dem gleichen Themenkreis.

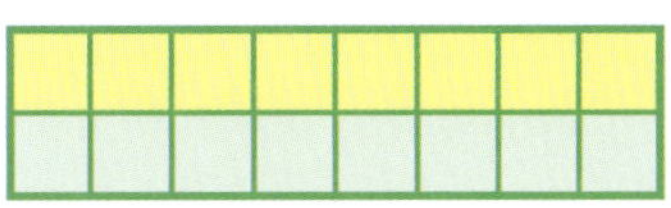

Lösungen – Einfach

1. Birne
2. Der rote Faden
3. erstmalig auftretender Sachverhalt
4. Wortschatz
5. opferte und Toepfer
6. Besser spät als nie.
7. Welt
8. Ferienort
9. ordern: die anderen Wörter sind Anagramme.
10. Herzschmerz
11. Heimat und Fremde
12. Führer
13. Eine Kuh macht Muh, viele Kühe machen Mühe.
14. Wissen, wo der Hase läuft.
15. 1 Stier, 2 Image, 3 Satz, 4 Platte, 5 Maas, 6 Geo
16. Ananas
17. Machbar und möglich
18. Ende gut, alles gut
19. Gefühllos und sensibel
20. FAS
21. Paris und Rabat: Paar, Aera, Raub, Inka, Sekt
22. Obsolet und altmodisch
23. Vier Augen sehen mehr als zwei.
24. Waagrecht: 1 Frosch, 6 Arve, 7 hinauf, 9 bestellen, 11 Kokain, 12 Nanu, 13 Sorbet
    Senkrecht: 2 Reiter, 3 Spartakus, 4 Hafelekar, 5 Sei, 8 Regime, 10 ins
25. Siegel, Tier, aesen, ueben, Nase, euch, Niere = staunen
26. Schauspiel und Drama

Lösungen – Einfach

27. Welt

28. Notgroschen

29. Gewissen

30. Fahrkarte

31. Land, Tand, Hand, Sand

32. Drei Männer und ein Baby

33. Kirsche, Melone, Pfirsich

34. Streifen

35. erlesen und billig

36. opportun und nützlich

37. Bertolt Brecht

38. edel

39. 1 Fangeisen, 2 vereiteln, 3 Seligkeit, 4 Schnelligkeit

40. Anleiter und Lateiner

41. Herz, Gera, Hauer, Art = zart

42. 1 Ort, 2 Rost, 3 Sorte, 4 Oberst

43. Inhaber

44. Konrad Adenauer

45. Lager

46. Bretagne und gebraten

47. Banane

48. ENGEL: jedes Wort beginnt mit den zwei letzten Buchstaben des Vorgängers.
Engel fehlt in der Liste und muss zwischen Erben und Eloge ergänzt werden

49. Fahrt

50. Waagrecht: 1 allesamt, 5 Pas, 6 royal, 7 eben, 9 matt, 13 Trara, 14 Ode, 15 Notabeln
Senkrecht: 1 Apple, 2 Liste, 3 Sure, 4 Toast, 8 Baron, 10 Amore, 11 Toern 12 Nana

Lösungen – Anspruchsvoll

51. 1 Faro, 2 Paroli/Pater, 3 Lima, 4 Kater/Kate, 5 Mali, 6 Liza, 7 Grotte, 8 Zarin
52. Rhein und Donau
53. fraglich und bestimmt
54. 1 lead, 2 eines, 3 Angola, 4 Delphi, 5 Sohle, 6 Gier
55. Kapelle: Alk, USA, Top, Ode, Mal, All, See
56. ein Lehrplan
57. Zeit ist Geld.
58. Prag und Lissabon, Tschechien und Portugal
59. (TOBAGO – TOGO) + (UMRISS – RISS) = BAUM
60. Acht
61. Altbier: Ara, Mal, Art, Hub, Mai, Tee, nur
62. verboten und rechtens
63. Spitzen
64. (DUERFEN – DEREN) + (POSTER – POST) = UFER
65. Hefe: Rothaut, Tonerde, Wolfram, Toreros
66. In erster Linie
67. 1 Saft, 2 April, 3 Frage, 4 Tigre, 5 Leer
68. anfangen und beenden
69. Neider sind Feinde.
70. Jedes Ding hat zwei Seiten.
71. Schmierenkomödie
72. Stadtrundfahrt
73. C – schmerzhafte (zwischen den Worten „aber“ und „Schwellungen“)
74. Stamm
75. Römer
76. Kunstbau und subkutan
77. I2: Die Buchstaben werden nach den Zahlen geordnet: Bildung
78. Fortsetzung folgt
79. Digitalis: Narzisse, Klematis, Gladiole, Kastanie
80. Waagrecht: 2 Ken, 4 herab, 6 seltsam, 8 seit, 9 Enid, 11 Atem, 12 Eden, 14 Slow, 15 Grat, 16 Eros, 18 Baer, 19 Elat, 21 Farn, 22 Fahrrad, 24 Royal, 25 Tau
Senkrecht: 1 Bert, 2 Kelt, 3 Nase, 4 Heim, 5 Bane, 6 Seewolf, 7 Midgard, 8 Store, 10 deren, 11 Ale, 13 Nar, 17 Saar, 18 Baal, 20 Thot, 21 Frau, 23 Ryan
81. Ehrlichkeit
82. schwach und kraftlos; stark
83. 1 Weg, 2 Ehe, 3 Gel – 1 Akt, 2 Kea, 3 Tag
84. E – verwundeten (zwischen den Wörtern „um“ und „Soldaten“)
85. Sitzfleisch und Jungeselle
86. sehen, Elite, hinab, Etage, neben

Lösungen – Anspruchsvoll

87. Waagrecht: 1 Krebs, 6 Allen, 7 irden, 8 Stoff, 9 Lotos, 12 total, 13 Macau, 14 Raabe
Senkrecht: 1 Keit, 2 Erdrutsch, 3 sans, 4 Cleopatra, 5 Knef, 9 Limo, 10 stur, 11 Alge
88. kaufen, erwerben
89. Einkaufskorb
90. T = stehen, Stiel, Stein, Stand
91. Glück und Dusel; Verderben
92. 1 Lamm, 2 Lahm, 3 Rahm, 4 Ruhm – 1 Rede, 2 Rebe, 3 Hebe, 4 Habe
93. Dichter und Denker
94. Ein Esel lese nie.
95. Alle Wörter haben als Bestandteil einen Männernamen: Axel, Udo, Tom, Peter, Uwe, Willi
96. herb, Esel, Rede, Blei
97. Erst Rat, dann Tat
98. Der frühe Vogel fängt den Wurm.
99. Slowenien: Slowakei, Norwegen, Tunesien, Bolivien
100. 1 Kern, 2 Kerl, 3 Keil, 4 Seil, 5 Stil – 1 Fund, 2 Funt, 3 Furt, 4 Burt, 5 Bar
101. Waagrecht: 1 Beste, 6 breit, 7 Bohne, 8 Notar, 9 Reihe, 12 Guete, 13 Nocke, 14 Lette
Senkrecht: 1 Bibi, 2 seherisch, 3 eben, 4 Testament, 5 Star, 9 rund, 10 Egel, 11 Reue
102. Wochenende, Zeitenwende, Bildlegende, entscheidende
103. Das Schoenste, was wir erleben koennen, ist das Geheimnisvolle. Albert Einstein
104. Gesellschaft
105. Biene, Idiom, eines, Noete, Emsen
106. B – streng (zwischen den Wörtern „nicht“ und „voneinander“)
107. Peking, Athen, Atlanta
108. Blumentopf
109. LACSUH = schlau
110. Mittel und Wege
111. grundlos
112. Einmal (in der fünften Zeile von oben, rückwärts geschrieben, beginnend im zweiten Feld von rechts)
113. Antigone und Negation
114. Wer wagt, gewinnt.
115. Licht und Schatten
116. Waagrecht: 1 leger, 6 Hanna, 7 Norge, 8 Asche, 9 Menue, 12 Gouda, 13 Liege, 14 Rispe
Senkrecht: 1 lang, 2 Germanien, 3 Rhea, 4 Anschluss, 5 Male, 9 Mali, 10 Eger, 11 Nase
117. Donald, Adorno, Erdoel, Bardot, Mikado
118. Mondsichel
119. Eigenlob stinkt, Freundes Lob hinkt, fremdes Lob klingt.
120. bemerken und wegsehen

Lösungen – Schwer

121. Royal, Alter, Erbse, Segen, Enkel, Elfer

122. Der kürzeste Weg zwischen zwei Menschen ist ein Lächeln.

123. 1 Hagel, 2 Arena, 3 Gerte, 4 Enter, 5 Laerm

124. Glanz: Die Wörter in der linken Spalte können mit „Hoch“, die in der rechten mit „Tief“ ergänzt werden.

125. Chemiker, Klempner, Lehrer

126. Bei höherer Geschwindigkeit stoßen sich Kängurus nur mit den Hinterbeinen ab, der muskulöse Schwanz bleibt in der Luft und dient der Balance. Auf diese Weise erreichen sie bis zu 50 km/h.

127. gesellig und gastlich

128. Das nervt = Verstand. Die Berufe lauten: Elektriker, Baecker, Postbote, Verkaeufer.

129. Samen: Grun(D as)pekt (Gem)älde (eins)er S(ame)n

130. Ktuuarreas = Sauerkraut

131. Form: Alle Wörter können mit einer Obstsorte verbunden werden: Bananenschale, Orangenhaut, Zitronensäure, Apfelkern, Birnenform

132. Magnetismus ist die Eigenschaft eines Materials, magnetisch leitende Stoffe anzuziehen. Darunter fallen alle Arten von Metallen. Das Material, das über diese geheimnisvolle Art der Anziehungskraft verfügt, wird Magnet genannt.

133. tauglich: Feta/Takt, Krug/Ugli, Kuli/Lift, Pech/Chor

134. Pf(last)er

135. Temperament

136. V: um das Wort „verkehrt“ rückwärts geschrieben zu lesen

137. Setzt man einen Anfangsbuchstaben davor, ergibt jede Buchstabengruppe einen Vogel: Uhu, Fink, Möwe, Star, Eule, Falke, Milan, Dohle, Krähe, Meise, Taube, Habicht, Lerche, Specht, Drossel, Kleiber, Goldammer

138 „Dreimal schwarzer Kater“

139. Sie beginnen alle mit zwei aufeinanderfolgenden Buchstaben des Alphabets.

140. 1 spät: lesen Sie die Anfangsbuchstaben jedes Wortes! (Nummer eins)

Lösungen – Schwer

141. gestern, Wegstrecke: Die kurzen Wörter sind jeweils Anagramme der letzten Buchstaben der langen Wörter: Allein – Kurvenlineal, Salat – Weltatlas, Otter – Ananastorte

142. Alter schuetzt vor Torheit nicht./Blut ist dicker als Wasser.

143. Ignoranz – Kenntnis

144. In keinem dieser Namen wiederholt sich ein Buchstabe.

145. Steine – Neider – Erdgas – Askese – Seeaal – Altist

146.

E		F		W	A	R	A	N
B	R	E	I		N		G	
E		N		U	L	K	I	G
N	I	E	T		A		O	
E		K	R	O	S	S		A
	E		I		S	P	I	N
F	L	U	C	H		R		N
	L		K		T	A	P	A
P	A	U	S	E		Y		N

147. Das Lied von der Glocke (von) Friedrich Schiller: Fest gemauert in der Erden/Steht die Form, aus Lehm gebrannt./Heute muss die Glocke werden!/Frisch, Gesellen, seid zur Hand!/Von der Stirne heiß/Rinnen muss der Schweiß/soll das Werk den Meister loben:/Doch der Segen kommt von oben.

148. Manuskript

149. Odenwald und Spessart: Opus, Depp, Erde, Nuss, Wels, Anna, leer, Duft

150. mechanisch: Dame/Mehl, Koch/Chef, Plan/Anis, Reis/Isar, Fach/chic

151. Rosmarin: Waldmeister, Meerrettich, Bohnenkraut, Sauerampfer

152. h: heiße Sohle

153. HSUB: es ist eine Liste von US-Präsidenten mit vierbuchstabigem Nachnamen, rückwärts buchstabiert.

154. Allen aus dem Wege gehen, die schlecht schlafen und nachts wachen.

155. ANFLUG GIFT RISS (angriffslustig) Die „Anti"-Wörter sind: Antithese, antik, antibakteriell, Antipasti

156. Geruch: die ersten und letzten Buchstaben jedes Wortes haben die Abfolge AB, CD, EF, GH

Lösungen – Schwer

157. Lortzing, Schumann: Laus, OPEC, Ruth, Tabu, Zaum, Irma, nein, gern

158. Lehrer und Ausbilder

159. Sie enthalten Transportmittel: Dorn(bus)ch, (Taxi)erung, (Auto)mat, An(bahn)ung, An(zug)

160. Dromedar: Wanderfalke, Goldhamster, Graupapagei, Wildschwein

161. Phonetik und Alphabet

162. R(ohr)netz

163. Sucht, umher, Chili, helle, Trieb

164. Kopfnuss: Talk, Kino, Rap, elf, Bann, Heu, Bass, als

165. (Kran)ich

166. Mufflon: eine Wildschafart. Die anderen enthalten jeweils nur einen Tiernamen. (Ente, Ratte, Esel, Pfau, Hai)

167. Besser karg als arg.

168. Dramatik, Spannung und Dichtung

169. Schlafende Hunde soll man nicht wecken.

170. Fasching: Himmelfahrt, Weihnachten, Ostermontag, Maifeiertag

171. taktvoll

172. Galgenfrist

173. Lebensfreude: jedes Wort enthält ein Synonym des gleichgesetzten Wortes. Über**rage**nd = Empörung, Ver**mut**ung = Courage, aufsch**neid**en = Missgunst, Ba**lust**rade = Lebensfreude

174. Flur: Allen Wörtern kann man sinnvoll das Wort „Haus“ voransetzen.

175. entschuldbar

176. Oberwasser

177. Stunde: den Wörtern kann man sinnvoll die Farben des Regenbogens zuordnen. Rotes Kreuz, orangefarben, gelbe Seiten, grüne Minna, blaue Stunde

178. Antagonist

179. Die Nation, welche die meiste Spannkraft hatte, war auch allzeit die freieste und gluecklichste.

180. tolerieren: Foto/Tour, Elle/Lehm, Pari/Ring, aber/erst, Ofen/Ende

Lösungen – Schwer

181. Frühling lässt sein blaues Band/wieder flattern durch die Lüfte;/süße, wohlbekannte Düfte/streifen ahnungsvoll das Land./Veilchen träumen schon, wollen balde kommen./Horch, von fern ein leiser Harfenton!/Frühling, ja du bist's!/Dich hab' ich vernommen! Eduard Moerike

182. Reiten, tauchen, Biathlon, Eishockey, Kitesurfen, Huerdenlauf

183. „Wenn Gnade Moerder schont, veruebt sie Mord."

184.

K	O	S	A	K		D		B	U	H	N	E
R		E		L	O	I	R	E		E		K
A	C	H	S	E		V		T	U	T	E	L
N		E		I	B	I	Z	A		Z		I
Z	I	N	N	E		S		S	T	E	I	G
	T		A						R		W	
K	A	P	P	A				W	A	G	E	N
	L		P						F		I	
R	A	D	A	U		S		N	O	N	N	E
U		E		R	A	P	P	E		A		L
M	A	L	T	A		O		T	A	T	Z	E
B		O		H	O	R	A	Z		T		V
A	H	N	E	N		T		E	G	E	D	E

185. Freiburg: Duesseldorf, Brandenburg, Quedlinburg, Bremerhaven

Wissenswertes über das Gehirn

Wäre unser Gehirn nicht mit unserem Körper verbunden, hätte es nichts zu tun. Warum auch, es weiß ja nichts! Etwa 380 000 km Nervenfasern verbinden das Gehirn mit unserem gesamten Körper. Diese Nerven informieren das Gehirn und halten die „Kommandozentrale" stets auf dem Laufenden. Legte man diese Nervenfasern aneinander, käme man von der Erde bis zum Mond!

Tests

Je tiefer Sie in eine Sprache eintauchen, desto interessanter wird ein Text oder Dialog. Was sage ich, wenn ich jemanden kritisieren, ihn aber auf keinen Fall verletzen möchte? Wie beschreibe ich möglichst spannend, wie sich etwas ereignet hat?
Nur derjenige, der die Fähigkeit besitzt, Sprache gezielt einzusetzen, wird auch im Berufsleben langfristig Erfolg haben.
Deshalb beinhalten gute IQ-Tests auch Sprachtests.

Auch wir haben für Sie zwei Sprachtests vorbereitet.
Jeder Test beinhaltet 25 Fragen, und beide Tests sind gleich schwer.

Wozu aber überhaupt Tests? Sie sind ein beliebtes Mittel, Eigenschaften, Fähigkeiten und Wissen abzufragen. Mit den Sprachtests überprüfen wir gezielt Ihre Sprachfähigkeit; Sie sollen typische Sprachmuster erkennen, Begriffe sinnvoll einsetzen und feine Sprachnuancen bewerten.

Hierbei werden u.a. Synonyme, Antonyme und Analogien eingesetzt. Alle drei Begriffe haben ihren Wortstamm im Griechischen.

Synonym
Der Begriff heißt übersetzt „gleichbedeutend“. Somit sind Synonyme Begriffe gleicher, ähnlicher oder sinnverwandter Bedeutung. Der „Klempner“ ist also ein Synonym zum „Installateur“.

Ein Beispiel:
Welcher der Begriffe in Klammern ist ein Synonym des davorstehenden?
stunden (aufschießen, wähnen, nötigen, aufschieben, ablenken)
Antwort: aufschieben

Antonym
Im Gegensatz zu Synonymen sind Antonyme Begriffe, die genau das Gegenteil aussagen: „hell und dunkel“ oder „lieb und böse“. Aber nicht nur Wörter, sondern auch Sätze können eine gegensätzliche Aussage haben.

Ein Beispiel:
Welches Wort in Klammern ist das Antonym des davorstehenden?

intuitiv (unbewusst, spontan, geplant, gefühlsmäßig)
Antwort: geplant

Analogie
Analogie bedeutet „Übereinstimmung, Ähnlichkeit, Gleichmäßigkeit". Mit Analogien können Problemsituationen aus einer anderen Perspektive aufgezeigt werden, um sie besser erklären zu können.

Ein Beispiel:
Wenn GEMÜSE zu WOCHENMARKT passt, was passt dann zu STUHL?
Altkleidersammlung, Kaufhaus, Möbel, Wertstoffhof, Tisch
Antwort: Kaufhaus

Hier noch einige Beispiele zum Üben:

1 Was passt zu dem Begriff NIVELLIEREN?
anheben, offenbaren, ausgleichen, meistern

2 Was passt zu dem Verb FÜSILIEREN?
füßeln, erkranken, erschießen, ausgleichen

3 Bringen Sie die Begriffe in die richtige Reihenfolge?
unterhalten, schreien, schwatzen, flüstern

4 Was bedeutet es, wenn ein „Haushalt konsolidiert" wird?

A der Haushalt wird stabilisiert
B der Haushalt erhöht die Ausgaben und investiert mehr
C der Hauhalt verschuldet sich

Lösungen
1 ausgleichen 2 erschießen, 3 flüstern, schwatzen, unterhalten, schreien, 4 A

Test 1

1. Welches der Wörter in Klammern leitet sich von dem Wort davor ab?

MOND (glazial, lunar, kapillar)
SONNE (auxiliar, orbital, solar)

2. Die beiden Definitionen umschreiben zwei Wörter, die sich nur durch einen fehlenden Buchstaben unterscheiden.

1 Brennstoff
2 Wintergemüse

3. Welche zwei Wörter haben die gleiche Bedeutung?

HILFREICH ANSTRENGEND
BODENSTÄNDIG DIENLICH
GRÜNDLICH KRAFTVOLL

4. Welches Wort in Klammern ist das Gegenteil des davorstehenden?

TEMPORÄR
(überhastet, vorübergehend, rasant, voreilig, ewig)

5. Welcher der Begriffe in Klammern ist ein Synonym des davorstehenden?

MINISTRANT
(Vikar, Chorherr, Mesner, Messdiener, Küster)

6. Welche zwei Wörter haben eine entgegengesetzte Bedeutung?

EINDRUCKSVOLL MARKIG
WEITSCHWEIFIG SCHWANGER
PRÄGNANT

7. In diesem Witz sind vier Wörter durcheinandergeraten. Setzen Sie sie an die richtige Stelle, sodass er einen Sinn ergibt und grammatikalisch richtig ist.

Klaus stürmt aufgeregt zu seiner Kraft: „Kuck mal, was der Nussknacker für eine Mutter hat – aus was der deiner Brosche gemacht hat!"

8. Was ist eine MORGENGABE?

1 ein Dopingkontrolltest
2 ein Geschenk des Bräutigams an die Braut
3 eine ärztliche Einnahmeverordnung
4 eine nicht absetzbare fiskale Zuwendung

Test 1

9.

Welches Wort in Klammern gehört inhaltlich zu dem davorstehenden?

HIPPODROM
(Blutdruck, Pferd, Obst)

JUNKTIM
(Ochse, Spiel, Vertrag)

12.

Tragen Sie ein Wort in die Klammer ein, das zu dem davorstehenden und zu dem danach kommenden Wort passt.

COMPUTER ( ) VERMÖGEN

14.

Wenn Sie in jedem der nachfolgenden Wörter einen Buchstaben ersetzen, erhalten Sie eine Aufforderung:

LACHEN SIR NIE TOR AUS!

15.

In diesem Witz sind fünf Wörter durcheinander geraten. Setzen Sie sie an die richtige Stelle, sodass er einen Sinn ergibt und grammatikalisch richtig ist.

„Schämen Sie sich nicht, mit achtzig noch einen Polizist zu klauen?“, schimpft der Erwischte. „Natürlich schäme ich mich gegeben“, meint der Fernseher, „aber in meiner Jugend hat es einfach noch keine zerknirscht!“

10.

Welche zwei Wörter haben eine entgegengesetzte Bedeutung?

EIGENSINNIG SCHÜCHTERN SPARSAM AUSDRUCKSVOLL VORLAUT

11.

Welche beiden Wörter haben die gleiche Bedeutung?

LAUTER MODERAT HÖFLICH URSPRÜNGLICH TADELLOS

13.

Wählen Sie aus der Liste zwei Wörter aus, die das Gleiche bedeuten, und ein Gegenteil davon.

SALOMONISCH PROPER VERUNREINIGT WEISE EXKLUSIV DURCHTRIEBEN UNKLUG BIBLISCH

16.

Wählen Sie aus der Liste zwei Wörter aus, die das Gleiche bedeuten, und ein Gegenteil davon.

ANSTOSSEN VERGEIGEN LOSTRETEN STREIKEN VORWEGNEHMEN AUFTREIBEN

Test 1

17. Welcher der Begriffe in Klammern gehört zu dem davorstehenden?

TEPPICH
(Konfektionsware, Kurzware, Auslegware, Bindereierzeugnis)

18. Welcher der Begriffe in Klammern ist ein Synonym des davorstehenden?

KLISCHEE
(Hintergedanke, Abklatsch, Vorgabe, Empfehlung, Auflage)

19. Welches Wort in Klammern gehört inhaltlich zu dem davorstehenden?

KONSPIRATIV
(Konsole, Ränke, Hetze)

HABITUS
(Wohnungsbau, Zwischenton, Erscheinung)

20. Ordnen Sie die Wörter alphabethisch:

ABSINTH ABSORBIEREN
ABSURD ABSOLUTION
ABSTRUS ABSTRAKT

21. Welches Adjektiv passt nicht zu den anderen?

WIDERSPENSTIG AUFMÜPFIG
ERGEBEN WORTKARG
VERBOHRT

22. Welches Wort in Klammern meint das Gegenteil des davorstehenden?

FLEXIBEL
(belastbar, stabil, anschmiegsam, statisch)

23. Welches Wort in Klammern gehört inhaltlich zu dem davorstehenden?

AGORAPHOBIE
(Fahrstuhl, Straße, Wolle)

ARACHNOPHOBIE
(Spinne, Frosch, Fisch)

24. Welcher der Begriffe in Klammern ist ein Synonym des davorstehenden?

SÜHNE
(Vorwurf, Urteil, Buße, Besinnung, Sünde)

25. Welches Wort in Klammern meint das Gegenteil des davorstehenden?

KONTEMPLATIV (unpolitisch, hektisch, versunken, zeitgenössisch)

Test 2

1. Welches Wort in Klammern gehört inhaltlich zu dem davorstehenden?

EPITAPH
(Erdbeben, Gedenken, Spott)

EPISTEL
(Apostel, Ekzem, Säule)

2. Welche zwei Wörter haben eine entgegengesetzte Bedeutung?

PASSABEL KONZENTRIERT
FRÖHLICH BEGEISTERT
LEICHTSINNIG GESCHULT

3. Welche zwei Wörter haben die gleiche Bedeutung?

DURCHSETZUNGSFÄHIG
GESCHICKT FANTASIEVOLL
GENAU PATENT GEDULDIG

4. Welcher der Begriffe in Klammern ist ein Synonym des davorstehenden?

FATUM
(Ermüdung, Schicksal, Einfalt, Sterblichkeit, Ruhm)

5. Wählen Sie aus der Liste zwei Wörter aus, die das Gleiche bedeuten, und ein Gegenteil davon.

VERDÄCHTIG MAKELLOS
EINSEITIG PERFEKT
MANGELHAFT UMSTRITTEN

6. Welche Redewendung reimt sich auf die Worte WIND UND SEGEL? (analog zu ZEIT UND KLEID / WEIT UND BREIT)

7. Welches Wort in Klammern gehört inhaltlich zu dem davorstehenden?

GALEONE
(Schiff, Bier, Sträfling)

PASSAT
(Fußgänger, Gebirge, Wind)

8. In diesem Witz sind fünf Wörter durcheinandergeraten. Setzen Sie sie an die richtige Stelle, sodass er einen Sinn ergibt und grammatikalisch richtig ist.

Daniel kommt zu spät zu einer Platzanweiserin und wird von der Zeit ermahnt, erstaunt zu sein. „Ach du liebe Theateraufführung“, flüstert Daniel, „schlafen schon alle leise?“

Test 2

9. WO verhält sich zu PARIS wie WANN zu ZUG, BALD, WIE, VIELLEICHT oder WOHIN

10. Welches Wort in Klammern passt nicht zu dem Wort davor?

ROUTINE
(alltäglich, gewöhnlich, trainiert, abwechslungsreich, erfahren)

11. Wählen Sie aus der Liste zwei Wörter aus, die das Gleiche bedeuten, und ein Gegenteil davon.

RECHTSCHAFFEN TEUER ROH
FREUNDLICH RÜDE GAR

12. Ordnen Sie die Wörter alphabethisch:

ABSTREITEN ABSEGNEN
ABZIEHEN ABSÄGEN
ABSTÜRZEN ABRUTSCHEN
ABSTOTTERN

13. Ordnen Sie die Wörter so, dass sich eine Steigerung ergibt.

MOBBEN TRIEZEN PIESACKEN
HÄNSELN

14. Welche zwei Wörter haben eine entgegengesetzte Bedeutung?

SCHNELL ENG VERBREITET
BEVÖLKERT UNGESTÜM
SELTEN

15. Welches Wort in Klammern gehört inhaltlich zu dem davorstehenden?

AKUPUNKTUR
(Nullpunkt, Meridian, Quadrant)

KONDITION
(Kuchen, Leistung, Beileid)

16. EI verhält sich zu MARKT wie RADIERGUMMI zu SCHREIBHEFT, LEHRER, SCHULE, KAUFHAUS oder BUS

17. Welches Wort in Klammern bedeutet das Gegenteil des davorstehenden Wortes?

KOMPAKT (gequetscht, konzentriert, lose, leicht)

Test 2

18. Tragen Sie ein Wort in die Klammer ein, das zu dem davorstehenden und zu dem danach kommenden Wort passt.

RÄTSEL (   ) STRAFE

19. Die Bedeutung welcher beiden Wörter liegt am weitesten auseinander?

KRAFTLOS ZUVERLÄSSIG ROMANTISCH PARTEIISCH PFLICHTVERGESSEN

20. Welche zwei Wörter haben die gleiche Bedeutung?

BERUFEN EXZELLENT VORHERRSCHEND EMINENT TREFFLICH LUXURIÖS

21. Die beiden Definitionen umschreiben zwei Wörter, die sich nur durch einen Buchstaben unterscheiden.

1 Stütze
2 Gebäudeteil

22. Welche zwei Wörter haben die gleiche Bedeutung?

SPONTAN DYNAMISCH UNTERNEHMERISCH MASSIV SCHWUNGVOLL ANSTÖSSIG

23. Ordnen Sie die Wörter so, dass sich eine Steigerung ergibt.

MISERABEL SCHLECHT VERHEEREND MINDERWERTIG

24. In diesem Witz sind fünf Wörter durcheinandergeraten. Setzen Sie sie wieder an die richtige Stelle, sodass er einen Sinn ergibt und grammatikalisch richtig ist.

„Von meiner Kabine zum Trainer ist es aber getragen!“, beschwert sich der Boxer. „Halb so weit“, entgegnet der Ring, „zurück wirst du sowieso wild.“

25. Was bedeutet das Wort RUCHLOS?

1 arglos
2 niederträchtig
3 unruhig
4 rauchfrei
5 abgestanden

Lösungen – Test 1

1. Mond: lunar; Sonne: solar
2. Kohle und Kohl
3. hilfreich und dienlich
4. ewig
5. Ministrant: Messdiener
6. weitschweifig und prägnant
7. Klaus stürmt aufgeregt zu seiner Mutter. „Kuck mal, was der Nussknacker für eine Kraft hat – was der aus deiner Brosche gemacht hat!“
8. 2
9. Hippodrom: Pferd; Junktim: Vertrag
10. schüchtern und vorlaut
11. lauter und tadellos
12. Anlage
13. salomonisch, weise; unklug
14. Machen Sie die Tür auf!
15. „Schämen Sie sich nicht, mit achtzig noch einen Fernseher zu klauen?“, schimpft der Polizist. „Natürlich schäme ich mich“, meint der Erwischte zerknirscht, „aber in meiner Jugend hat es einfach noch keine gegeben!“
16. anstoßen, lostreten; streiken
17. Auslegware
18. Abklatsch
19. konspirativ: Ränke, Habitus: Erscheinung
20. Absinth Absolution absorbieren abstrakt abstrus absurd
21. ergeben: Das Wort drückt als einziges keine Verweigerungshaltung aus.
22. statisch
23. Agoraphobie: Straße, Arachnophobie: Spinne
24. Buße
25. hektisch

Leistungsbewertung

Geben Sie sich für jede richtige Antwort einen Punkt.

Punktzahl	Bewertung	Bevölkerungsanteil
20 / 25	genial	Top 5%
18 / 21	herausragend	Top 10%
15 / 17	Experte	Top 30%
13 / 14	überdurchschnittlich	Top 40%
11 / 12	durchschnittlich	Top 60%
9 / 10	unterdurchschnittlich	untere 40%
7 / 8	grenzwertig	untere 30%
5 / 6	schwach	untere 10%
0 / 4	sehr schwach	untere 5%

Übertragen Sie nun das Ergebnis Ihres Tests in die Gesamtbeurteilung auf Seite 302.

Wissenswertes über das Gehirn

Unser Gehirn ist in zwei Hälften aufgeteilt: die linke und die rechte „Hemisphäre“. Je nachdem ob Sie Links- oder Rechtshänder sind, liegt das Sprachzentrum auf der gegenüberliegenden Seite des Gehirns, bei Rechtshändern also links. Das Sprachzentrum arbeitet analytisch und ausgesprochen schnell – fast wie ein Computer. Die andere Hirnhälfte verarbeitet wiederum Reize ganzheitlich, räumlich-bildhaft. Beide Hirnhälften schaffen so jeweils ein eigenes Bild von der Realität und ergänzen sich perfekt.

Lösungen – Test 2

1. Epitaph: Gedenken, Epistel: Apostel
2. konzentriert und leichtsinnig
3. geschickt und patent
4. Fatum: Schicksal
5. makellos, perfekt; mangelhaft
6. Kind und Kegel
7. Galeone: Schiff, Passat: Wind
8. Daniel kommt zu spät zu einer Theateraufführung und wird von der Platzanweiserin ermahnt, leise zu sein. „Ach du liebe Zeit“, flüstert Daniel erstaunt, „schlafen schon alle?“
9. wann – bald
10. abwechslungsreich
11. roh, rüde; freundlich
12. abrutschen, absägen, absegnen, abstottern, abstreiten, abstürzen, abziehen
13. hänseln, piesacken, triezen, mobben
14. verbreitet und selten
15. Akupunktur: Meridian, Kondition: Leistung
16. Kaufhaus: hier werden Radiergummis verkauft.
17. lose
18. Haft
19. zuverlässig und pflichtvergessen
20. exzellent und trefflich
21. Balken und Balkon
22. schwungvoll und dynamisch
23. minderwertig, schlecht, miserabel, verheerend
24. „Von meiner Kabine zum Ring ist es aber weit!“, beschwert sich der Boxer. „Halb so wild“, entgegnet der Trainer, „zurück wirst du sowieso getragen.“
25. niederträchtig

Leistungsbewertung

Geben Sie sich für jede richtige Antwort einen Punkt.

Punktzahl	Bewertung	Bevölkerungsanteil
20 / 25	genial	Top 5%
18 / 21	herausragend	Top 10%
15 / 17	Experte	Top 30%
13 / 14	überdurchschnittlich	Top 40%
11 / 12	durchschnittlich	Top 60%
9 / 10	unterdurchschnittlich	untere 40%
7 / 8	grenzwertig	untere 30%
5 / 6	schwach	untere 10%
0 / 4	sehr schwach	untere 5%

Übertragen Sie nun das Ergebnis Ihres Tests in die Gesamtbeurteilung auf Seite 302.

Wissenswertes über das Gehirn

Wenn wir uns Dinge merken, gehen sie entweder ins Kurzzeit- oder ins Langzeitgedächtnis. Bei einem Computer würde das Kurzzeitgedächtnis dem Arbeits- oder Zwischenspeicher entsprechen. Das Langzeitgedächtnis wiederum speichert dauerhaft. Interessant ist, dass die Informationen, die ins Langzeitgedächtnis gelangen, sich nicht an einem festen, bestimmten Ort befinden, sondern in der Gesamtstruktur des Gehirns hinterlegt werden. Bei einem Schlaganfall, der Teile des Gehirns für immer zerstört, müssen gespeicherte Informationen nicht unwiederbringlich verloren sein, sondern können mit intensivem Training auf Umwegen wiedergefunden werden.

Rätsel

Der Philosoph und Mathematiker Bertrand Russel hat einmal gesagt: „Mathematik kann definiert werden als das Thema, bei dem wir nie wissen, worüber wir reden oder ob das, was wir sagen, wahr ist.

Die Mathematik ist eine exakte Wissenschaft, und für eine korrekt gestellte Aufgabe gibt es nur eine einzige Lösung. Es kann jedoch verschiedene Wege zu dieser Lösung geben, von denen einige aufwendiger sind als andere. Die Gegenstände der Mathematik können herausfordernd, faszinierend, verwirrend und sogar frustrierend sein; hat man jedoch einmal Interesse für die Wissenschaft der Zahlen entwickelt, tut sich eine völlig neue Welt auf.

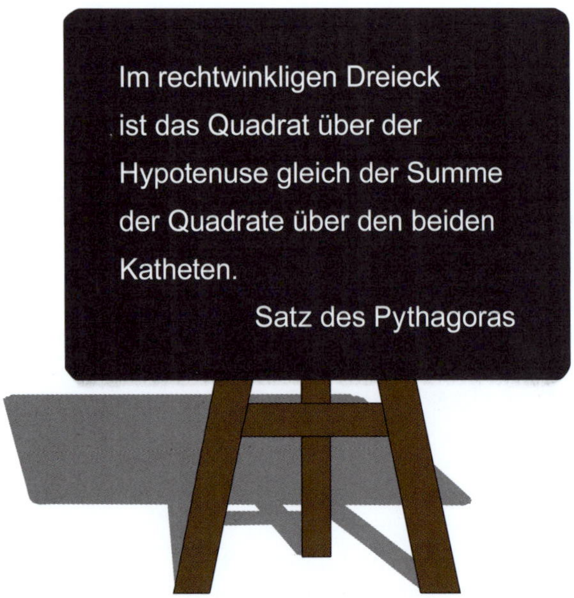

Für viele Erwachsenen, die sich in ihrer Schulzeit damit schwertaten, bleibt die Mathematik ein unangenehmes Thema. Doch das muss nicht so sein, besonders wenn der Angstfaktor vom Spaßfaktor abgelöst wird; denn alles, was Spaß zu machen beginnt, wird zu einer vergnüglichen Erfahrung.

Wir alle benötigen im Alltag gewisse mathematische Kenntnisse, ob wir nun nach einem Supermarktbesuch den Kassenzettel oder am Monatsende unsere Gehaltsabrechnung prüfen oder unser Haushaltsgeld einteilen. Viele scheuen allerdings vor der Mathematik zurück, sobald es um anspruchvollere Anwendungen geht. Viele ihrer Aspekte lassen sich jedoch leicht verstehen, werden sie aufgeschlüsselt und anhand von Beispielen aus dem Alltag erklärt.

> Wenn das Ergebnis mathematisch falsch ist, multipliziere es doch mit der Seitenzahl.
> Murphys Neuntes Gesetz

Zweifellos erhöht ständige Übung die Sicherheit im Umgang mit Zahlen erheblich. Die professionellen Dart-Spieler etwa können ebenso wie die Schiedsrichter die erzielten Punkte in Sekundenbruchteilen berechnen. In dem Augenblick, in dem der letzte der drei Pfeile die Scheibe trifft, sagt der Schiedsrichter das Ergebnis der drei Würfe an und zieht es von der augenblicklichen Punktzahl ab. Ein Spieler benötigt zum Gewinn einer bestimmten Runde ein Doppel. Wenn er an die Wurflinie tritt und z.B. 174 Punkte erzielen will, kann er nicht mit einem Doppel aufhören. Intuitiv weiß er jedoch: Trifft er mit seinen drei Pfeilen Tripel-20, Tripel-19 und 25, weiß er, dass er noch Doppel-16 braucht und es mit Glück im nächsten Durchgang mit einem Pfeil trifft.

142857 x 1 = 142857
142857 x 2 = 285714
142857 x 3 = 428571
142857 x 4 = 571428
142857 x 5 = 714285
142857 x 6 = 857142
142857 x 7 = 999999

Der Grund dafür, dass Spieler über diese einfach erstaunlichen Rechenfähigkeiten verfügen, ist sehr einfach. Während ihrer Karriere haben sie solche Berechnungen viele tausend Mal gemacht und können sie schneller im Kopf erledigen als mit einem Taschenrechner.

Die Rätsel in diesem Kapitel sollen Ihnen Mut machen, numerisch zu denken und Sicherheit im Umgang mit Zahlen zu gewinnen. Viele dieser Rätsel stellen eine Herausforderung dar, doch je mehr Sie sich mit dieser Art Rätseln beschäftigen, desto besser werden Sie die Methode und den Denkprozess verstehen, den die Lösung erfordert; Sie werden immer leichter die Beziehungen zwischen Zahlen erkennen und lernen, logisch und lateral denken, wenn es erforderlich ist.

4	9	8	47	48	49	10
38	19	20	17	34	35	12
39	37	26	27	22	13	11
43	36	21	25	29	14	7
6	18	28	23	24	32	44
5	15	30	33	16	31	45
40	41	42	3	2	1	46

Einfach

1.

4 8 2 9 6 3 8 1 7 4 2 9 8 7 6

Wie groß ist die Summe aller ungeraden Zahlen in der Reihe oben, denen eine gerade Zahl unmittelbar vorausgeht?

2.

3	1	4
2	5	1
3	2	?

Welche Zahl sollte das Fragezeichen ersetzen?

3.

3 6 9 2 1 5 8 7 3 5 8

Streichen Sie oben alle ungeraden Zahlen und multiplizieren Sie die verbliebenen miteinander.

Nehmen Sie nun das Ergebnis, streichen Sie die ungeraden Zahlen darin und multiplizieren Sie die verbliebenen miteinander.

Welche Zahl bleibt übrig?

4.

100 96 88 72 40 ?

Welche Zahl sollte das Fragezeichen ersetzen, um die Folge fortzusetzen?

5.

Was ist das Doppelte der Hälfte von 9826?

6.

10 10 11 13 16 ?

Welche Zahl sollte das Fragezeichen ersetzen, um die Folge fortzusetzen?

7.

Drei Münzen werden gleichzeitig geworfen. Wie groß ist die Chance, dass mindestens zwei mit der Kopfseite nach oben landen.

8.

Wie viele Kartons brauchen Sie, wenn Sie 148 Paar Schuhe in Kartons packen, die jeweils 37 Schuhe fassen.

9.

Teilen Sie 120 durch ein Viertel und addieren Sie 15.

Einfach

10.

7	3	6	4	1
2	6	9	7	4
9	4	?	6	9
6	7	3	3	4
1	4	3	2	3

Welche Zahl sollte das Fragezeichen ersetzen?

11. Zwischen Bill und Jill liegen 105, Jill hat anderthalbmal so viel wie Bill. Wie viel hat jeder von ihnen.

12. Welche Zahl ist – auf den Horizontalen, den Vertikalen oder den Diagonalen – drei Stellen von sich entfernt plus 5, zwei Stellen von sich entfernt plus 4, zwei Stellen von sich entfernt minus 3 und zwei Stellen von sich entfernt geteilt durch 2?

5	12	4	16
6	3	15	14
8	1	2	13
7	9	10	21

13. Um 11:00 Uhr zeigte meine Uhr die richtige Zeit an, danach ging sie pro Stunde 14 Minuten nach, und vor drei Stunden blieb sie stehen. Jetzt zeigt sie mit 2:50 Uhr die falsche Zeit an. Wie spät ist es tatsächlich?

14. Harry, Barry und Larry möchten eine Summe Geld unter sich aufteilen. Harry erhält 2/5, Barry erhält 0,45 und Larry 840 Euro. Wie viel Geld ist es insgesamt?

Einfach

15. 1 2 5 14 41 ?

Welche Zahl sollte das Fragezeichen ersetzen?

16. 9 2 6 3 5 1 7 8 6 2 9 3

Wie groß ist die Summe aller Zahlen in der Reihe oben, denen eine gerade Zahl unmittelbar folgt?

17.

49	12	25	11
3	8	64	9
81	24	6	4
36	5	16	14

Wie groß ist die Differenz zwischen dem Quadrat der niedrigsten Kubikzahl und der Kubikzahl der niedrigsten Quadratzahl in diesem Gitter?

18.

78 (52) 3

75 (30) 5

96 (?) 8

Welche Zahl sollte das Fragezeichen ersetzen?

19. Gordon kauft für € 600 Raufaser, und Alistair kauft für € 120 Farbe für ihre beiden miteinander verbundenen Büros. Wie viel schuldet Alistair Gordon, wenn sie sich die Kosten hälftig teilen?

20. In meinem Obstkorb sind alle Früchte bis auf neu orange, alle bis auf neun Äpfel, alle bis auf neun Grapefruits und alle bis auf neun Birnen.

Wie viele Stücke Obst liegen in meinem Obstkorb?

21. Welche Zahl ergibt, zu 3 addiert oder mit 3 multipliziert, das Gleiche?

22. In 45 Minuten wird es zweimal so viele Minuten nach 9 Uhr sein, wie es jetzt Minuten vor 9 Uhr sind.
Wie spät ist es?

23. Wie schwer ist ein Sack Kartoffeln, wenn er 50 kg geteilt durch die Hälfte seines Gewichts wiegt?

Einfach

24. Welche Zahl sollte das Fragezeichen ersetzen?

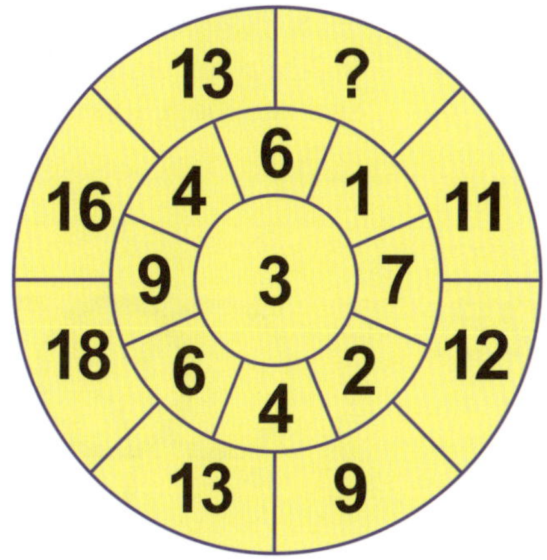

25.

3	4	6	9
		9	12
8	9		14
9	10	12	

Welches ist das fehlende Teil?

A

6	8		
		12	
			15

B

6	7		
		11	
			15

C

5	7		
		11	
			15

D

5	8		
		12	
			16

Einfach

26. Ich bin viermal so alt wie mein Sohn. In 20 Jahren werde ich doppelt so alt sein wie mein Sohn. Wie alt sind wir jetzt?

27. 100 99 96 91 84 ? 64

Welche Zahl sollte das Fragezeichen ersetzen?

28.

Die fünf Ringe auf der Olympischen Flagge sind blau, schwarz, rot, gelb und grün – in dieser Reihenfolge. Auf wie viele verschiedene Weisen hätten sie auch angeordnet werden können?

29.

4	7	3
5	?	4
9	?	7

Welche sind die beiden fehlenden Zahlen?

A	B	C	D
8	9	8	9
15	16	16	15

30. Welche Zahl ist als einzige gleich der doppelten Summe ihrer Ziffern (Beispiel: Die Zahl 48 ist viermal so groß wie die Summe ihrer Ziffern 4 und 8)?

31. 0,65 0,65 ? 1,95 2,6 3,25

Welche Zahl sollte das Fragezeichen ersetzen?

32. 7 6 1 3 5 4 1 7 4 2 4

Wie groß ist die Differenz zwischen dem Durchschnitt aller Zahlen oben und dem Durchschnitt aller geraden Zahlen?

33. Harry und Sally sind zusammen 25 Jahre alt. Vor zwei Jahren war er doppelt so alt wie sie. Wie alt wird er sein, wenn sie 10 Jahre ist?

Einfach

34. Zwei Golfer fragen sich, was gewesen wäre, nachdem sie beide 5 über Par gespielt hätten.

„Hätte ich einen Schlag weniger und du einen mehr gebraucht, wären wir gleich gewesen“, sagt Ernie.

„Ja“, erwidert Colin, „und hätte ich einen Schlag weniger und du einen mehr gebraucht, hättest du doppelt so viele gebraucht wie ich.“

Wie viele Schläge hat jeder gebraucht?

35. Ein Ball fällt aus einem Fenster in 12 Meter Höhe zu Boden. Er springt bis auf die Hälfte der ursprünglichen Höhe zurück und fällt wieder zu Boden. Erneut springt er auf die halbe Höhe zurück. Welche Strecke hat er dabei zurückgelegt (aufrunden)?

36. Der Turm einer alten Kirche hat eine Höhe von 41 Metern plus die Hälfte seiner eigenen Höhe. Wie hoch ist er?

37. Auf einem Flohmarkt kaufte ich 12 CDs für genau 12 Euro. Einige kosteten nur 50 Cent, einige 1,50 Euro und einige 2 Euro pro Stück. Wie viele CDs habe ich jeweils gekauft?

38. Ein Firma verspricht Lohnerhöhungen, vorausgesetzt, die Produktion steigt pro Woche um 2,5 %. Um wie viel Prozent täglich muss die Produktion bei fünfeinhalb Arbeitstagen pro Woche gesteigert werden, soll das Ziel erreicht werden?

39. Welche fünf aufeinanderfolgenden Zahlen dieser Reihe haben die Summe 21?

7 5 2 9 6 1 4 2 7 9 4 2 1 3 6 8 3 2 3 4 8 5

40.

684927 verhält sich zu 864279

und 315928 verhält sich zu 821359

wie 694253 zu ?

41. Ein Markthändler bekommt eine Kiste Eier geliefert und muss feststellen, dass 56 davon zerbrochen sind – acht Prozent der gelieferten Stückzahl. Wie viele Eier waren in der Kiste?

42. 99 97 93 ? 79 69 57

Welche Zahl sollte das Fragezeichen ersetzen?

Einfach

43.

2	3	x	4	2	=	9	?	6

Welche Zahl sollte das Fragezeichen ersetzen, damit die Gleichung korrekt ist?

A	B	C	D	E
4	5	6	7	9

44.

Auf welcher Zielscheibe wurden, entsprechend der Wertigkeit der Scheibe links, 155 Zähler erzielt?

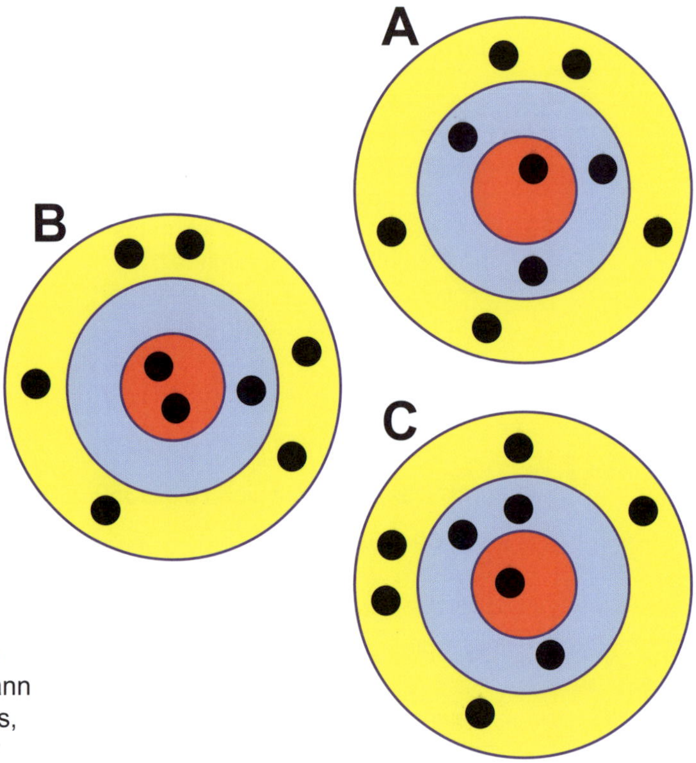

45. Fünf Männer erbauen ein Haus in 27 Tagen. Wie lange brauchen dann neun Männer für das gleiche Haus, wenn alle gleich schnell arbeiten?

Einfach

46. Welche Zahl ergibt, 8-mal mit sich selbst multipliziert, 35?

47. Ein Foto der Größe 9,5 x 7,5 cm soll vergrößert werden. Wenn die längere Seite auf 11,4 cm vergrößert wird, wie lang wird dann die kürzere Seite?

48.

2	5	1	3	6	2		5	3	6	2	4	2
3	7	4	7	11	8		?	?	?	?	?	?

Die sechs Zahlen links oben stehen im gleichen Verhältnis zu den sechs Zahlen links unten wie die sechs Zahlen rechts oben zu den (fehlenden) sechs Zahlen rechts unten.

Welche der Zahlenreihen A–D sollte also die Fragezeichen ersetzen?

A	6	4	8	5	8	7
B	7	5	9	5	8	8
C	7	4	8	6	9	7
D	6	5	9	6	9	8
E	6	5	8	6	9	7

49. Finden Sie die beiden einzigen Zahlen zwischen 50 und 100, für die gilt:
- Beide sind durch drei teilbar.
- Beide sind ungerade.
- Bei beiden liegt die Summe der Ziffern zwischen 10 und 15.
- Bei beiden liegt das Produkt der Ziffern zwischen 30 und 40.

50. Vor zwei Jahren war ich eineinhalbmal so alt wie mein Bruder. In fünf Jahren werde ich eineindrittelmal so alt sein. In wie vielen Jahren werde ich eineinviertelmal so alt sein wie mein Bruder?

Anspruchsvoll

51.

6	2	7		5	3	7
5	2	6		7	2	8
8	1	8		6	8	?

Jede Reihe von Zahlen steht zu jeder anderen in einer bestimmten Beziehung. Finden Sie die Logik hinter den Zahlen im linken Gitter, und finden Sie heraus, welche Zahl im rechten Gitter fehlt.

52.

$$\frac{\sqrt{49}\ \text{x}\ (4 + 2)}{?} = \frac{264 - 168}{3^3 - \sqrt{121}}$$

Vervollständigen Sie die Gleichung, indem Sie den fehlenden Teil unter den Vorschlägen identifizieren und einsetzen.

A $2^3 - 2$ **B** $2 + 2^3$ **C** $\sqrt{36} + \sqrt{4}$ **D** $27 - 2^4$ **E** $23 - 2^4$

53.

Eine Partie mit acht Mitspielern dauert 55 Minuten. Drei Ersatzspieler wechseln sich gleich lange mit jeweils einem Mitspieler ab, d.h., alle Spieler, auch die Ersatzspieler, sind gleich lange auf dem Spielfeld. Für wie lange?

54.

In den beiden Zahlenfolgen unten sollte eine Zahl aus der oberen Reihe in die untere kommen und umgekehrt. Welche beiden Zahlen sollten miteinander den Platz tauschen?

18 33 48 62 75 87

17 35 51 66 80 93

55.

Am Ende des Markttags hat ein Händler noch 9 Salatköpfe und 6 Blumenkohlköpfe übrig, ein anderer 4 Salatköpfe und 12 Blumenkohlköpfe.

Wie groß ist der Unterschied der Prozentzahlen der jeweils übrigen Salatköpfe?

56.

1 4 18 87 431 ?

Welche Zahl sollte das Fragezeichen ersetzen, um die Folge fortzusetzen?

Anspruchsvoll

57.

In diesem Rätsel gehen wir davon aus, dass Züge pünktlich abfahren und ankommen. Es kann also nur in der Theorie funktionieren!

Meine Frau verlässt normalerweise um Punkt 17 Uhr den Supermarkt, nimmt den Zug um 17:30 Uhr und trifft um 18:00 an unserem Bahnhof ein. Ich fahre täglich mit dem Auto zum Bahnhof und hole sie dort um 18:00 ab, sowie sie aussteigt.

Letzte Woche konnte sie einmal fünf Minuten eher gehen, lief kurz entschlossen gleich zum Bahnhof und erreichte noch den Zug um 17:00 Uhr, der um 17:30 Uhr bei uns am Bahnhof ankam. Weil ich nicht da war, um sie abzuholen, machte sie sich zu Fuß auf den Weg nach Hause. Ich fuhr wie gewöhnlich los, sah sie kommen und ließ sie einsteigen. Wir trafen 10 Minuten früher als sonst zu Hause ein.

Wie viele Minuten ging sie zu Fuß, bevor ich sie mitnahm?

58.

5	4	7	8	6	3		7	9	8	2	5	3
10	2	14	4	3	6		?	?	?	?	?	?

Die obere Zahlenreihe steht jeweils in einem Verhältnis zur unteren. Die beiden linken Reihen aus sechs Zahlen stehen im selben Verhältnis zueinander wie die beiden Reihen rechts. Welche Reihe Zahlen sollte also die Fragezeichen ersetzen?

A	21	18	24	4	15	6
B	14	18	16	4	10	6
C	14	18	4	1	10	6
D	16	20	4	1	14	8
E	16	20	16	6	12	8

Anspruchsvoll

59.

Der Durchschnitt dreier Zahlen beträgt 26.

Der Durchschnitt zweier Zahlen davon beträgt 31.

Welches ist die dritte Zahl?

60.

Ändern Sie die Position von genau vier Zahlen und schaffen Sie ein magisches Quadrat, in dem alle Reihen, Spalten und beide Diagonalen die Summe 34 haben.

1	12	14	13
15	2	10	3
8	7	11	6
4	9	5	16

61.

Ein Mann hat 35 Socken in der Schublade, 12 gleiche in Blau, 9 gleiche in Grau und 14 gleiche in Schwarz.

Das Licht ist ausgefallen, und es ist völlig dunkel im Raum.

Wie viele Socken muss er herausnehmen, um ganz sicher ein Paar von gleicher Farbe zu haben?

62.

Welche beiden Zahlen sollten die Fragezeichen ersetzen?

?	
25	17
76	35
229	?
688	143

63.

3 6 11 ? ? 54 59 118

Welche beiden Zahlen sollten die Fragezeichen ersetzen?

64.

Wie lautet das Ergebnis?

$$\left(\frac{481}{962}\right)^2 \times 468$$

65.

87963 63978 78936 36987 ?

Was kommt als Nächstes?

Anspruchsvoll

66.

12	27	32	81	94	16		42	86	17	25	63	45
3	9	5	9	13	7		?	?	?	?	?	?

Die obere Zahlenreihe steht jeweils in einem Verhältnis zur unteren. Die beiden linken Reihen aus sechs Zahlen stehen im selben Verhältnis zueinander wie die beiden Reihen rechts. Welche Reihe Zahlen sollte also die Fragezeichen ersetzen?

A	6	14	8	7	9	9
B	8	48	7	10	18	20
C	6	14	8	9	7	9
D	8	16	8	9	7	9
E	6	14	8	9	7	7

67.

Der schwarze Punkt bewegt sich jedes Mal drei Segmente im Uhrzeigersinn weiter und der weiße Punkt vier Segmente in Gegenrichtung. Nach wie vielen Malen sind beide im selben Segment?

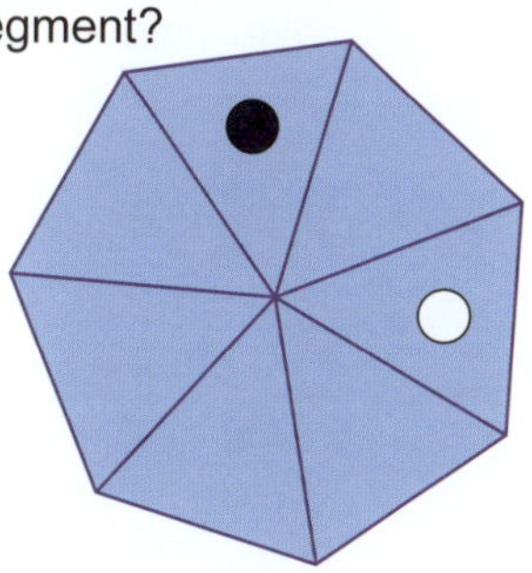

68.

Welche Zahl sollte das Fragezeichen ersetzen?

2	1	1	2
3	1	2	2
1	3	2	4
4	1	2	?

Anspruchsvoll

69.

1	3	6	8	11
4	6		11	14
6	8	11		16
9	11		16	19
11		16		21

Welche ist die fehlende Gruppe?

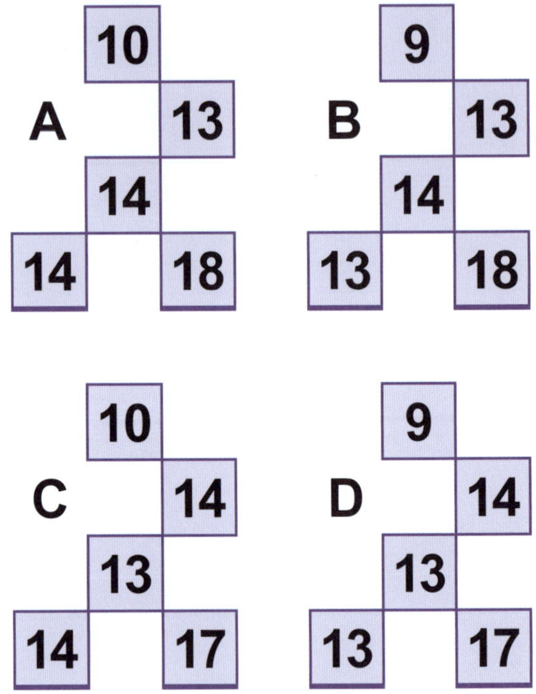

70.

62 (3) 49
92 (4) 98
17 (?) 87

Welche Zahl sollte das Fragezeichen ersetzen?

71.

Was ergibt

$3\frac{3}{4} \div 3\frac{5}{8}$

72.

Wie lang ist die kürzeste Seite eine rechtwinkligen Dreiecks, dessen längere beiden Seiten 63 bzw. 65 cm lang sind?

73.

Wie viele Minuten vor Mitternacht ist es, wenn es vor acht Minuten dreimal so viele Minuten nach 21 Uhr war?

74.

2,5 25 7,9 ? ? 16 18,7 11,5

Welche beiden Zahlen sollten die Fragezeichen ersetzen?

75.

2 6 9 3 8 6 4 7 6 9 1 7 3 5 ?

Welche Zahl sollte das Fragezeichen ersetzen?

Anspruchsvoll

76. 7 15 31 63 127 ?

Welche Zahl sollte das Fragezeichen ersetzen?

77. Welche Zahl passt nicht zu den übrigen?

4688 1342 5786 7639
4955 7892 4672

78. Welche Zahl sollte das Fragezeichen ersetzen?

	5	
4	6	7

	13	
8	4	9

	8	
7	11	?

79. In zwölf Jahren werden meine vier Vettern zusammen 72 Jahre alt sein. Wie alt werden sie in sieben Jahren zusammen sein?

80. 72 (84) 36 27 (36) 54

45 (?) 81

Welche Zahl sollte das Fragezeichen ersetzen?

81. Eine Zahl aus der linken unteren Zahlenfolge sollte in der anderen Zahlenfolge stehen und umgekehrt. Welche beiden Zahlen sollten gegeneinander ausgetauscht werden?

12 19 32 54 82 117 14 20 33 50 74 104

82.

$$\frac{102 \div 1{,}5}{4} = \frac{76{,}5}{?}$$

Vervollständigen Sie die Gleichung, und finden Sie den fehlenden Teil in der unten stehenden Reihe von Optionen.

A 6,7 – 2,3 **B** $2{,}1^2$ **C** 5,5 **D** $0{,}5 \times \sqrt{81}$ **E** $0{,}75 \times \sqrt{64}$

Anspruchsvoll

83.

4	5	3	4	2
7	8	6		5
5			5	
	9	7	8	6
6	7	5	6	4

Welche ist die fehlende Gruppe?

A

			8	
	6	7		3
7				

B

			7	
	7	4		8
8				

C

			8	
	7	7		7
7				

D

			7	
	6	4		3
8				

84.

Finden Sie die kleinste 2-stellige Zahl, die um 1 kleiner ist als ihr doppelter umgekehrter Wert (z.B. ist 21 um 3 kleiner als der doppelte umgekehrte Wert: 12 x 2 = 24).

85.

Welcher Bruch ist der größte?

$$\frac{6}{9} \qquad \frac{12}{27} \qquad \frac{11}{18}$$

86.

Ein Wagen fährt mit durchschnittlich 90 km/ auf der Landstraße und fährt die gleiche Strecke mit durchschnittlich 60 km/h zurück. Wie hoch ist die Durchschnittsgeschwindigkeit während der gesamten Fahrt?

Anspruchsvoll

87.

469257   296412   ?   9645   699

Welche Zahl fehlt hier?

88.

Welche Zahl steht – waagerecht, senkrecht oder diagonal – zwei Felder entfernt von sich selbst mal 3, drei Felder entfernt von sich selbst plus 4 und zwei Felder von sich selbst entfernt minus 2?

2	16	13	15	22
28	20	11	1	33
4	5	21	12	9
10	18	17	6	14
8	3	7	19	27

89.

Wie lang ist die Hypotenuse eines rechtwinkligen Dreiecks, dessen beide kürzeren Seiten 15 cm bzw. 36 cm lang sind?

90.

In den beiden Zahlenfolgen unten sollte eine Zahl aus der oberen Reihe in die untere kommen und umgekehrt. Welche beiden Zahlen sollten miteinander den Platz tauschen?

10   14   22   38   50   70

11   17   26   34   53   71

91.

Welche Zahl sollte das Fragezeichen ersetzen?

	9	
18		4

	6	
15		5

	7	
?		8

92.

Welche Zahl sollte das Fragezeichen ersetzen?

5	8	2	3
2	7	6	5
9	1	7	1
4	2	5	?

Anspruchsvoll

93. 1 1 5 3 10 6 16 10 ? ?

Welche zwei Zahlen setzen die Folge fort?

94. Wie lautet das Ergebnis?

$$\frac{5}{9} \div \frac{7}{18}$$

95. In meinem Aquarium schwimmen 15 gefleckte Fische. Die Männchen haben je 81, die Weibchen je 27 Flecken. Wie viele Flecken gibt es insgesamt im Aquarium, nehme ich zwei Drittel der Männchen heraus?

96.

3		5	7	9
	6		9	11
7	8	9		13
8	9		12	14
9	10	11	13	15

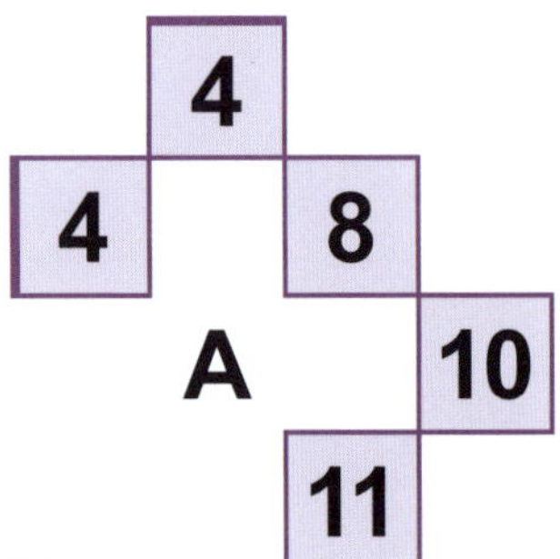

Welche ist die fehlende Gruppe?

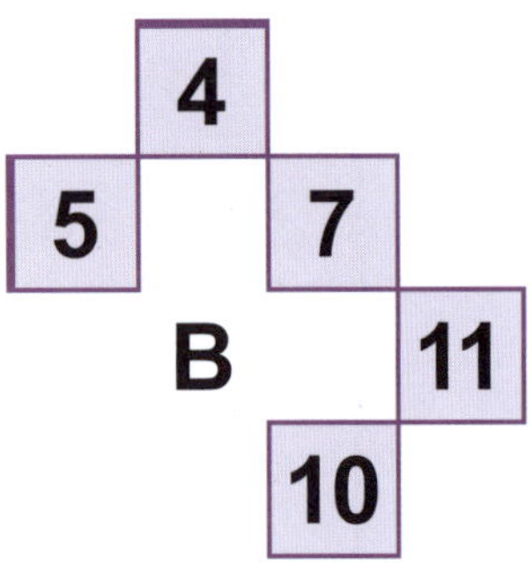

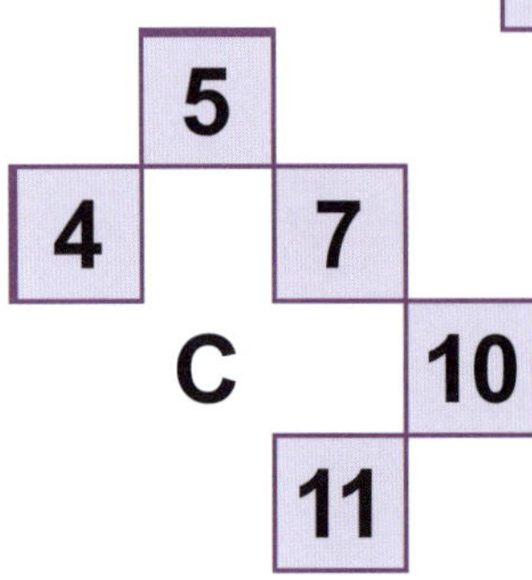

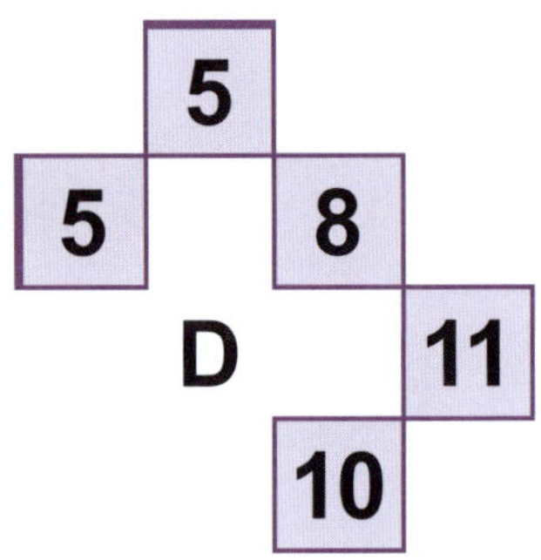

Anspruchsvoll

97. Vervollständigen Sie die Gleichung, indem Sie den fehlenden Teil unter den Vorschlägen A–E finden und einsetzen.

$$(36 + 42) + (?) = 144$$

A 7 x 9 **B** 55% x 120 **C** 45% x 160

D 8 x 7 **E** 22 x 3,5

98. Welche Zahl sollte das Fragezeichen ersetzen?

5	
7	13

9	
7	17

5	
2	?

99.

346 : 18
971 : 64
827 : ?

Welche Zahl sollte das Fragezeichen ersetzen?

100.

18	24	9		42	?	21
12	3	27		28	7	?
6	21	15		14	?	35

Jede Gruppe von neun Zahlen steht in einem bestimmten Verhältnis zu jeder anderen. Finden Sie heraus, welche Regeln im linken Gitter gelten, und finden Sie die fehlenden Zahlen im rechten.

Schwer

101. Von 100 Personen, die aus einem Supermarkt kommen, haben 87 Brot gekauft, 75 haben Butter gekauft, 60 frisches Fleisch und 90 Tiefkühlware.

Mindestens wie viele dieser 100 Personen haben alle vier Dinge gekauft?

102. Tragen Sie 1-stellige Zahlen so in die freien Felder ein, dass die Summen in allen Reihen und Spalten korrekt sind.

	÷		x		=	6
+		–		–		–
	–		+	1	=	
÷		+		+		x
	x	2	–		=	
=		=		=		=
5	+		–		=	

103.
427 : 5684 : 374
535 : 7596 : 438
642 : ? : 833

Welche Zahl sollte das Fragezeichen ersetzen?

104. Welche Zahl sollte das Fragezeichen ersetzen?

18	
4	8

39	
7	19

?	
8	24

105. In jeder Reihe sind die Zahlen auf gleiche Art miteinander verbunden. Setzen Sie die fehlenden Zahlen ein.

5735	?	50
2864	?	?
4392	216	?

106. Finden Sie die kleinste 2-stellige Zahl, die zur Quadratzahl wird, wenn man von ihr die Zahl abzieht, die sich durch Vertauschen der Ziffern ergibt (z.B. 32 – 23 = 9), und die auch zur Quadratzahl wird, wenn man diese Zahl zu ihr addiert.

Schwer

107. Ein Zug fährt mit einer Geschwindigkeit von 40 km/h in einen $2\frac{1}{4}$ km langen Tunnel ein. Der Zug ist insgesamt 250 m lang.

Wie lange dauert die Durchfahrt des Zuges, von der Einfahrt des ersten bis zur Ausfahrt des letzten Wagens?

108. Welche Zahl sollte das Fragezeichen ersetzen?

6	3	15	30
8	4	9	32
5	3	15	?

109. Im Ergebnis dieser Addition steht nur ein Komma an der richtigen Stelle. Verschieben Sie das Komma in vier der Zahlen, damit die Summe korrekt ist.

```
 287,5
 365,9
 822,2
 135,69
8752,34
```

110. Welche Zahl sollte das Fragezeichen ersetzen?

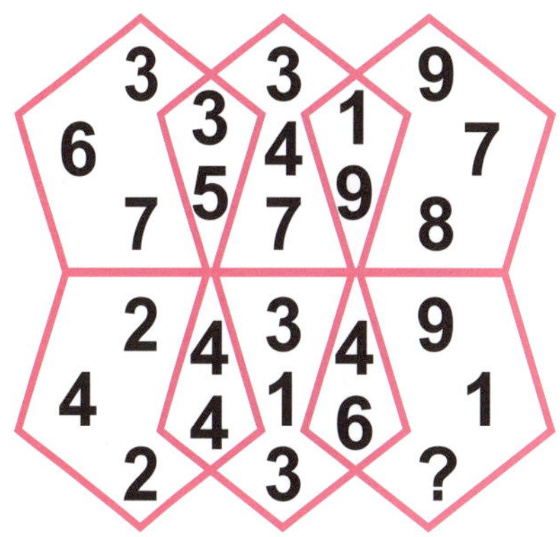

111. Mit einer Menge Geld in der Handtasche besucht Tessa während eines Bummels vier Läden.

Im ersten Laden gibt sie 20 Euro während der ersten halben Stunde aus, die Hälfte des Restes in der nächsten und 20 Euro in einer weiteren halben Stunde. So macht sie es in allen vier Läden, und als sie den letzten verlässt, hat sie alles ausgegeben.

Wie viel Geld hatte sie zu Anfang?

112. Bekanntlich sind von zwölf Teilen in einer Packung drei defekt. Wie groß ist die Wahrscheinlichkeit, dass die ersten drei entnommenen Teile allesamt defekt sind?

Schwer

113. Welche Zahl sollte das Fragezeichen ersetzen?

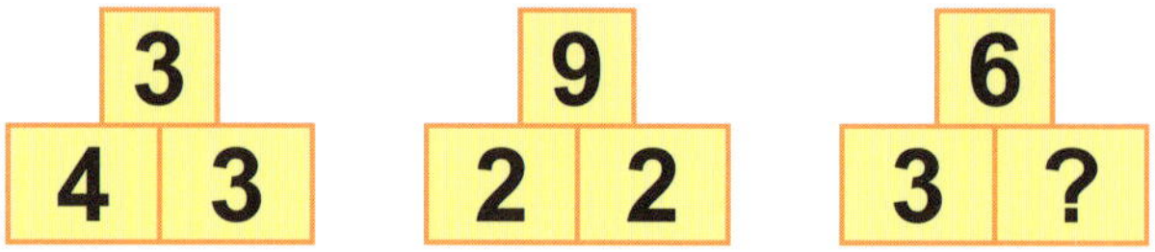

114. Tragen Sie die aufgelisteten Zahlen so in die Kreise ein, dass bei jeden Kreis die Summe der Zahlen in den mit ihm verbundenen Kreisen gleich der Zahl ist, die seiner Zahl in der Liste zugeordnet ist. Beispiel:

1 = 6 (4 + 2)
2 = 5 (1 + 4)
4 = 10 (1 + 2 + 7)
7 = 4

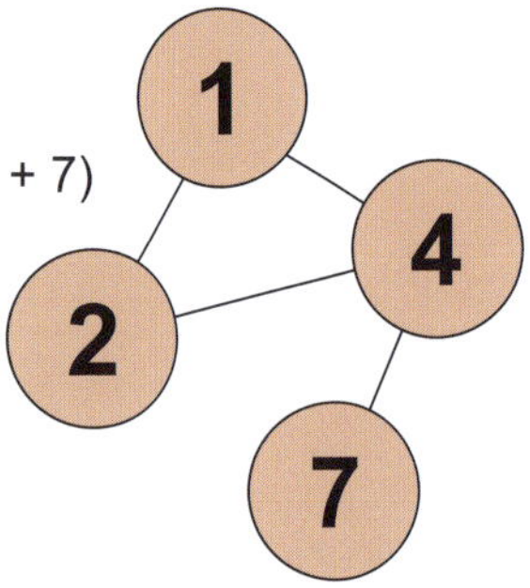

1 = 16
2 = 5
3 = 11
4 = 5
5 = 1
6 = 4

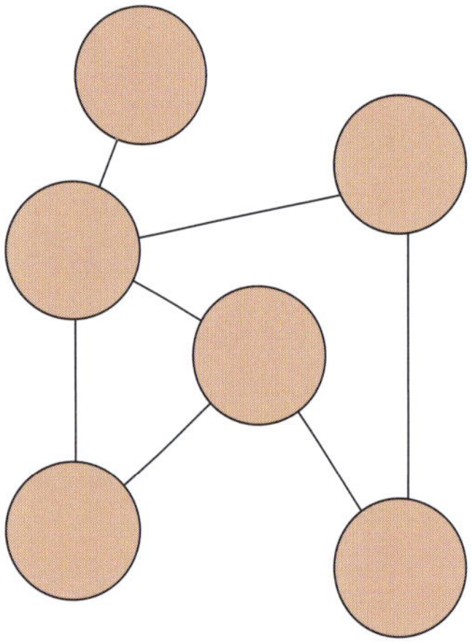

115. Legen Sie 1 kg, 2 kg, 3 kg und 4 kg so in die Waagschalen, dass die Waage im Gleichwicht ist.

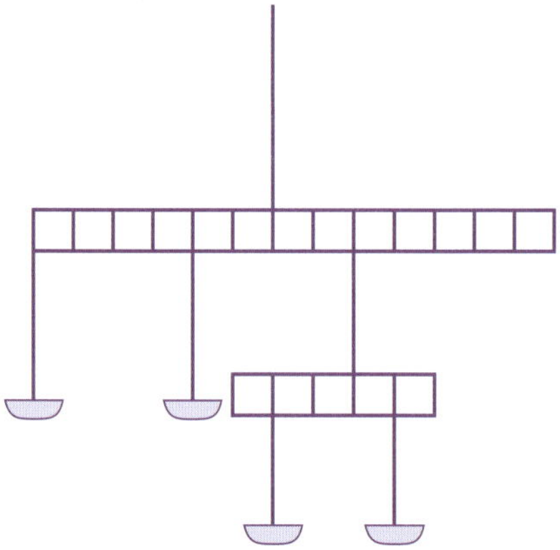

116. Im Ergebnis dieser Addition steht nur ein Komma an der richtigen Stelle. Verschieben Sie das Komma in vier Zahlen, damit die Summe korrekt ist.

3,659
12,365
98,25
17,3
1873,65

Schwer

117. Welche Zahl sollte das Fragezeichen ersetzen?

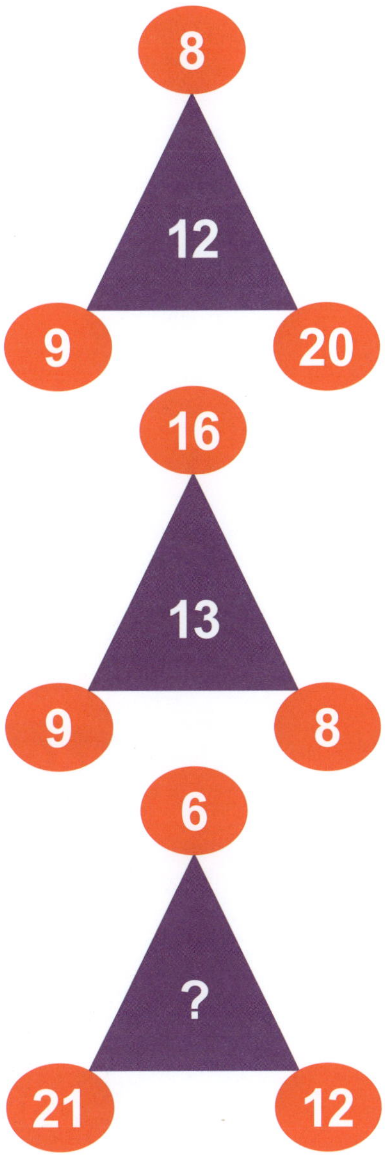

118. Finden Sie die größte Zahl (kleiner als 50), die die Quersumme ihrer Kubikzahl ist.

119. Welche Zahl sollte das Fragezeichen ersetzen?

3	9	2	7
6	7	4	2
5	3	1	?
4	8	3	2

120. 36842 : 149
28741 : 157
39413 : 137
18353 : ???

Welche Zahl sollte das Fragezeichen ersetzen?

121. 25 32 27 36 ?

Welche Zahl sollte das Fragezeichen ersetzen?

Schwer

122. Welche Zahl sollte das Fragezeichen ersetzen?

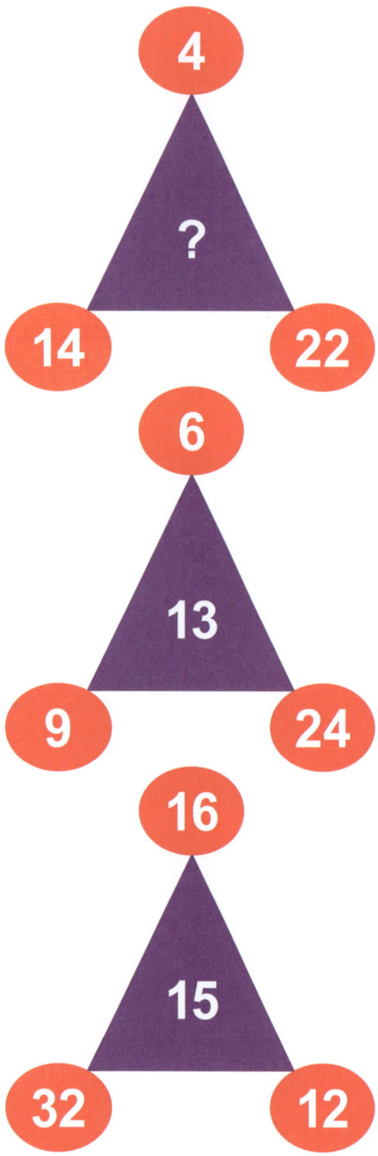

123. 38492 28473 36472 26453 ?

Welche Zahl sollte das Fragezeichen ersetzen?

124. Vier Kandidaten erhielten insgesamt 32.684 Stimmen. Der Sieger übertraf seine Mitbewerber um 593 bzw. 2.642 bzw. 6.429 Stimmen.

Wie viele Stimmen wurden für jeden Einzelnen abgegeben?

125. Welche Zahl passt nicht zu den übrigen?

134711

45914

527916

831157

63912

Schwer

126.

	12789	verhält sich zu	28917
und	24567	verhält sich zu	57624
wie	12489	zu	?

127.

2	7		4	6		6	5
4	1		3	?		2	9

Welche Zahl sollte das Fragezeichen ersetzen?

128.

Welche Zahl sollte das Fragezeichen ersetzen?

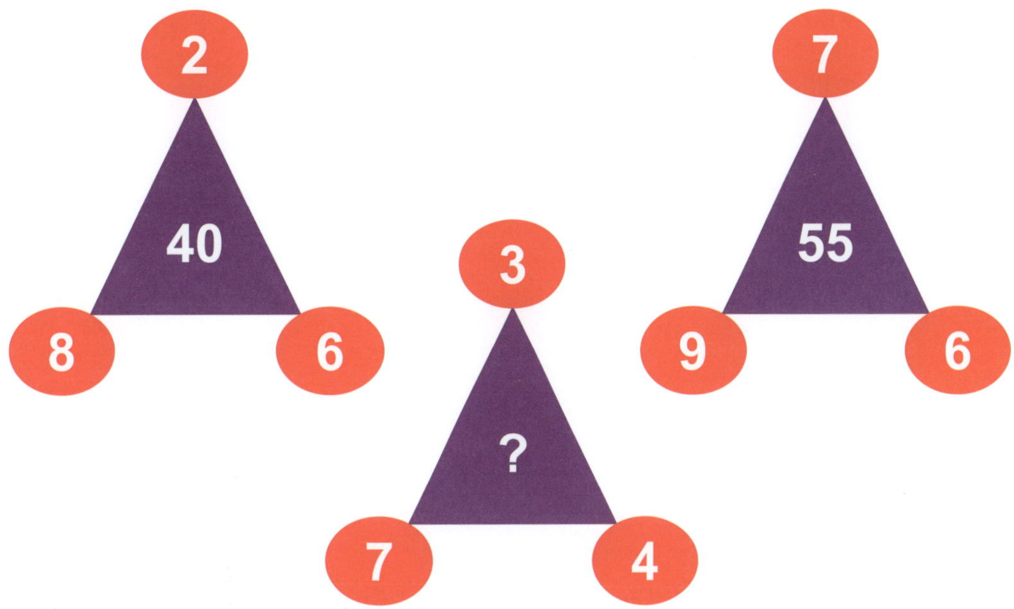

Schwer

129. Tragen Sie die aufgelisteten Zahlen so in die Kreise ein, dass bei jeden Kreis die Summe der Zahlen in den mit ihm verbundenen Kreisen gleich der Zahl ist, die seiner Zahl in der Liste zugeordnet ist. Beispiel:

1 = 11 (4 + 7)
3 = 4
4 = 11 (1 + 7 + 3)
7 = 5 (1 + 4)

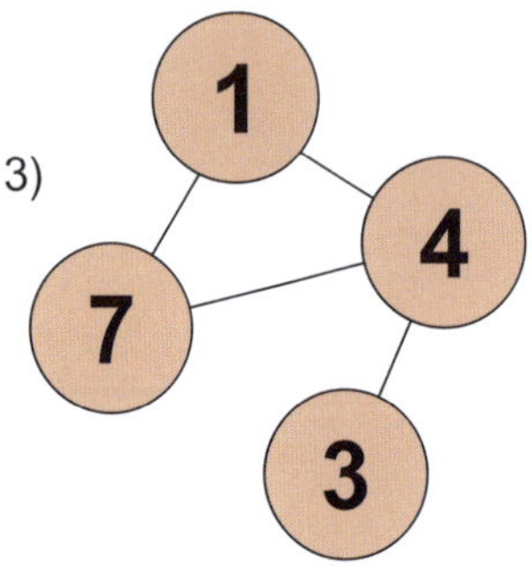

1 = 19
2 = 16
3 = 3
4 = 8
5 = 1
6 = 2
7 = 7

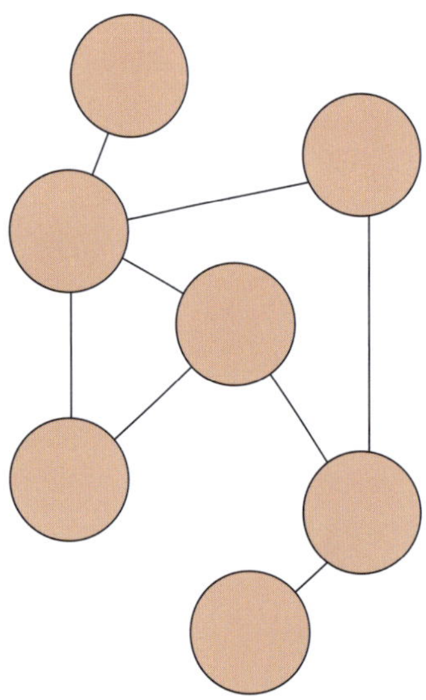

130.

768	(91012)	244
427	(7815)	368
281	(?)	964

Welche Zahl sollte das Fragezeichen ersetzen?

131. Welche Zahl sollte das Fragezeichen ersetzen?

4	6	6
8	28	56
8	42	?

132.

12689 : 1610
52734 : 615
98143 : 1213
68725 : ?

Welche Zahl sollte das Fragezeichen ersetzen?

133. 72549 65286 39168 31328 ?

Welche Zahl kommt als nächste?

Schwer

134. Tragen Sie die aufgelisteten Zahlen so in die Kreise ein, dass bei jeden Kreis die Summe der Zahlen in den mit ihm verbundenen Kreisen gleich der Zahl ist, die seiner Zahl in der Liste zugeordnet ist. Beispiel:

1 = 11 (4 + 7)
3 = 4
4 = 11 (1 + 7 + 3)
7 = 5 (1 + 4)

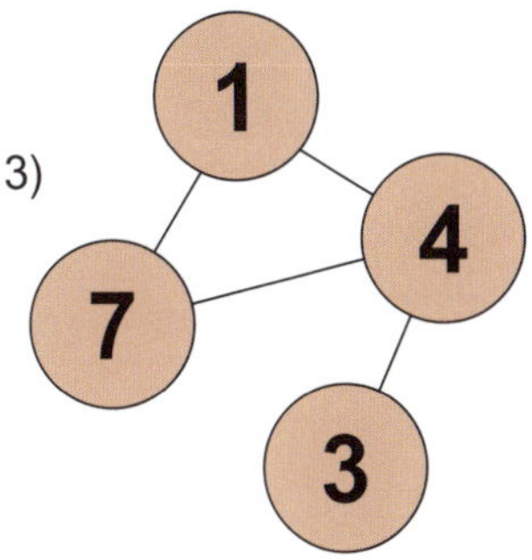

1 = 15
2 = 16
3 = 9
4 = 7
5 = 8
6 = 5
7 = 12

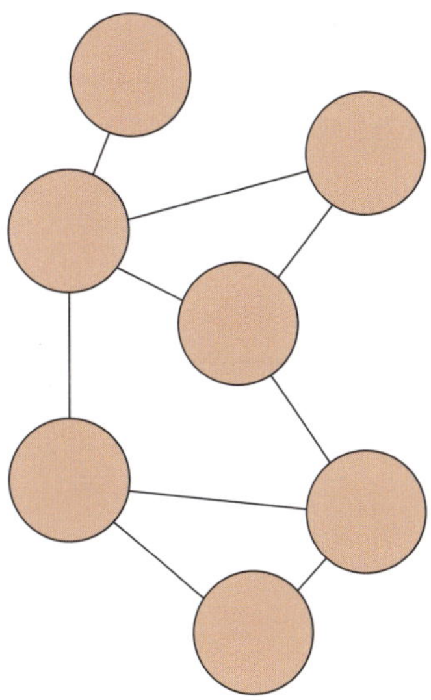

135.

1	3	5
4	1	4
7	2	5

3	2	1
3	7	5
3	9	?

Finden Sie heraus, wie die Zahlen in den beiden Gittern zusammenhängen, und tragen Sie die fehlende Zahl unten ein.

136. Welche Zahl sollte das Fragezeichen ersetzen?

9	3	9	4
2	7	2	6
8	4	8	?

137. 364 827 ? 7106 13123 Welche Zahl fehlt hier?

Schwer

138. Welche Zahlen sollten die Fragezeichen ersetzen?

2	7	6	3
1	4	5	?
9	7	5	5
8	3	6	?

139. Tragen Sie die ungeraden Zahlen von 1 bis 25 so in die gelben Felder ein, dass ein magisches Quadrat entsteht, in dem die Summe waagerecht, senkrecht und diagonal immer 65 ist.

18	22		10	14
24				20
6				2
12	16		4	8

140. Teilen Sie das Quadrat in zwei gleich große und geformte Hälften, so dass die Summe der Zahlen in beiden gleich ist.

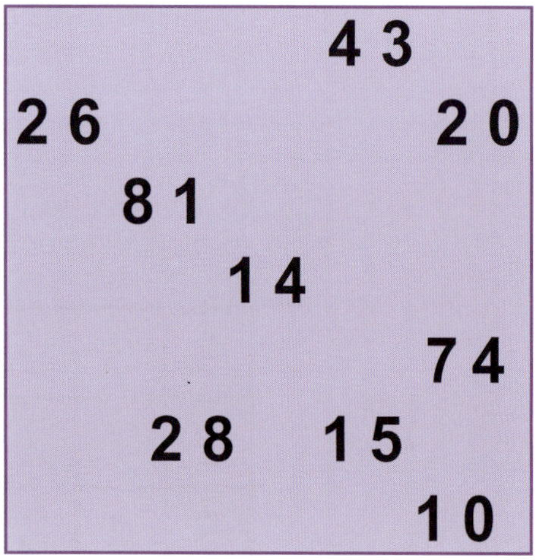

141. Welche Zahl sollte das Fragezeichen ersetzen?

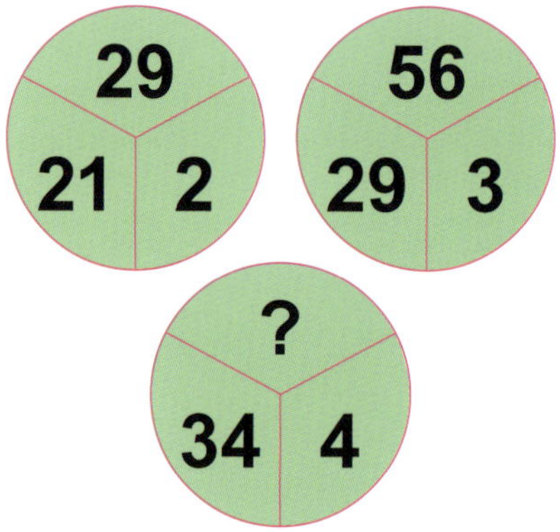

142. ?, ?, 147, 144, 12, 9, 3, 0

Welche sind die ersten beiden Zahlen in diese Folge?

Schwer

143. Welche Zahl passt nicht zu den übrigen?

746253 632367 526815

851148 471528

144. 36529 : 41
25374 : 41
76243 : 56
82935 : ??

Welche Zahl sollte das Fragezeichen ersetzen?

145.

4	8	9
2	7	8
7	6	7

5	8	6
2	9	7
8	?	3

In beiden Gittern hängen die neun Zahlen auf dieselbe Weise zusammen. Finden Sie heraus, welches Prinzip im linken Gitter gilt, und tragen Sie die fehlende Zahl im rechten Gitter ein.

146. Welche 4-stellige Zahl ist genau ein Viertel so groß, wenn ihre Ziffern umgestellt werden?

Schwer

147. Welche Zahl sollte das Fragezeichen ersetzen?

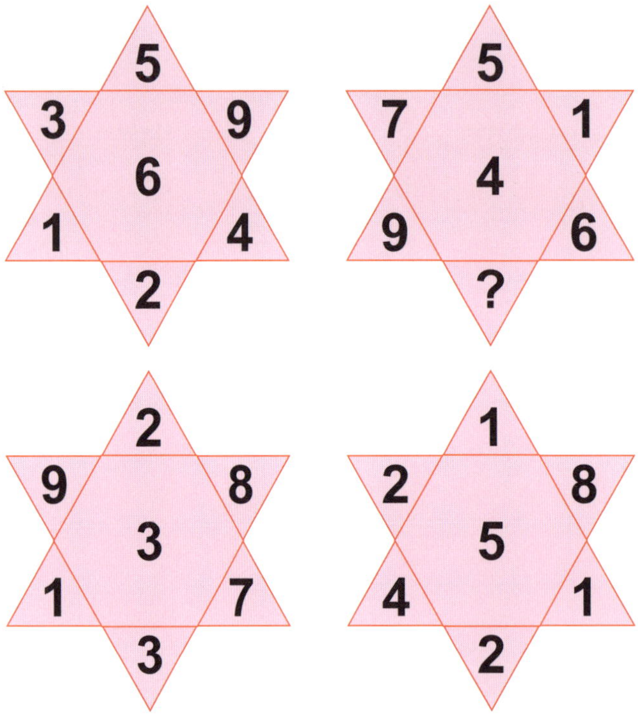

148. Welche Zahl passt nicht zu den übrigen?

486528 463848 394764

668382 849255

756519

Schwer

149. Tragen Sie 1-stellige Zahlen so in die freien Felder ein, dass die Summen in allen Reihen und Spalten korrekt sind.

	+		÷		=	3
–		–		x		+
	+	1	x	2	=	
x		+		÷		–
2	x		÷		=	
=		=		=		=
	–	6	x		=	

150. Welche Zahl sollte das Fragezeichen ersetzen?

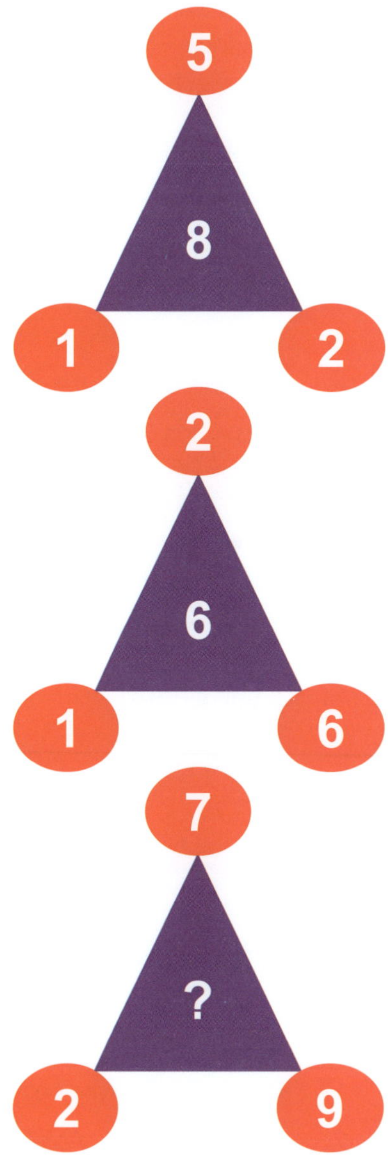

Wissenswertes über das Gehirn

Der größte Teil des Gehirns ist das Großhirn; sein Gewicht beträgt ungefähr 85 % des Gewichts des gesamten Gehirns, und es hat eine große, Kortex genannte Oberfläche. Dieser hochentwickelte Teil des Gehirns ist der Grund für die im Vergleich mit anderen Lebewesen überlegene Intelligenz des Menschen. Das Großhirn ist in zwei gleich große Hälften geteilt.

Lösungen – Einfach

1. 29 (9 + 3 + 1 + 9 + 7).
2. 3: Die Zahlen in jeder Reihe und Spalte ergeben zusammen acht.
3. 48.
4. –24. Ziehen Sie 4, 8, 16, 32, 64 ab (d.h. jedes Mal doppelt so viel wie zuvor)
5. 9826: Doppelt so viel wie die Hälfte ist genauso viel wie die ursprüngliche Menge.
6. 20: Addieren Sie abwechselnd 0, 1, 2, 3 und 4.
7. Die Wahrscheinlichkeit beträgt 50 %. Mit Sicherheit bleiben mindestens zwei Münzen auf der gleichen Seite liegen. Mit gleich großer Wahrscheinlichkeit liegen also Kopf oder Zahl oben.
8. 8 Schachteln: 148 Paar = 296 Schuhe; und 296 ÷37 = 8.
9. 495: Ein Ganzes hat vier Viertel, also sind 480 Viertel in 120.
10. 2: Die Spalten haben die Summen 25, 24, 23, 22 und 21.
11. Bill 42 und Jill 63. 42 x 1,5 = 63.
12. 8.
13. 19.00 Uhr: Um 11.00 Uhr zeigte sie 11.00 an, um 12 Uhr zeigte sie 11.46 Uhr an, um 13 Uhr zeigte sie 12.32 Uhr an, um 14 Uhr zeigte sie 1.18 Uhr an, um 15 Uhr zeigte sie 2.04 Uhr an, und um 16 Uhr zeigte sie 2.50 Uhr an. Plus 3 Stunden heißt, es ist jetzt 19 Uhr.
14. 5.600 €: $0{,}45 = \frac{45}{100} = \frac{9}{20}$ $\frac{2}{5} = \frac{8}{20}$ $\frac{9}{20} + \frac{8}{20} = \frac{17}{20}$

    Also $\frac{3}{20}$ = 840 € (Larrys Anteil) und, folglich, $\frac{1}{20}$ = 280 € 20 x 280 € = 5.600 €.
15. 122: Addieren Sie 1, 3, 9, 27, 81, d.h., der addierte Betrag wird jedes Mal verdreifacht.
16. 32: 9 + 2 + 7 + 8 + 6 (**9 2** 6 3 5 1 **7 8 6** 2 9 3).
17. 0: Die niedrigste Kubikzahl ist 8 (2 x 2 x 2). Das Quadrat von 8 (8 x 8) = 64. Die niedrigste Quadratzahl ist 4. (2 x 2). Die Kubikzahl von 4 (4 x 4 x 4) = 64.
18. 24: (96 ÷ 8) x 2.
19. 240 €: Die Summe beträgt 720 € = jeweils 360 €. Also schuldet Alistair Gordon 240 €.
20. 12: 3 Orangen, 3 Äpfel, 3 Grapefruits und 3 Birnen.

Lösungen – Einfach

21. 1,5.

22. 8.45 Uhr: 15 Minuten vor 9.00 Uhr. In 45 Minuten wird es 30 Minuten nach 9 Uhr sein.

23. 10 kg: 50 kg ÷ 5 kg = 10 kg.

24. 10: Addieren Sie die innere Zahl (3) zu den Zahlen in den benachbarten mittleren Sektoren (6 und 1). Ähnlich 3 + 1 + 7 = 11; 3 + 7 + 2 = 12 usw.

25. B: Von links nach rechts erhöhen sich die Zahlen um 1, 2, 3, von oben nach unten um 3, 2, 1.

26. Ich bin 40, er ist 10 Jahre alt. In 20 Jahren bin ich 60, er ist 30 Jahre alt.

27. 75: Subtrahieren Sie 1, 3, 5, 7, 9 und 11.

28. Es gibt 119 verschiedene Möglichkeiten neben der oben gezeigten (5 x 4 x 3 x 2 x 1 = 120).

29. B; Die mittlere Zahl in der Reihe ist die Summe der ersten und der dritten Zahl. Die unterste Zahl in der Spalte ist die Summe der beiden oberen Zahlen.

30. 18.

31. 1,3: Multiplizieren Sie 0,65 mit 1, 2, 3, 4 und 5.

32. 0: Die Summe aller Zahlen dieser Reihe ist 44; weil es elf Zahlen sind, ist der Durchschnitt 4 (44 ÷ 11). Die Summe der geraden Zahlen ist 20 (6 + 4 + 4 + 2 + 4); weil es fünf gerade Zahlen sind, ist der Durchschnitt 4 (20 ÷ 5).

33. Harry ist jetzt 16 und Sally ist 9 Jahre alt. Vor zwei Jahren war Harry 14 und Sally 7, in einem Jahr wird Harry 17 und Sally 10 sein.

34. Ernie 7, Colin 5.

35. 36 Meter: 12 + 6 + 6 + 3 + 3 + 1,5 + 1,5 + 0,75 + 0,75 + 0,375 + 0,375 + 0,1875 + 0,1875 + 0, 09375 + 0,09375.

36. 82 Meter.

37. Sieben zu 0,50 €, drei zu 1,50 € und zwei zu 2 €.

38. 2,5 %. Wenn der durchschnittliche tägliche Zuwachs über die Woche unter 2,5 % fällt, wird das Ziel nicht erreicht.

39. 752961427942-**13683**-23485.

40. 642359. Listen Sie die geraden Zahlen in absteigender Folge, danach die geraden in aufsteigender Folge auf.

41. 700. (56 ÷ 8) x 100.

42. 87. Subtrahieren Sie 2, 4, 6, 8, 10, 12.

Lösungen – Einfach

43. C: 23 x 42 = 966.

44. B.

45. 15 Tage. 5 x 27 = 135 Manntage und 135 ÷ 9 = 15 Manntage.

46. 5.

47. 9 cm. (11,4 ÷ 9,5) x 7,5.

48. D: Die Zahlen in der unteren Reihe sind gleich den Zahlen darüber +1, +2. +3. +4, +5, +6.

49. 57 und 75

50. 12 Jahre. Mein Bruder ist jetzt 16 und ich 23 Jahre alt; vor zwei Jahren war ich 21 und er 14 (14 x $1\frac{1}{2}$= 21); in fünf Jahren bin ich 28 und er 21 (21 x $1\frac{1}{3}$ = 28); in zwölf Jahren bin ich 35 und er 28 (28 x $1\frac{1}{4}$ = 35).

Lösungen – Anspruchsvoll

51. 13: Die dritte Zahl in der Reihe ist immer die Summe der ersten und der zweiten Zahl minus 1 (6 + 8) – 1 = 13.

52. E – 23 – 24.

53. 40 Minuten. Die Gesamtzeit für 8 Spieler beträgt 440 Minuten. Da jedoch 11 Spieler (8 +3) gleich lange auf dem Spielfeld sind, spielt jeder von ihnen für 40 Minuten (440 ÷ 11).

54. 18 und 17 sollten die Plätze tauschen: Oben wachsen die Zahlen +16, +15, +14, +13, +12, unten wachsen sie +17, +16, +15, +14, +13.

55. Erster Markstand: 9 von 15 (9/15 oder 3/5) = 60 %; zweiter Stand: 4 von 16 (4/16 oder $\frac{1}{4}$ = 25 %; die Differenz beträgt 35 % (60 – 20)

56. 2150: Die Zahlen folgen nach dem Schema x 5 – 1, x 5 – 2, x 5 – 3, x 5 – 4, x 5 – 5.

57. Verlasse ich wie gewohnt das Haus, ist es vor 18.00 Uhr, wenn ich meine Frau abhole. Weil wir 10 Minuten gespart haben, muss dies die gleiche Zeit sein, die ich brauche, um von der Stelle, wo sie eingestiegen ist, zum Bahnhof und wieder zu der Stelle zurückzufahren. Angenommen, ich brauche für beide Strecken je 5 Minuten, wäre sie 5 Minuten früher als sonst eingestiegen. Somit ging meine Frau von 17.30 bis 17.55 Uhr, also 25 Minuten, zu Fuß.

Lösungen – Anspruchsvoll

58. C: Die Zahlen oben ergeben – die geraden halbiert, die ungeraden verdoppelt – die Zahlen unten.

59. 16. Drei Zahlen haben die Summe 78 und zwei die Summe 62, also ist die dritte 78 – 62 = 16.

60.

1	12	8	13
15	6	10	3
14	7	11	2
4	9	5	16

61. 28: Nimmt er 26 Socken heraus, könnten es alle blauen und schwarzen sein. Um ganz sicher auch ein Paar graue Socken zu haben, muss er zwei weitere herausnehmen.

62. 8 und 71. Von oben nach unten wachsen die Zahlen links nach der Regel x3 + 1, rechts nach der Regel x2 +1.

63. 22 und 27: Die Zahlen folgen dem Schema x2, dann + 5.

64. 117.

65. 87963: die letzten beiden Ziffern der vorigen Zahl, gefolgt von den umgestellten ersten drei Ziffern.

66. A: Die Zahl in der unteren Reihe ist jeweils die Quersumme der Zahl über ihr.

67. Nie. In einem Siebeneck ist „3 Segmente im Uhrzeigersinn" das Gleiche wie „4 Segmente in Gegenrichtung". Die Punkte sind immer gleich weit auseinander.

68. 5: Die Zahlen in der Reihe haben, von oben nach unten, die Summe 6, 8, 10, 12.

69. B: Von links nach rechts schreiten die Zahlen +2, +3, +2, +3 voran, von oben nach unten +3, +2, +3, +2.

70. 8: 6 x 2 = 12 und 4 x 9 = 36, folglich 36 ÷ 12 = 3; 9 x 2 = 18 und 9 x 8 = 72, folglich 72 ÷ 18 = 4; somit 1 x 7 = 7 und 8 x 7 = 56, folglich 56 ÷ 7 = 8.

71. 1 1/29. $3\frac{3}{4} \div 3\frac{5}{8} = \frac{15}{4} \div \frac{29}{8} = \frac{15}{4} \times \frac{8}{29} = \frac{15}{1} \times \frac{2}{29} = \frac{30}{29}$

72. 16 cm. Der Satz des Pythagoras besagt, dass beim rechtwinkligen Dreieck das Quadrat über der Hypotenuse gleich der Summe der Quadrate über den beiden Katheten ist. Die Hypotenuse misst 65 cm; 65^2 (4225) minus 63^2 (3969) = 256, $\sqrt{256} = 16$.

73. 43 Minuten. 43 Minuten vor 0.00 Uhr = 23.17 Uhr; 23.17 Uhr minus 8 Minuten = 23.09 Uhr; 21.00 Uhr plus 129 Minuten (3 x 43) = 23.09 Uhr.

74. 20,5 und 13,3: Zwei Folgen wechseln sich ab. Die erste beginnt mit 2,5 und setzt sich +5,4 fort. Die zweite beginnt mit 25 und setzt sich –4,5 fort.

Lösungen – Anspruchsvoll

75. 9: Von links nach rechts haben die Zahlen in 3er-Gruppen jeweils die Summe 17.
76. 255: Die Zahlen folgen nach der Regel x2 +1 aufeinander.
77. 7639: Bei den übrigen ist das Produkt der beiden mittleren Ziffern die durch die erste und die letzte Ziffer gebildete 2-stellige Zahl.
78. 12: (7 + 12) – 11 = 8. Entsprechend (4 + 7) – 6 = 5 und (8 + 9) – 4 = 13.
79. 52: In zwölf Jahren sind sie zusammen 72 Jahre alt; 4 x 12 = 48, also sind sie zurzeit zusammen 72 – 48 = 24 Jahre alt. In sieben Jahren sind sie zusammen 24 + 28 (4 x 7) = 52 Jahre alt.
80. 59: 45 ÷ 9 = 5 und 81 ÷ 9 = 9.
81. 32 und 33 sollten die Plätze tauschen. In der linken Reihe geht es +7, +14, +21, +28, +35 weiter, in der rechten Reihe +6, +12, +18, +24, +30.
82. D.
83. D: Von links nach recht geht es +1, –2, +1, –2 weiter, von oben nach unten +3, –2, +3, –2.
84. 73.
85. 6/9. Ändern Sie die Brüche in 54stel, d.h. in 36/54, 24/54 und 33/54.
86. 72 km/h. Angenommen, die Strecke ist auf der Hin- und auf der Rückfahrt jeweils 90 km lang; dann dauert die Hinfahrt 60 Minuten und die Rückfahrt 90 Minuten. Dann werden für die insgesamt 180 km 150 Minuten benötigt oder 60 Minuten für 48 km.
87. 46923: Stellen Sie alle Ziffern der vorigen Zahl bis auf die beiden letzten um und addieren Sie diese.
88. 5.
89. 39 cm. $15^2 = 225$, $36^2 = 1296$; 225 + 1296 = 1521; $\sqrt{1521} = 39$.
90. 38 und 34 sollten die Plätze tauschen. In der oberen Reihe geht es +4, +8, +12, +16, +20 weiter, in der unteren Reihe +6, +9, +12, +15, +18.
91. 28: 7 x 8 = 56 und 56 ÷ 2 = 28.
92. 9: Die Zahlen addieren sich in den Reihen (von oben nach unten) zu 18, 20, 18, 20, in den Spalten (von links nach rechts) zu 20, 18, 20, 18.
93. 23 und 15. Es gibt zwei miteinander verschränkte Folgen: Nach der ersten 1 geht es +4, + 5, +6, +7 weiter, und nach der zweiten 1 geht es +4, +5, +6, +7 weiter.
94. 1 3/7. $\frac{5}{9} \div \frac{7}{18} = \frac{5}{9} \times \frac{18}{7} = \frac{10}{7}$
95. 405: Weil 27 ein Drittel von 81 ist, kommen auf jeden Fisch 27 Flecken, nachdem zwei Drittel der Männchen entfernt wurden.
96. B: In den Reihen geht es nach rechts +1, +1, +2, +2 weiter und in den Spalten nach unten +2, +2, +1, +1.
97. B: 55 % x 120.
98. 8: (5 + 2) +1. Entsprechend (5 + 7) +1 = 13 und (9 + 7) + 1 = 17.
99. 23: (8 x 2) + 7. Entsprechend (3 x 4) + 6 = 18 und (9 x 7) + 1 = 64.
100. Obere Reihe 56, mittlere 63, untere 49. Die Zahlen sind allesamt Vielfache der zentralen Zahl 7. Sie haben die gleiche Position wie die entsprechenden Vielfachen der zentralen Zahl 3 im linken Gitter.

Lösungen – Schwer

101. 12: Addieren Sie die Zahl der gekauften Waren; auf 100 Kunden kommen 87 + 75 +60 + 90 = 312. Dies ergibt drei Waren für jeden Kunden und vier für zwölf von ihnen. Die niedrigste Zahl von Kunden, die alle vier Waren gekauft haben, ist demnach 12.

102.

8	÷	4	x	3	=	6
+		–		–		–
7	–	3	+	1	=	5
÷		+		+		x
3	x	2	–	4	=	2
=		=		=		=
5	+	3	–	6	=	2

103. 4872. Um auf diese Zahl zu kommen, multiplizieren Sie die Ziffern auf jeder Seite: 6 x 4 y 2 = 8 und 8 x 3 x 3 = 72.

104. 48: (8 + 24) x 1,5.

105. Multiplizieren Sie die Ziffern miteinander, und Sie erhalten die nächste Zahl in der Reihe, z.B. 4 x 3 x 9 x 2 = 216. Die fehlenden Zahlen sind 525, 384, 96, 12.

106. 65: 65 – 56 = 9 = 3^2; 65 + 56 = 121 = 11^2.

107. 3 Minuten 45 Sekunden, d.h. 2,5 x 60/40.

108. 25: Die letzte Zahl in der Reihe ist das Produkt der ersten drei, geteilt durch 9.

109. Von oben nach unten lauten die Zahlen richtig: 2,875, 36,59, 822,2, 13,569. Die Summe ist 875,234.

110. Addieren Sie in jedem Segment die Zahlen. Im größeren Segment ist die Summe der Zahlen oben doppelt so groß wie die im unteren Segment gegenüber, in den kleineren ist sie gleich.

111. 900 €. Im letzten Laden gab sie in der letzten ½ Stunde ihre letzten 20 € aus. Als sie eintrat, besaß sie also noch 60 €, d.h. sie gab 20 € in der ersten ½ Stunde aus, die Hälfte dessen, was nach der zweiten ½ Stunde (40/2) übrig war, und 20 € in der letzten ½ Stunde. Rechnen Sie so für alle Läden zurück.

Sie betritt den 4. Laden mit 60 €	20	20	20	(60 minus 60 = 0).
Sie betritt den 3. Laden mit 180 €	20	80	20	(180 minus 120 = 60)
Sie betritt den 2. Laden mit 420 €	20	200	20	(420 minus 240 = 180)
Sie betritt den 1. Laden mit 900 €	20	440	20	(900 minus 480 = 420)

Lösungen – Schwer

112. 1 von 220: 3/12 x 2/11 x 1/10 = 6/1320 oder 1 von 220.

113. 2: Bei jede Pyramide ergeben die drei Zahlen miteinander multipliziert 36.

114.

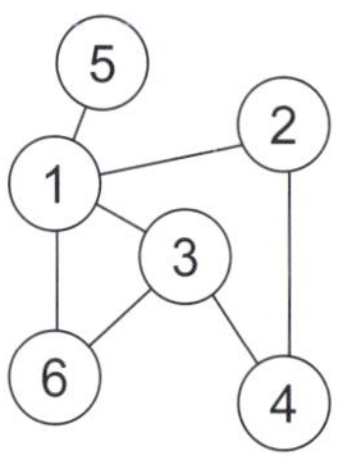

115. Von links nach rechts sind die Gewichte 1 kg, 3 kg, 2 kg, 4 kg. Auf der linken Seite: 1 x 6 = 6 und 2 x 3 = 6, ergibt 12. Auf der rechten Seite: 2 x 6 (2 +4) = 12. Die Unter-Waage rechts ist durch 2 x 2 = 4 und 1 x 4 = 4 im Gleichgewicht.

116. Von oben nach unten lauten die Zahlen: 36,59, 123,65, 9,825, 173; die Summe ist 187,365.

117. 13: Teilen Sie jedes Mal die obere Zahl durch 2, die Zahl unten links durch 3 und die Zahl unten rechts durch 4; die Addition der Ergebnisse ergibt die Zahl im Dreieck.

118. 27: 27 x 27 x 27 = 19683; 1 + 9 + 6 + 8 + 3 = 27.

119. 5: In jeder Reihe ist das Produkt der ersten beiden Ziffern die von den letzten beiden gebildete 2-stellige Zahl. Also: 5 x 3 = 15; 3 x 9 = 27 usw.

120. 119: Schreiben Sie die Summe der zweiten und dritten Ziffer vor die Summe der ersten, vierten und fünften Ziffer.

121. 27: Bei jeder Zahl wird abwechselnd die Quersumme addiert und subtrahiert, so ergibt sich die nächste Zahl. Also: 2 + 7 = 9, 27 + 9 = 36; 3 + 6 = 9, 36 – 9 = 27.

122. 20: Teilen Sie die Zahlen an den Ecken beim ersten Dreieck durch 2, die Summe ist die Zahl innen; beim zweiten teilen Sie durch 3, beim dritten durch 4.

123. 34452: Schreiben sie die Zahlen rückwärts, und subtrahieren Sie 1 von der dritten und vierten Ziffer.

124. Der Sieger erhielt (32.684 + 593 + 2.642 + 6.429) ÷ 4 = 10.587 Stimmen, der Zweite erhielt 10.587 – 593 = 9.994 Stimmen, der Dritte erhielt 10.587 – 2.642 = 7.945 Stimmen und der Vierte 10.587 – 6.429 = 4.158 Stimmen.

125. 831157: Bei den übrigen werden die Ziffern addiert, bis sich die letzte (2-stellige) Zahl ergibt: bei 13471 z.B. 1 + 3 = 4, 3 + 4 = 7 und 4 + 7 = 11.

126. 84129: Arrangieren Sie die Ziffern so, dass auf eine Quadratzahl ihre Quadratwurzel folgt, z.B. $\sqrt{841}$ = 29.

Lösungen – Schwer

127. 5: Die mittlere Zahl ergibt sich, wenn man die beiden Ziffern in gleichen Außenfeldern addiert und durch 2 teilt. Also 2 + 6 = 8 und 8 ÷ 2 = 4; entsprechend 7 + 5 = 12 und 12 ÷ 2 = 6 usw.

128. 35: (3 + 7 + 4) x 2,5 = 35.

129.

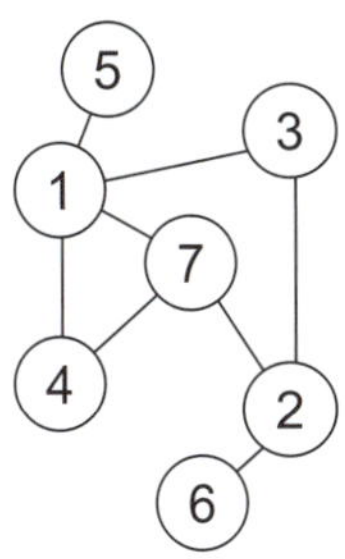

130. 11145: 2 + 9 = 11, 8 + 6 = 14, 1 + 4 = 5.

131. 84: Von links nach rechts oder von oben nach unten ergibt das Produkt der beiden ersten Zahlen geteilt durch 4 die dritte Zahl. Also 8 x 42 = 336 und 6 x 56 = 336, also 336 ÷ 4 = 84.

132. 1612: Notieren Sie die Summe der ungeraden Ziffern, dahinter die der geraden.

133. 25056: (3132 x 8).

134.

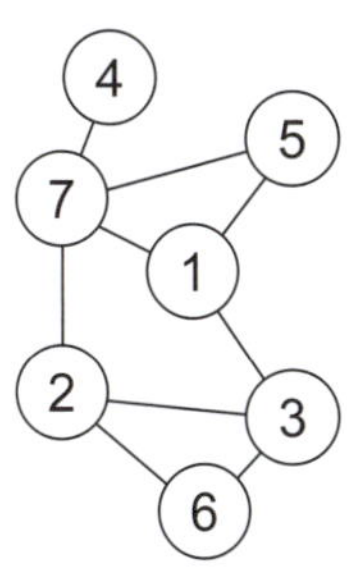

135. 7: Die beiden Zahlen in gleichen Positionen beider Gitter haben die Summe 4, 5, 6, 7, 8, 9, 10, 11 und 12, d.h. 1 + 3 = 4, 3 + 2 = 5, 5 + 1 = 6, 4 + 3 = 7 usw.

136. 25: In jeder Reihe ist die Summe der Zahlen 25.

Lösungen – Schwer

137. 1555: 827 + 728 (umgekehrt) = 1555.

138. Es gibt vier verschiedene Folgen, wie die farbigen Felder anzeigen.

2	7	6	3
1	4	5	8
9	7	5	5
8	3	6	7

139.

18	22	1	10	14
24	3	7	11	20
5	9	13	17	21
6	15	19	23	2
12	16	25	4	8

140.

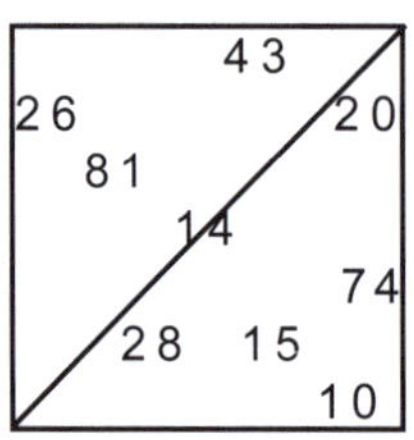

In jeder Hälfte ist die Summe 151.

141. 98: 98 – 34 = 64; die Kubikwurzel von 64 ist 4. Entsprechend 29 – 21 = 8, die Kubikwurzel von 8 ist 2; 56 – 29 = 27, die Kubikwurzel von 27 ist 3.

142. 21612 und 21609: Subtrahieren Sie 3, und die übernächste Zahl ist die Quadratwurzel.

143. 526815: Bei den übrigen ist die Summe der beiden Seiten 999, z.B. 746253 (746 + 253 = 999).

144. 40: (8 x 2) + 9 + (3 x 5).

145. 8: 489 + 278 = 767 and 586 + 297 = 883.

Lösungen – Schwer

146. 8712.

147. 8: Bei beiden Sternpaaren ist die Zahl im Zentrum des einen Sterns der Durchschnitt der sechs Zahlen in den Zacken des anderen Sterns.

148. 463848: Bei den übrigen ist die Summe der ersten beiden Ziffern 12, die der nächsten beiden 11 und die der letzten beiden 10; 463848 ist die Zahl rückwärts gelesen.

149.

7	+	2	÷	3	=	3
–		–		x		+
3	+	1	x	2	=	8
x		+		÷		–
2	x	5	÷	2	=	5
=		=		=		=
8	–	6	x	3	=	6

150. 9: Die äußeren Ziffern, von der Spitze aus linksherum gelesen, bilden eine 3-stellige Zahl. Ihre Kubikwurzel ist die Zahl innen. Die Kubikwurzel aus 729 ist 9, die aus 512 ist 8 und die aus 216 ist 6.

Wissenswertes über das Gehirn

Mit Sauerstoff und Glukose versorgt wird das Gehirn durch zwei Schädelarterien, die man als Vaskulares System bezeichnet. Im Nackenbereich zweigt von den beiden gemeinsamen Kopfschlagadern (Halsschlagadern) jeweils eine innere Halsschlagader zur Versorgung des Vorderhirns ab. Das übrige Gehirn wird durch die beiden Vertebralarterien versorgt; dieser verbinden sich mit den beiden inneren Halsschlagadern zum Circulus arteriosus cerebri (Arterienring des Hirns) an der Hirnbasis.

Tests

Numerische Fähigkeiten zeigen sich im vernünftigen Umgang mit Zahlen.

Bei der Lösung numerischer Probleme kann der zugrundeliegende mathematische Vorgang recht einfach sein; getestet wird Ihre Fähigkeit, Ihr grundlegendes mathematisches Wissen anzuwenden, um das Problem so schnell wie möglich zu lösen.

Diese Sektion besteht aus drei Tests, die alle in einer bestimmten Zeit zu bewältigen sind und bewertet werden.

Sie sollten sich streng an die Zeitvorgaben halten, da der Test sonst ungültig wird.

Benutzen Sie bitte keinen Taschenrechner bei der Lösung der Aufgaben; Sie können sich allerdings bei Test 1 und Test 3 Notizen machen.

Bei Test 2 machen Sie sich bitte keine Notizen, sondern lösen Sie alle Aufgaben im Kopf.

Test 1: Gleichungen vervollständigen

Dieser Test umfasst 20 Fragen. Jedes Mal geht es um eine unvollständige Gleichung. Sie sollten den fehlenden Teil unter mehreren Möglichkeiten identifizieren. Dafür haben dafür höchstens 60 Minuten Zeit.

Test 2: Kopfrechnen

Dieser Text umfasst 20 Fragen, in denen die Grundrechenarten angewandt werden. Sie haben dafür 30 Minuten Zeit.

Test 3: Zahlenfolgen

Für die Beantwortung der 10 Fragen dieses Tests haben Sie 30 Minuten Zeit.

Test 1 – Einfach

1. Welche Zahl sollte das Fragezeichen ersetzen, damit die Gleichung korrekt ist?

5	8	?	÷	9	=	6	5

A	B	C	D	E
3	5	6	7	9

2. Welche Zahl sollte das Fragezeichen ersetzen, damit die Gleichung korrekt ist?

3	?	8	+	8	4	=	4	6	2

A	B	C	D	E
4	5	6	7	9

3. Welche Zahl sollte das Fragezeichen ersetzen, damit die Gleichung korrekt ist?

4	8	1	x	3	=	1	?	4	3

A	B	C	D	E
6	3	5	8	4

Test 1 – Einfach

4. Welche Zahl sollte das Fragezeichen ersetzen, damit die Gleichung korrekt ist?

1	2	,	6	x	3	=	3	?	,	8

A	B	C	D	E
7	2	9	3	8

5. Welche Zahl sollte das Fragezeichen ersetzen, damit die Gleichung korrekt ist?

4	?	½	x	8	=	3	4	0

A	B	C	D	E
0	2	3	4	6

6. Welche Zahl sollte das Fragezeichen ersetzen, damit die Gleichung korrekt ist?

2	9	7	x	?	=	2	0	7	9

A	B	C	D	E
3	5	6	7	9

Test 1 – Einfach

7. Welche Zahl sollte das Fragezeichen ersetzen, damit die Gleichung korrekt ist?

1	2	0	x	2	,	5	=	3	?	0

A	B	C	D	E
0	1	2	3	4

Test 1 – Anspruchsvoll

8. Welche Zahl sollte das Fragezeichen ersetzen, damit die Gleichung korrekt ist?

$3\frac{1}{2}$	x	?	=	1	5	,	7	5

A	B	C	D	E
$3\frac{3}{4}$	$4\frac{1}{4}$	$4\frac{1}{2}$	$4\frac{3}{4}$	$5\frac{1}{4}$

Test 1 – Anspruchsvoll

9. Welche Zahl sollte das Fragezeichen ersetzen, damit die Gleichung korrekt ist?

3	?	9	–	1	8	3	=	1	7	6

A	B	C	D	E
3	4	5	6	7

10. Welche Zahl sollte das Fragezeichen ersetzen, damit die Gleichung korrekt ist?

$4\frac{1}{2}$	+	$2\frac{1}{8}$	+	?	+	$2\frac{1}{4}$	=	1	5	,	2	5

A	B	C	D	E
$6\frac{1}{8}$	$6\frac{1}{4}$	$6\frac{3}{8}$	$6\frac{5}{8}$	$6\frac{3}{4}$

11. $(2^2 + 4 + ?) \times 3 = \frac{735}{7}$

Vervollständigen Sie die Gleichung korrekt, indem Sie das Fragezeichen durch den richtigen Vorschlag ersetzen.

A 7 **B** 8 **C** 23 **D** 8,875 **E** 3^3

Test 1 – Anspruchsvoll

12. $725 \div 25 = (167 - ?) \times 0,5$

Vervollständigen Sie die Gleichung korrekt, indem Sie das Fragezeichen durch den richtigen Vorschlag ersetzen.

A 109 **B** 111 **C** 75 + 44 **D** 12 x 9 **E** 107

13. 6295 x 3 = 37?7 x 5

Vervollständigen Sie die Gleichung korrekt, indem Sie das Fragezeichen durch den richtigen Vorschlag ersetzen.

A + **B** 7 **C** x **D** 9 **E** 6

14. $? \times \frac{27}{4} = 3,75$

Vervollständigen Sie die Gleichung korrekt, indem Sie das Fragezeichen durch den richtigen Vorschlag ersetzen.

A $\frac{9}{5}$ **B** $\frac{5}{8}$ **C** $\frac{3}{4}$ **D** $\frac{5}{9}$ **E** 44%

15. $\frac{58 \times 12}{3} = 14^2 + ?$

Vervollständigen Sie die Gleichung korrekt, indem Sie das Fragezeichen durch den richtigen Vorschlag ersetzen.

A 2^4 **B** 2^5 **C** 6^2 **D** $\sqrt{49} \times 5$ **E** 2,5 x 14

Test 1 – Schwer

16. $7 \times 12 = ? \times 6$

Vervollständigen Sie die Gleichung korrekt, indem Sie das Fragezeichen durch den richtigen Vorschlag ersetzen.

A 6×3 **B** $(4^2 + 4) - 5$ **C** $\sqrt{121} + \sqrt{16}$ **D** $\frac{45 \times 2}{5}$ **E** $\frac{3 \times 42}{9}$

17. $\frac{44}{?} = 2^3 \times 22$

Vervollständigen Sie die Gleichung korrekt, indem Sie das Fragezeichen durch den richtigen Vorschlag ersetzen.

A 0,25 **B** 0,325 **C** $0{,}75^2$ **D** $\sqrt{1} - 0{,}5$ **E** 3,6 – 3,475

18. $\frac{45{,}5}{? \times 4} = \frac{91}{0{,}5}$

Vervollständigen Sie die Gleichung korrekt, indem Sie das Fragezeichen durch den richtigen Vorschlag ersetzen.

A 0,0625 **B** 0,025 **C** 0,625 **D** 0,825 **E** 0,0825

Test 1 – Schwer

19. $\frac{17}{? \times 8} = (7 \times 2) + (5 \times 4)$

Vervollständigen Sie die Gleichung korrekt, indem Sie das Fragezeichen durch den richtigen Vorschlag ersetzen.

A $0{,}5^3$ **B** $0{,}325$ **C** $0{,}25^2$ **D** $0{,}675$ **E** $\frac{12}{15}$

20. $\frac{78 - \sqrt{36}}{? \div 1{,}5} = \frac{135}{\sqrt{225}}$

Vervollständigen Sie die Gleichung korrekt, indem Sie das Fragezeichen durch den richtigen Vorschlag ersetzen.

A $\sqrt{169} - 2$ **B** $(30\% \times 40)$ **C** $492 \div 48$ **D** $2^2 + 6$ **E** $\frac{12^2}{9}$

Wissenswertes über das Gehirn

Studien mit Tieren legen nahe, dass ein Zusammenhang zwischen der Gehirnvolumen und Intelligenz besteht. Der Delfin beispielsweise hat ein ungewöhnlich großes Gehirn und gilt als eines der intelligentesten Lebewesen. Anders als bei Tieren ist beim Menschen ein Zusammenhang zwischen dem Gehirnvolumen und der Intelligenz nicht erkennbar.

Test 2

1. Multiplizieren Sie 12 mit 9.

2. Dividieren Sie 132 durch 3.

3. Wie viel sind drei Viertel von 68?

4. Wie viel ist 9 mal 4 mal 6?

5. Wie viel ist 28 durch 4 plus 16 mal 3?

6. Wie viel ist 4011 durch 7?

7. Wie viel ist 92 + 71 + 13 + 62?

8. Wie viel sind 65 % von 420?

9. Wie viel sind fünf Neuntel von 720?

10. Was ist mehr, fünf Achtel von 192 oder sieben Achtel von 136?

Test 2

11. Addieren Sie 569 zu 887 und dividieren Sie dann durch 2.

12. Dividieren Sie 1104 durch 12.

13. Wie viel ist 7 x 8 x 11?

14. Wie viel ist 1,5 x 760?

15. Subtrahieren Sie 374 von 1037.

16. Wie viel ist 12,75 mal 11?

17. Multiplizieren Sie 642 mit 21.

18. Wie viel ist 1000 minus vier Siebtel von 224?

19. Dividieren Sie 22,95 durch 9.

20. Multiplizieren Sie 39 mit 15.

Test 3

1. Welche Zahl sollte das Fragezeichen ersetzen?

1 11 20 28 35 41 ?

2. Welche Zahlen sollten die Fragezeichen ersetzen?

5 10 11 22 23 ? ?

3. Welche Zahl sollte das Fragezeichen ersetzen?

100 91 73 64 46 37 ?

4. Welche Zahlen sollten die Fragezeichen ersetzen?

1 10 3 9 6 7 10 4 ? ?

5. Welche Zahl sollte das Fragezeichen ersetzen?

56 112 168 224 ?

6. Welche Zahlen sollten die Fragezeichen ersetzen?

1000 ? ? 725 600 525 400

7. Welche Zahlen sollten die Fragezeichen ersetzen?

1,05 1,55 ? ? 4,55 6,05

8. Welche Zahl sollte das Fragezeichen ersetzen?

100 97 88 61 ?

9. Welche Zahl sollte das Fragezeichen ersetzen?

5 10 11 22 24 48 51 ? ?

10. Welche Zahl sollte das Fragezeichen ersetzen?

197 204 208 216 ? 224 228

Lösungen – Test 1

1. B.
2. D.
3. E.
4. A.
5. B.
6. D.
7. A.
8. C.
9. C.
10. C.
11. E.
12. A.
13. B.
14. D.
15. C.
16. E.
17. A.
18. A.
19. C.
20. B.

Leistungsbewertung

Geben Sie sich für jede richtige Antwort einen Punkt.

Punktzahl	Bewertung	Bevölkerungsanteil
19 / 20	genial	Top 5%
17 / 18	herausragend	Top 10%
15 / 16	Experte	Top 30%
13 / 14	überdurchschnittlich	Top 40%
11 / 12	durchschnittlich	Top 60%
9 / 10	unterdurchschnittlich	untere 40%
7 / 8	grenzwertig	untere 30%
5 / 6	schwach	untere 10%
0 / 4	sehr schwach	untere 5%

Übertragen Sie nun das Ergebnis Ihres Tests in die Gesamtbeurteilung auf Seite 302.

Lösungen – Test 2

1. 108.
2. 44.
3. 51.
4. 216.
5. 55.
6. 573.
7. 238.
8. 273.
9. 400.
10. Fünf Achtel von 192 sind 120, sieben Achtel von 136 sind 119.
11. 728.
12. 92.
13. 616.
14. 1140.
15. 663.
16. 140,25.
17. 13482.
18. 872.
19. 2,55.
20. 585.

Leistungsbewertung

Geben Sie sich für jede richtige Antwort einen Punkt.

Punktzahl	Bewertung	Bevölkerungsanteil
19 / 20	genial	Top 5%
17 / 18	herausragend	Top 10%
15 / 16	Experte	Top 30%
13 / 14	überdurchschnittlich	Top 40%
11 / 12	durchschnittlich	Top 60%
9 / 10	unterdurchschnittlich	untere 40%
7 / 8	grenzwertig	untere 30%
5 / 6	schwach	untere 10%
0 / 4	sehr schwach	untere 5%

Übertragen Sie nun das Ergebnis Ihres Tests in die Gesamtbeurteilung auf Seite 302.

Lösungen – Test 3

1. 45: Addieren Sie 10, 9, 8, 7, 6, 5.
2. 46 und 47: Es geht abwechselnd x2 und +1 weiter.
3. 19: Subtrahieren Sie abwechselnd 9 und 18.
4. 15 und 0: Zwei Folgen sind miteinander verschränkt: 1, dann +1, +2, +3, +4, +5; 10, dann –1, –2, –3, –4.
5. 280. Addieren Sie jedes Mal 56.
6. 925 und 800: Subtrahieren Sie abwechselnd 75 und 125.
7. 2,3 und 3,3: Addieren Sie 0,5, 0,75, 1, 1,25 und 1,5.
8. –20: Subtrahieren Sie 3, 9, 27, 81.
9. 102 und 106: Die Folge geht x2, +1, x2, +3, x2, +4.
10. 222: Addieren Sie jedes Mal die letzte Ziffer der vorigen Zahl.

Leistungsbewertung

Geben Sie sich für jede richtige Antwort einen Punkt.

Punktzahl	Bewertung	Bevölkerungsanteil
9 / 10	genial	Top 5%
8	herausragend	Top 10%
7	Experte	Top 30%
6	überdurchschnittlich	Top 40%
5	durchschnittlich	Top 60%
4	unterdurchschnittlich	untere 40%
3	grenzwertig	untere 30%
2	schwach	untere 10%
0 / 1	sehr schwach	untere 5%

Übertragen Sie nun das Ergebnis Ihres Tests in die Gesamtbeurteilung auf Seite 302.

Rätsel

Die Rätsel in diesem Teil werden auch als geometrisch oder kulturneutral bezeichnet und beruhen vollständig auf Zeichnungen. Sie dienen nicht nur dazu, Ihr logisches Denken zu üben und Ihre Fähigkeit, ein Problem strukturiert und analytisch anzugehen, sondern auch, Sie lateral und kreativ denken zu lassen.

Es geht hier also um Ihre Fähigkeit, sich räumliche Beziehungen vorzustellen und sich gedanklich damit zu beschäftigen.

Rätsel dieser Art werden als kulturneutral bezeichnet, weil sie mit der Absicht geschaffen werden, jedes Vorurteil zugunsten einer bestimmten Kultur zu vermeiden, so dass niemand einen Vorteil davon hat, dass er einem bestimmten Kulturkreis angehört. Der Einfluss der Sprache oder anderer kultureller Eigenheiten ist hier ausgeschaltet.

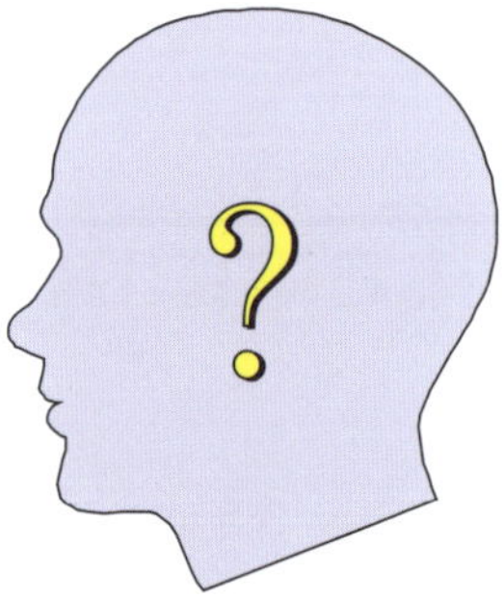

Räumliches Denken beruht auf anderen Prozessen als solche, die sprachliches oder rechnerisches Können erfordern. Der Grund liegt darin, dass die linke Hirnhälfte analytisch ist und seriell und logisch arbeitet; sie ist der Sitz des Sprachvermögens und des vernünftigen Denkens. Die rechte Hirnhälfte hingegen ist kreativ und intuitiv; hier entstehen beispielsweise künstlerische und musikalische Ideen. Diese Hinhälfte entscheidet darüber, wie wir mit Puzzles und räumlichen Aufgaben zurechtkommen.

Wissenswertes über das Gehirn

Über die Dendriten (Fortsätze) ist ein Neuron (Gehirnzelle) mit tausend benachbarten Neuronen verbunden. Wenn eines dieser Neuronen „feuert", empfängt einer der benachbarten Dendriten eine positive oder negative Ladung. Alle diese Impulse werden addiert, und dieser „Input" wird zum Soma, dem Zellkörper, geleitet. Nur ein Teil des Somas, der Axonhügel (Colliculus axonis), verarbeitet das Signal. Ist der Input stärker als der Eingangswiderstand des Axonhügels, veranlasst dies das Neuron, zu feuern, und ein Ausgangssignal wird über das Axon abgegeben.

Beispiel

A verhält sich zu B

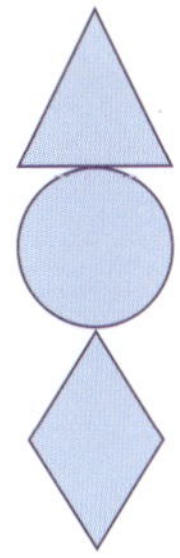

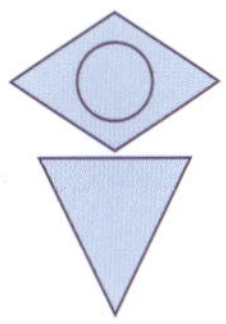

wie

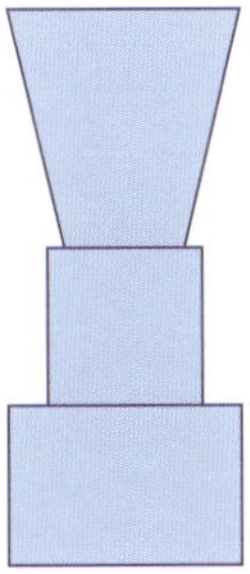

zu:

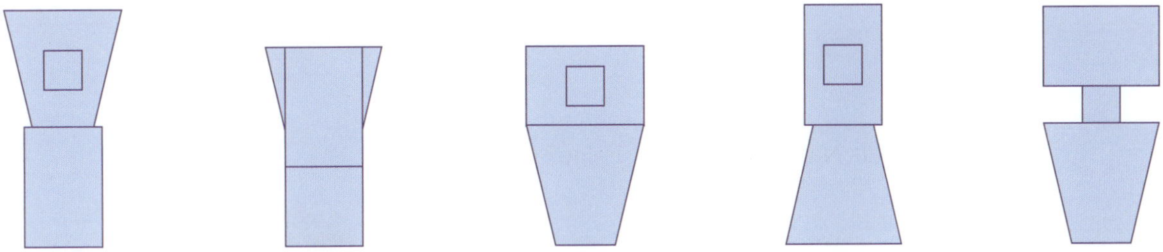

A **B** **C** **D** **E**

Antwort: D – Die Figuren verhalten sich genauso wie die Figuren im Beispiel. Das Trapez wandert nach unten und rotiert um 180°. Das Rechteck rotiert um 90° und wandert nach oben. Das Quadrat wird kleiner und wandert in das Rechteck.

Einfach

1.

?

Was kommt als Nächstes in dieser Folge?

A **B** **C** **D**

2.

?

Was kommt als Nächstes in dieser Folge?

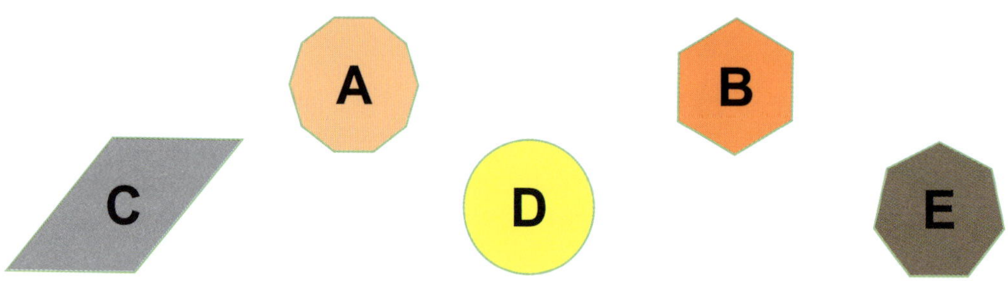

Einfach

3.

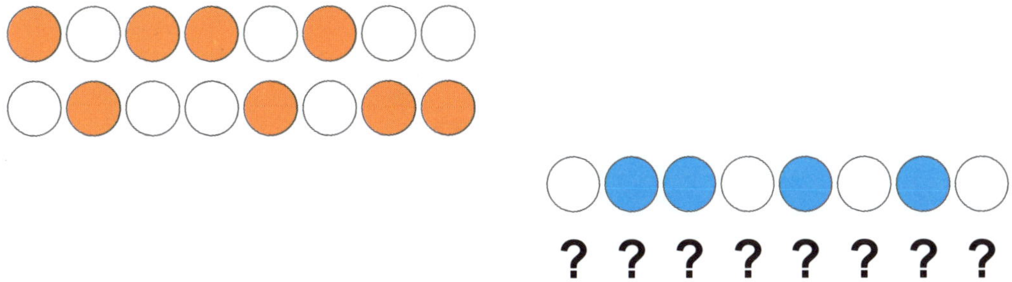

Welche Reihe von Kreisen sollte die Fragezeichen ersetzen?

A 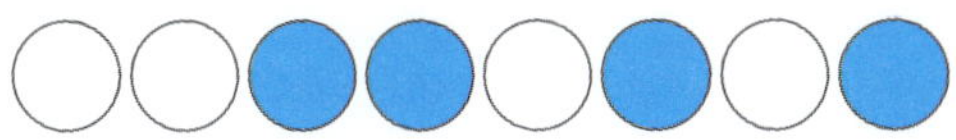

B 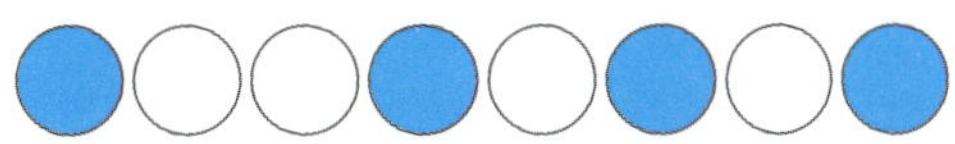

C 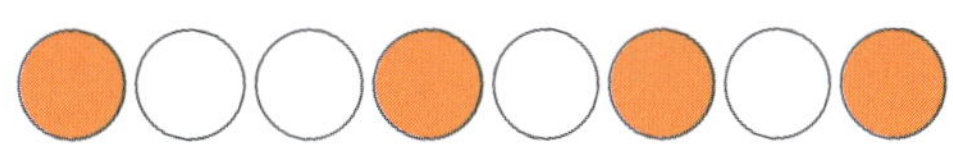

D 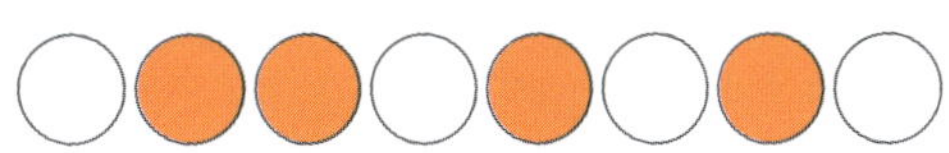

E 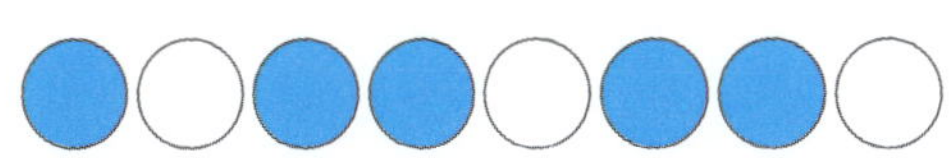

Einfach

4.

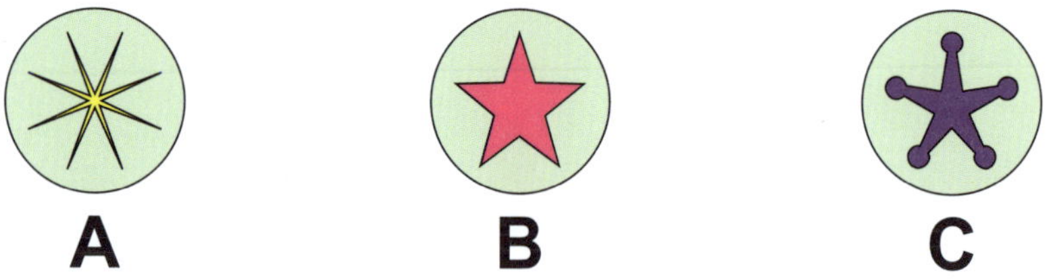

Welches dieser Symbole sollte das Fragezeichen ersetzen?

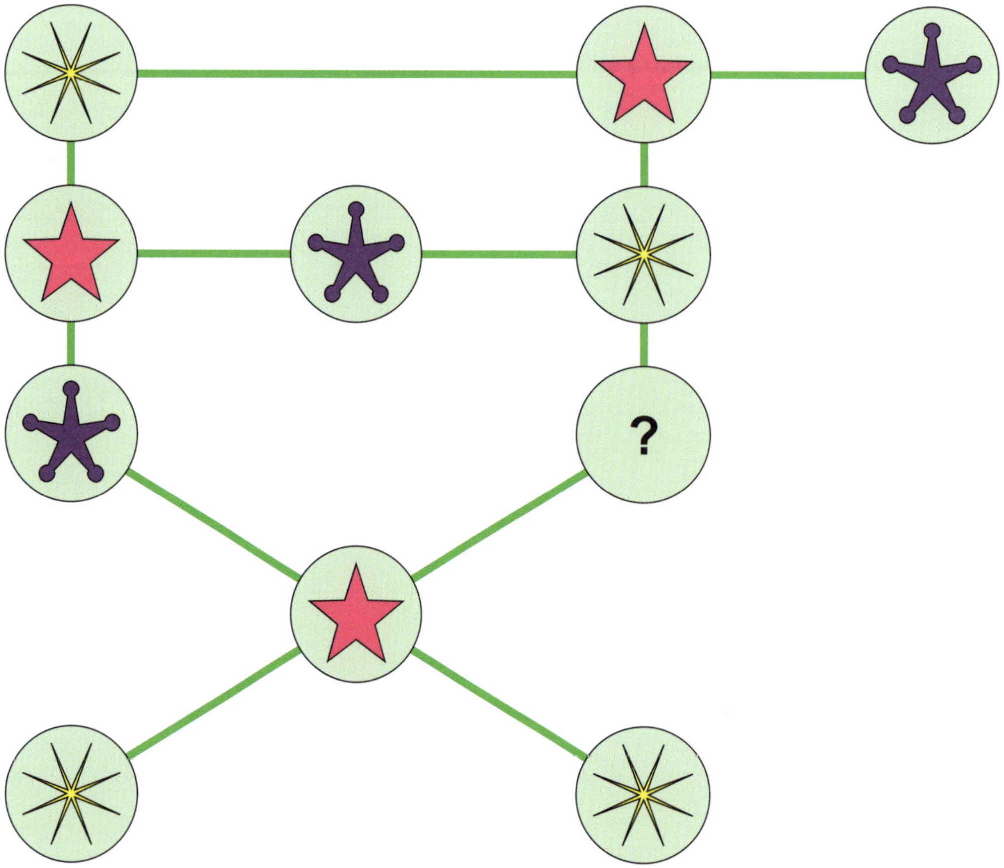

Einfach

5.

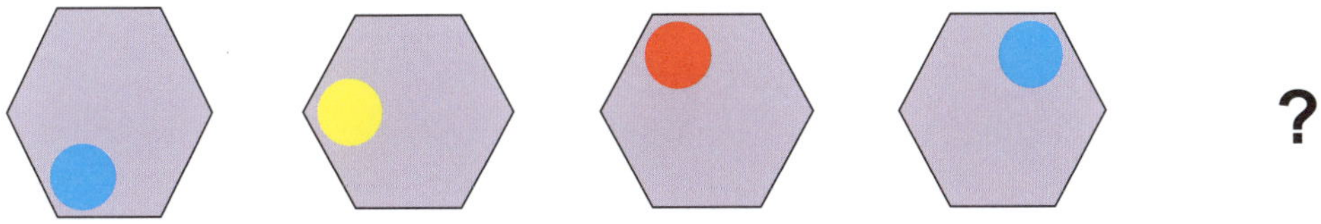

Welches Sechseck kommt in der Reihe oben als nächstes?

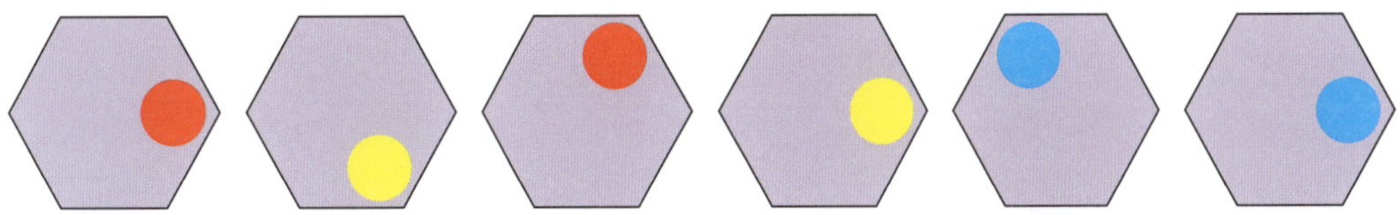

A **B** **C** **D** **E** **F**

6.

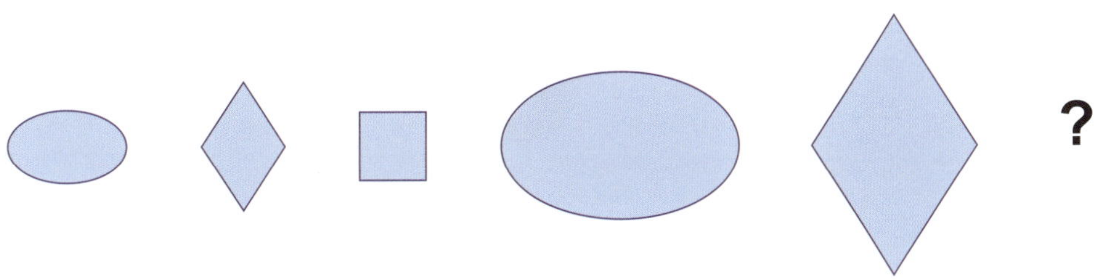

Was kommt als Nächstes in dieser Folge?

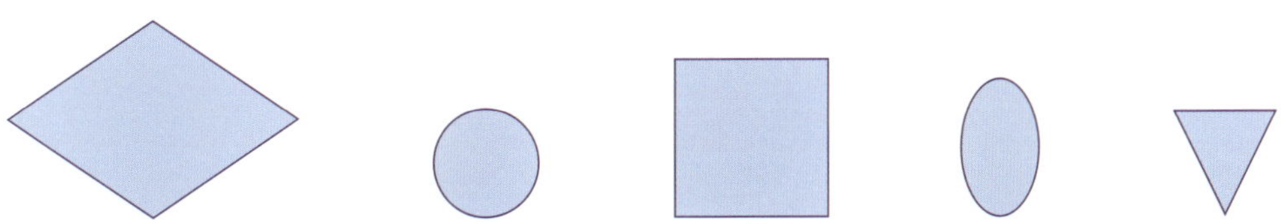

A **B** **C** **D** **E**

Einfach

7.

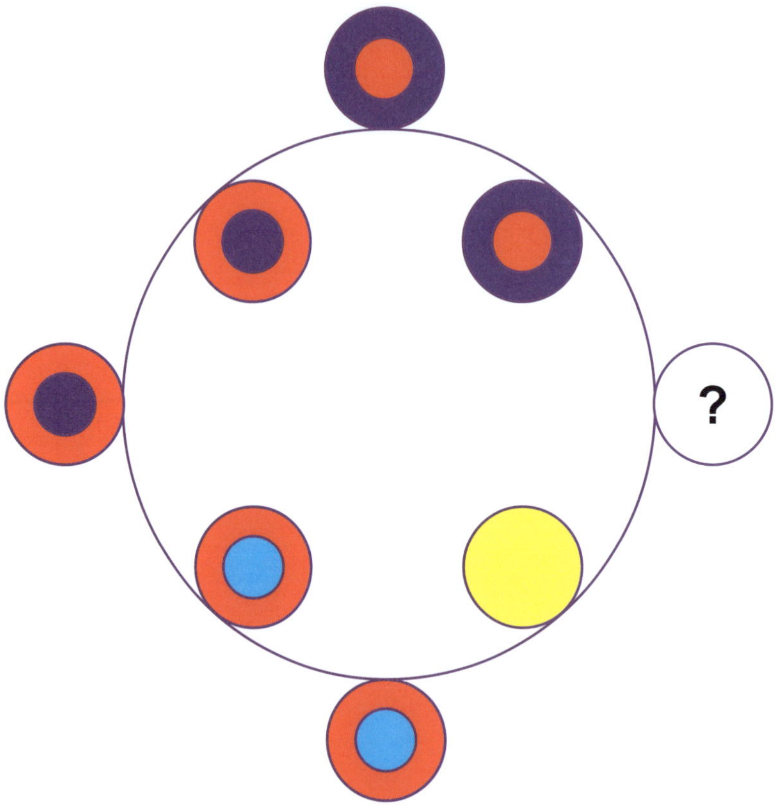

Welcher Kreis sollte den Kreis mit dem Fragezeichen ersetzen?

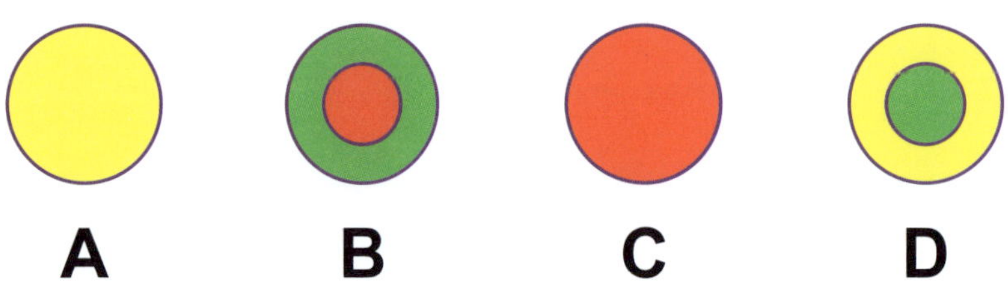

Einfach

8.

?

Was kommt als Nächstes in dieser Folge?

A **B** **C** **D**

9.

verhält sich zu

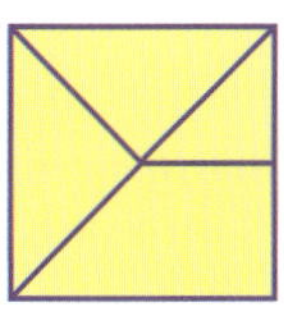

wie

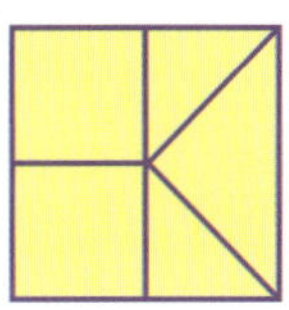

zu:

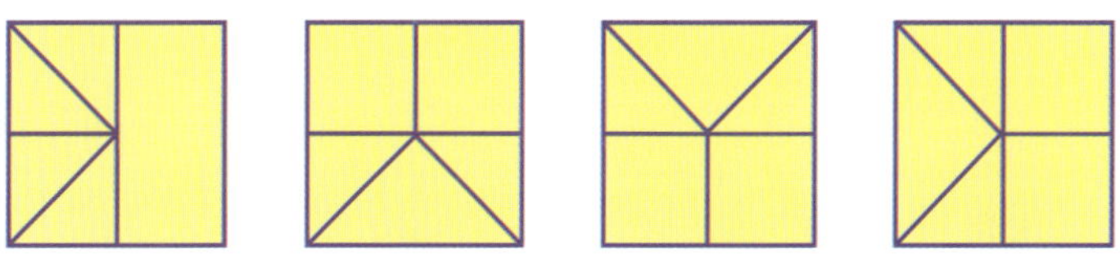

A **B** **C** **D**

Einfach

10.

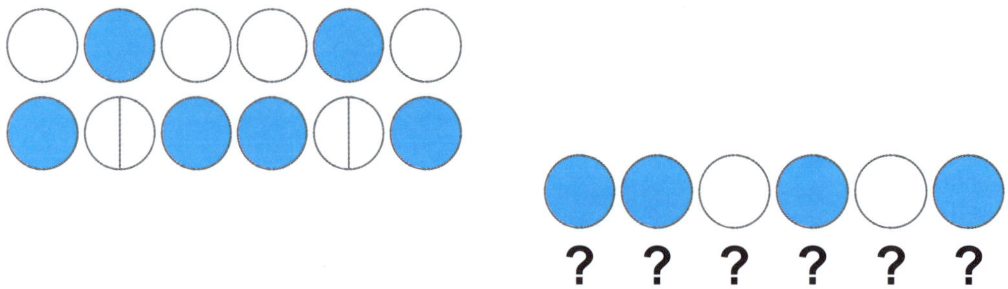

Welche Reihe von Kreisen sollte die Fragezeichen ersetzen?

A 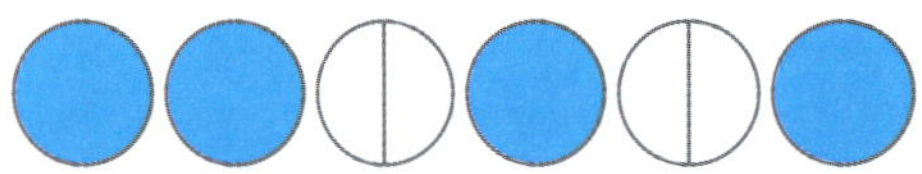

B 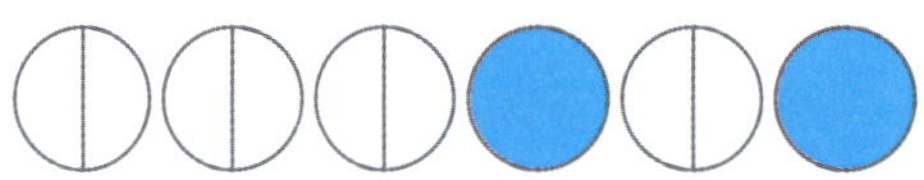

C 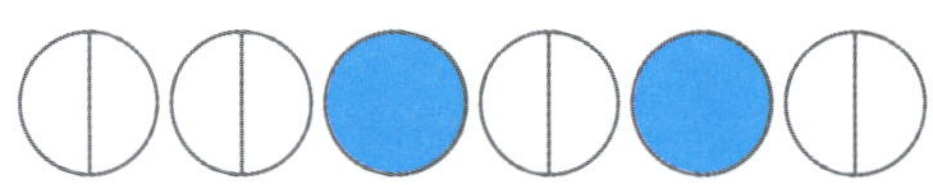

D 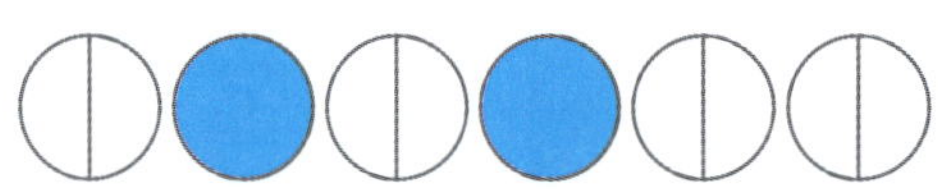

E 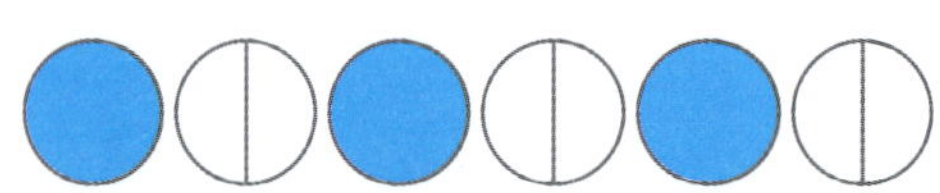

Einfach

11. Was gehört hier nicht dazu?

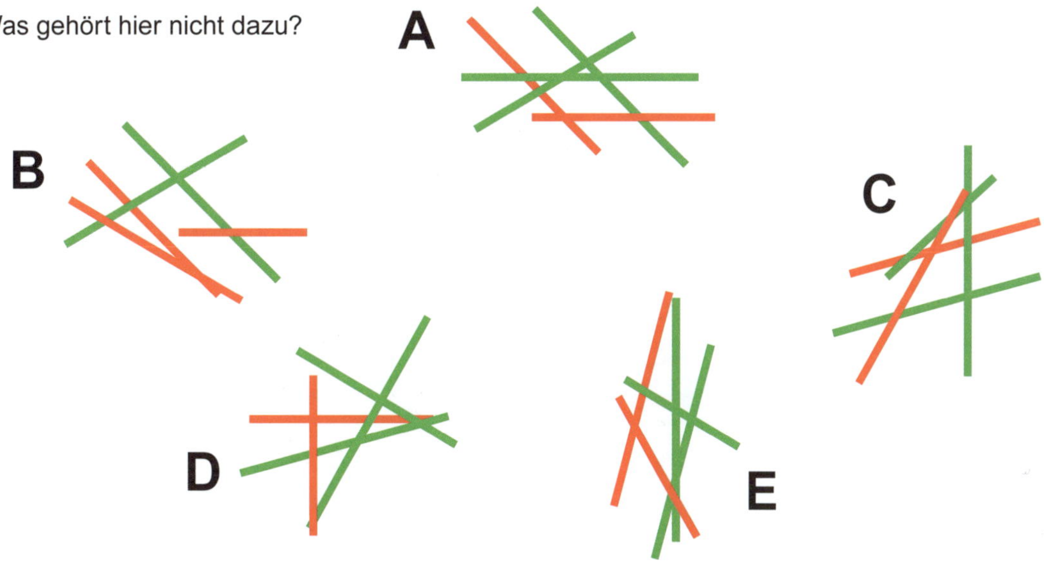

12.

 verhält sich zu 

wie 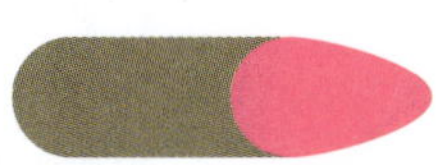 zu:

A B C D E

Einfach

13.

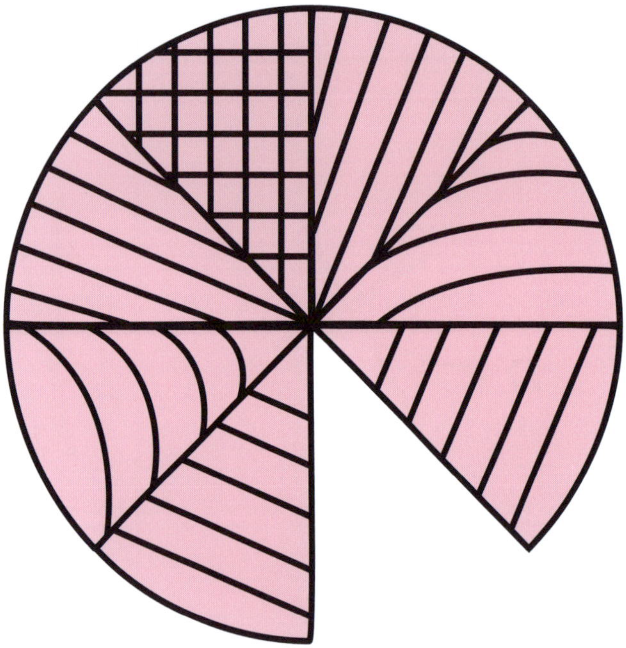

Welches Segment fehlt hier?

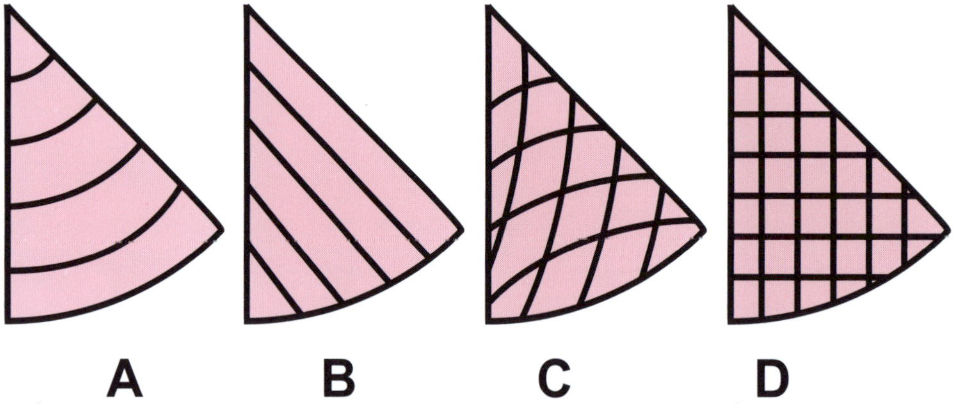

Einfach

14.

Welche Fliese fehlt hier?

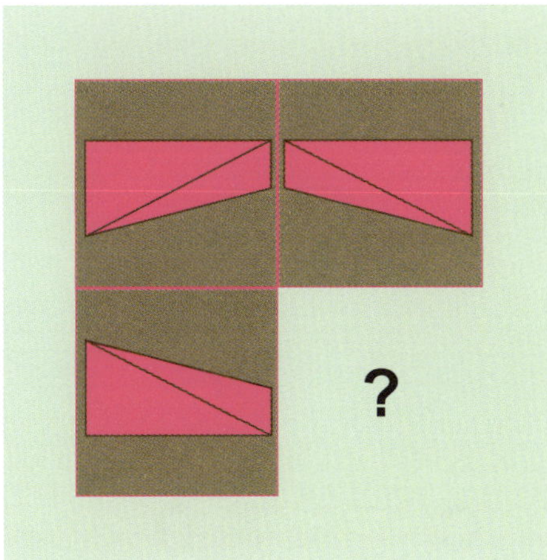

A

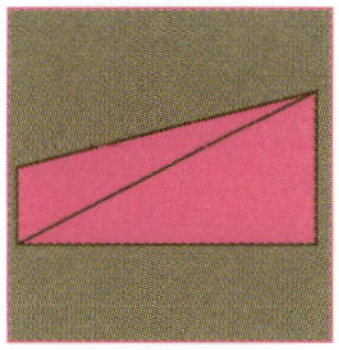

B

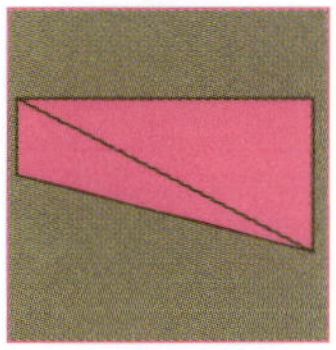

C

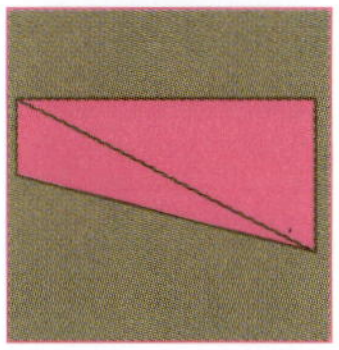

D

15.

Was gehört hier nicht dazu?

A

B

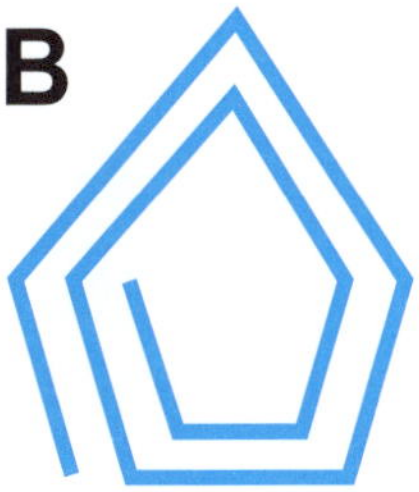

C

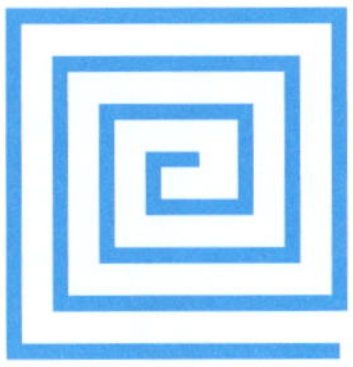

D

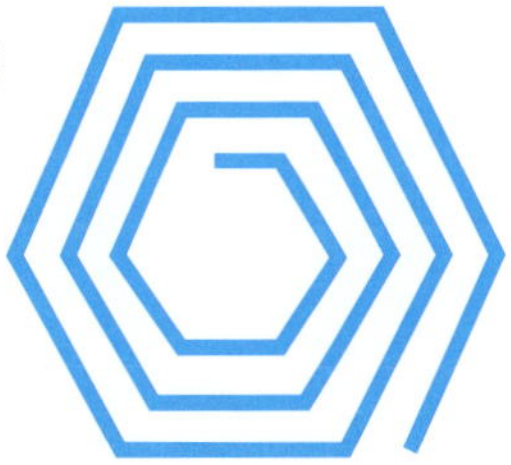

E

Anspruchsvoll

16.

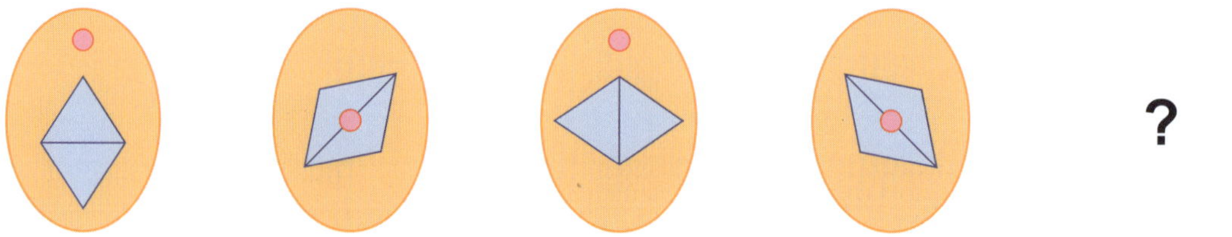

Was kommt als Nächstes in dieser Folge?

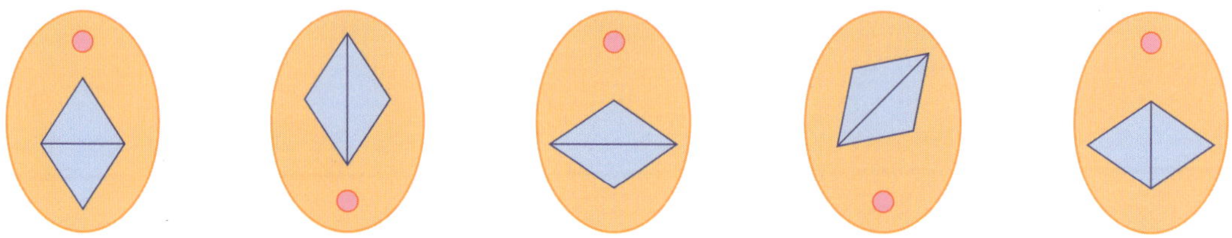

A B C D E

17.

Was kommt als Nächstes in dieser Folge?

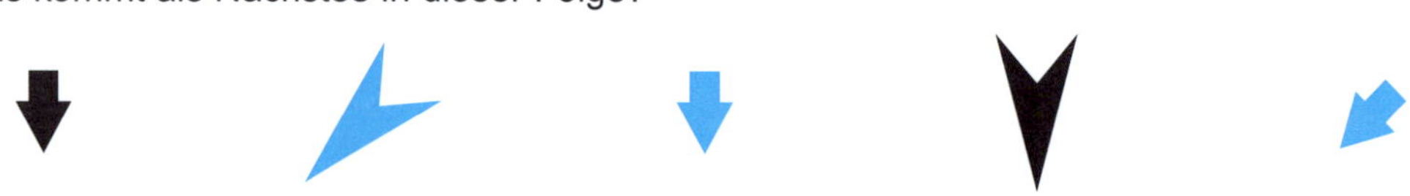

A B C D E

F G H I

Anspruchsvoll

18. Was gehört hier nicht dazu?

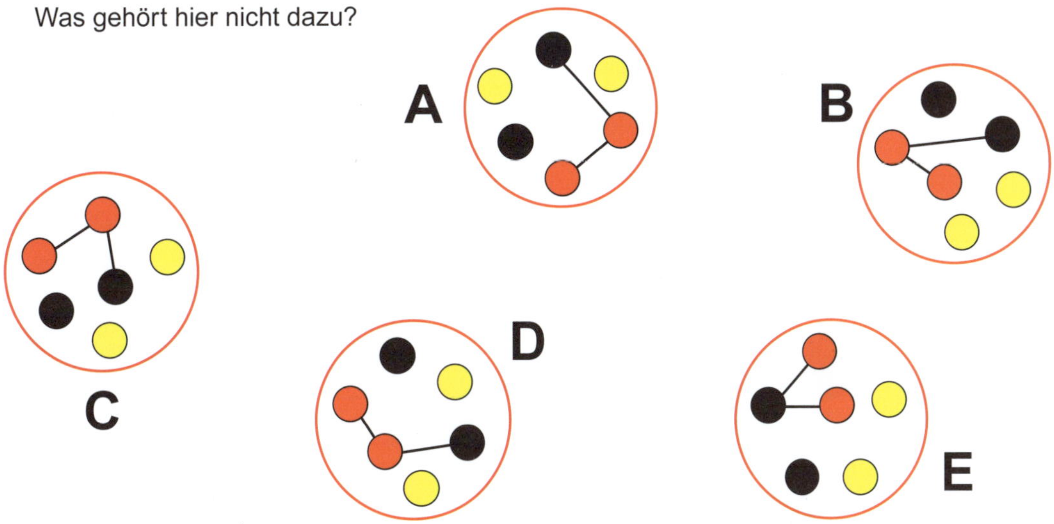

19. Was gehört hier nicht dazu?

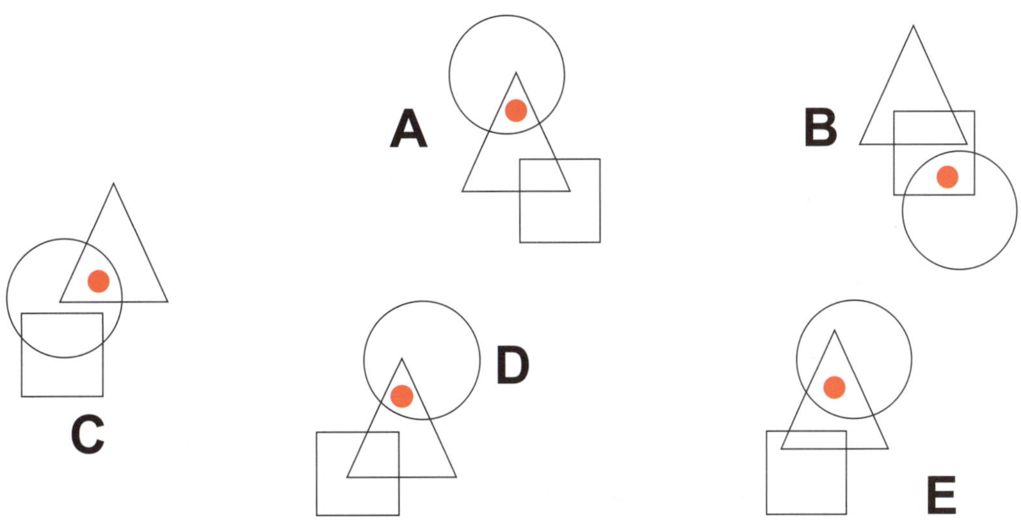

Anspruchsvoll

20.

Was kommt als Nächstes in dieser Folge?

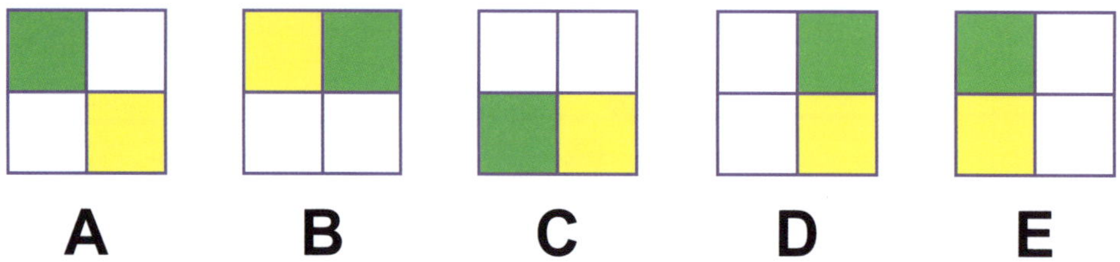

21. Was gehört hier nicht dazu?

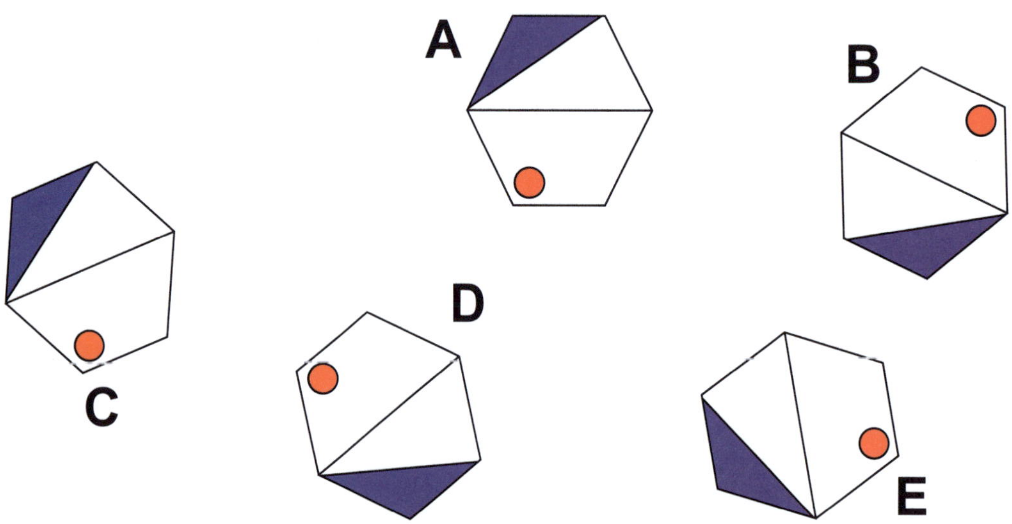

Anspruchsvoll

22.

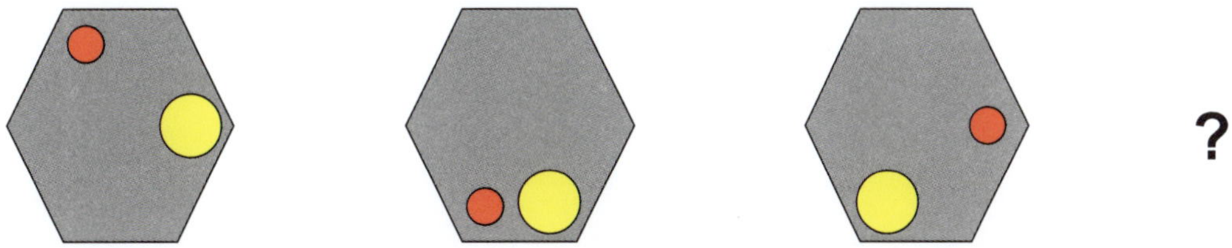

Was kommt als Nächstes in dieser Folge?

A **B** **C** **D** **E**

23.

verhält sich zu

wie

zu:

A **B** **C** **D** **E**

Anspruchsvoll

24. Welche Fliese fehlt hier?

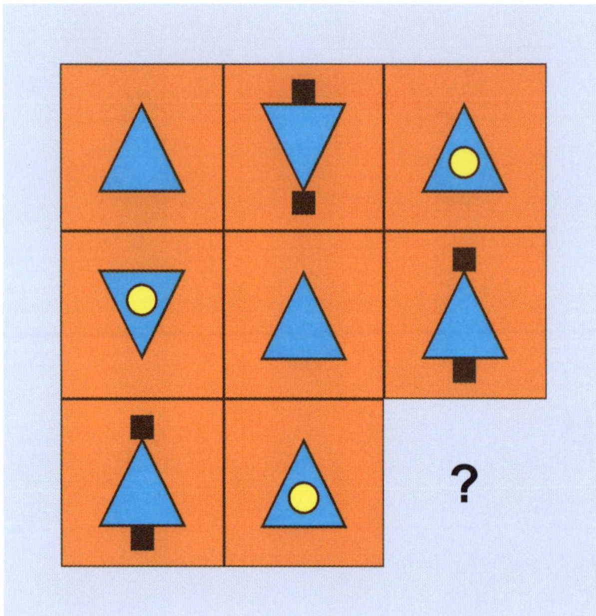

A

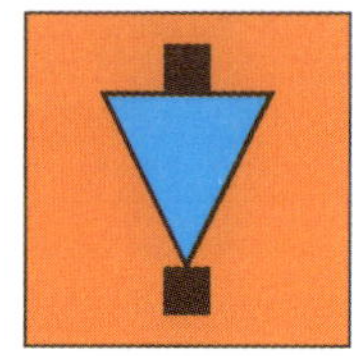

B

C

D

E

F

G

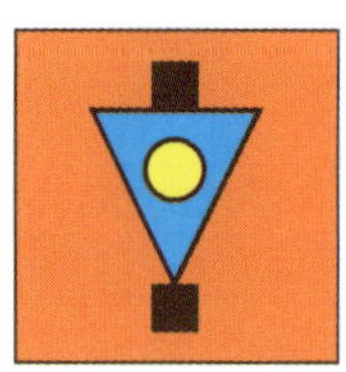

H

Anspruchsvoll

25. Was gehört hier nicht dazu?

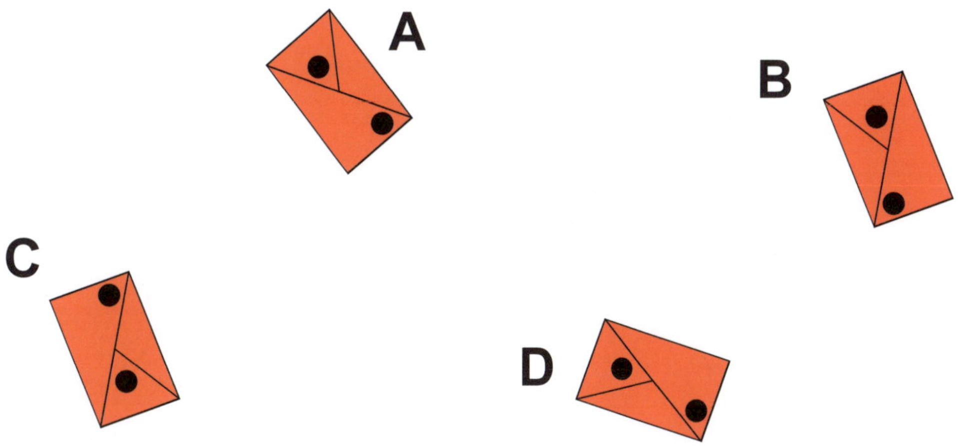

26.

verhält sich zu

wie

zu:

A B C D E

Anspruchsvoll

27.

?

Was kommt als Nächstes in dieser Folge?

A **B** **C** **D** **E**

28.

verhält sich zu

wie

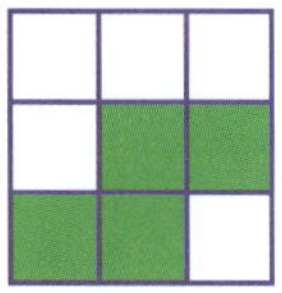

zu:

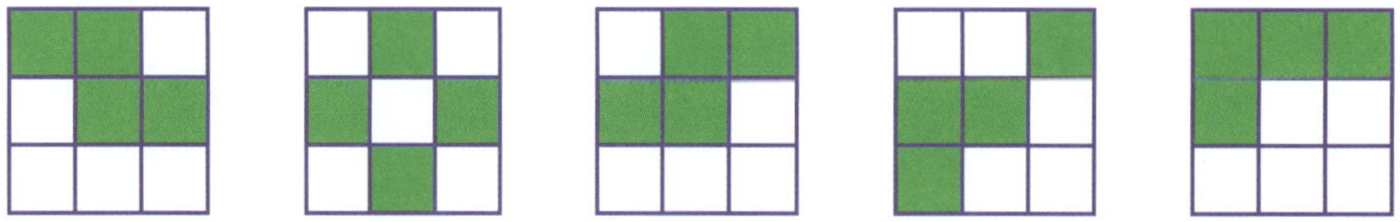

A **B** **C** **D** **E**

Anspruchsvoll

29.

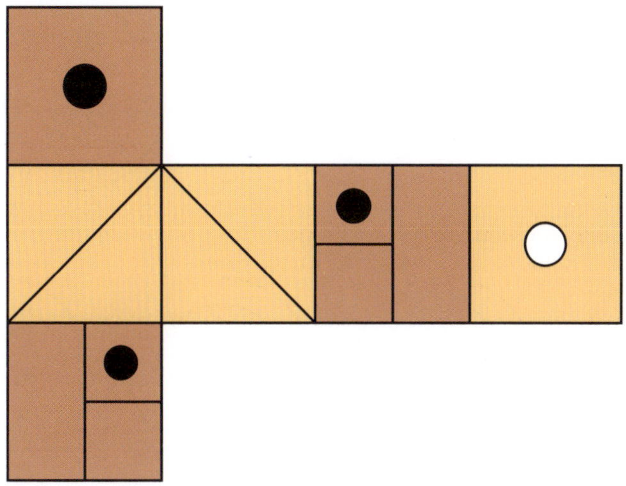

Dieses Muster wird zu einem Würfel gefaltet. Welcher Würfel lässt sich als einziger nicht daraus falten?

A

B

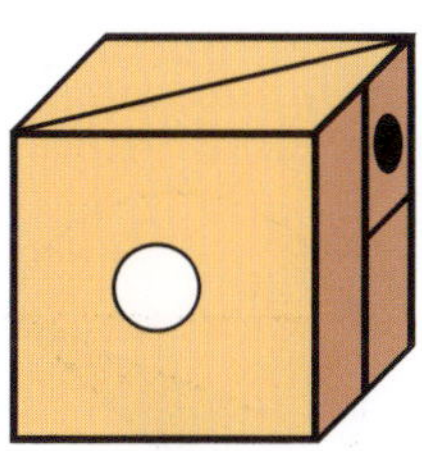

C

D

Anspruchsvoll

30.

Was kommt als Nächstes in dieser Folge?

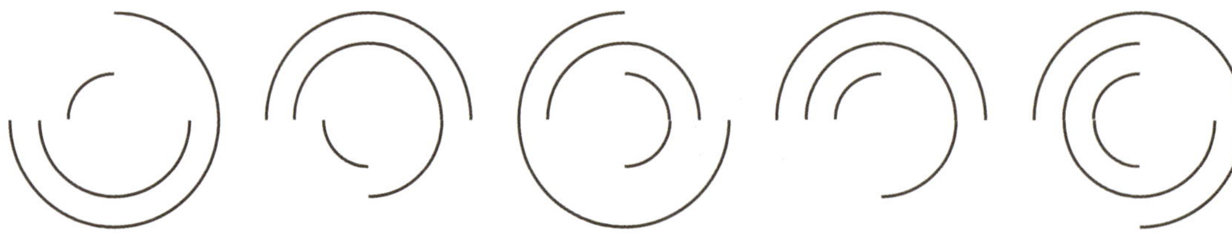

A **B** **C** **D** **E**

31. Was gehört hier nicht dazu?

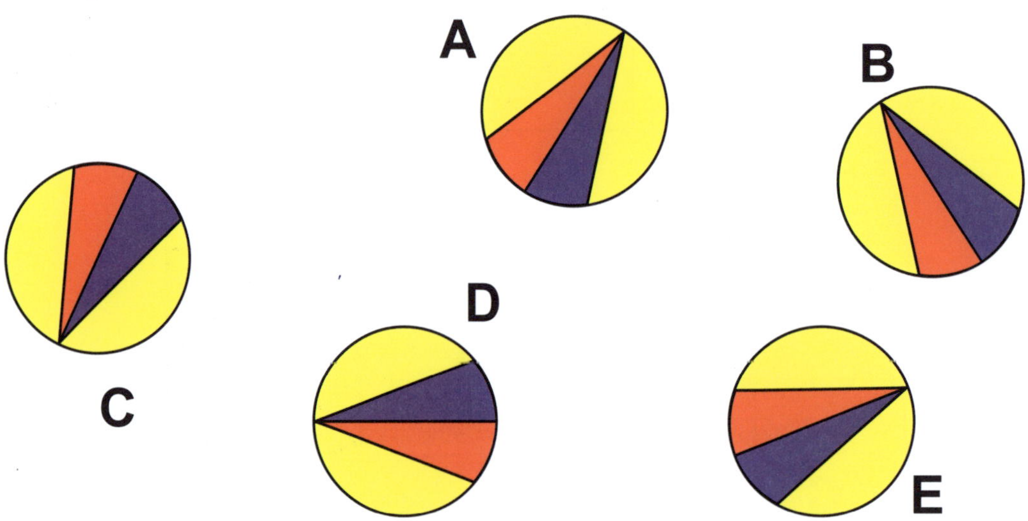

Anspruchsvoll

32.

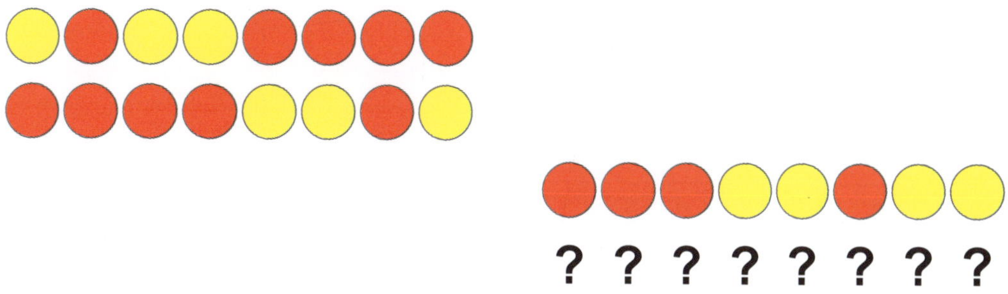

Welche Reihe von Kreisen sollte die Fragzeichen ersetzen?

A 

B 

C 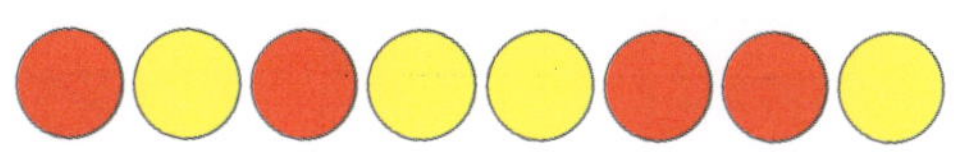

D 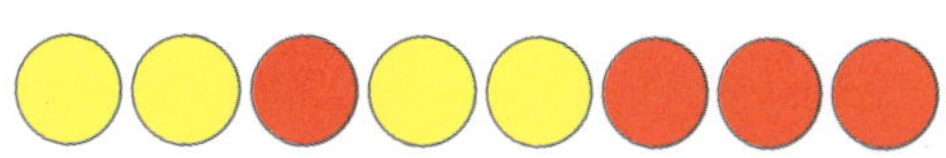

E 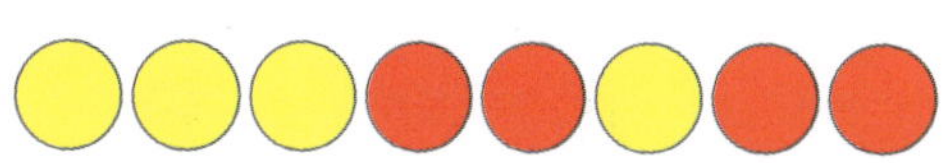

Anspruchsvoll

33. Welche drei dieser vier Teile lassen sich zu dem Körper rechts oben zusammensetzen?

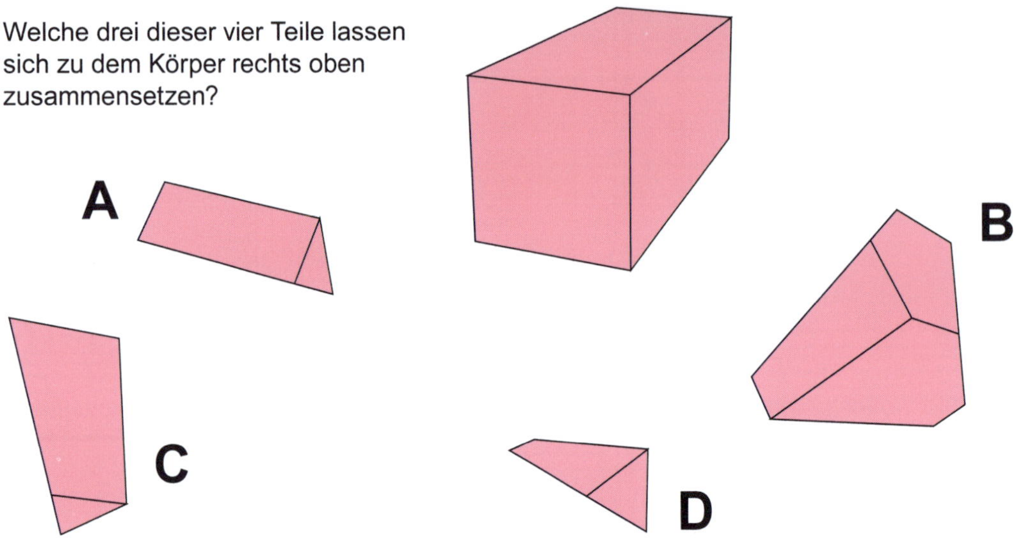

34.

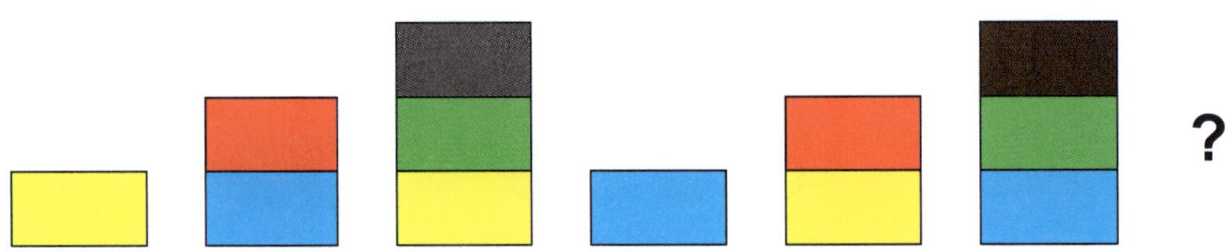

Was kommt als Nächstes in dieser Folge?

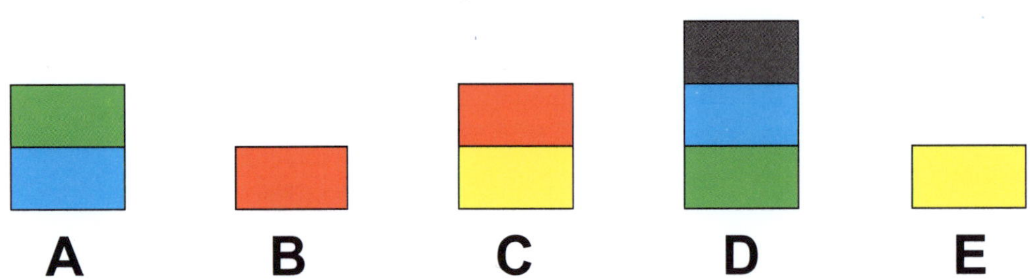

Anspruchsvoll

35.

Welche der Karten unten kann die Reihe oben vervollständigen?

A B C D E

36.

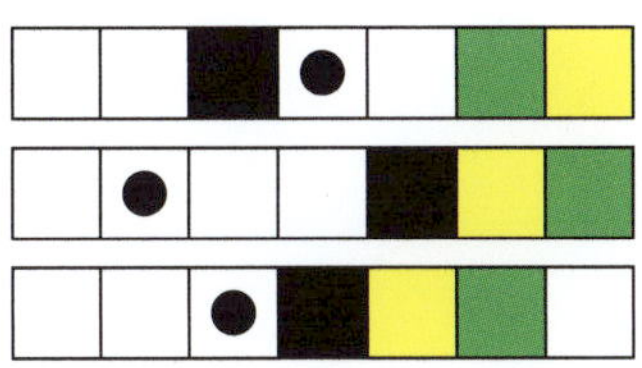

Was kommt als Nächstes in dieser Folge?

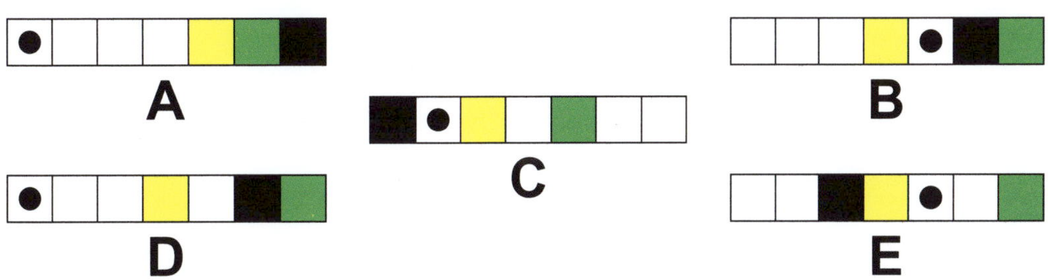

Anspruchsvoll

37.

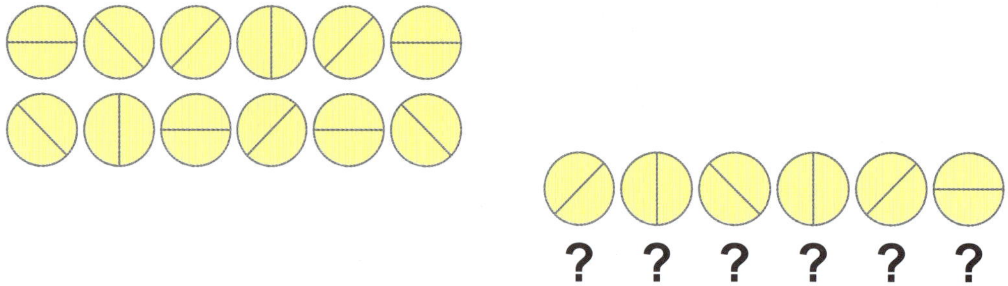

Welche Reihe von Kreisen sollte die Fragzeichen ersetzen?

A 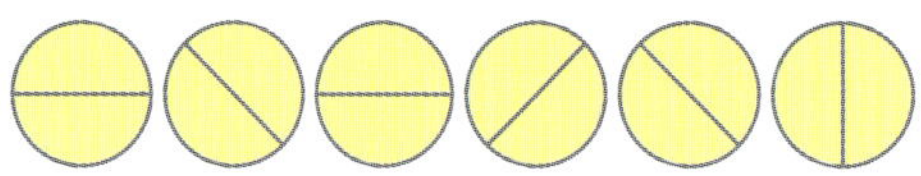

B 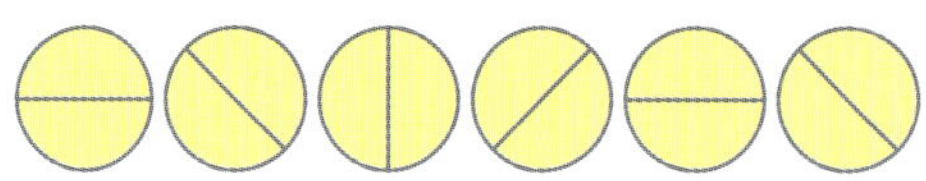

C 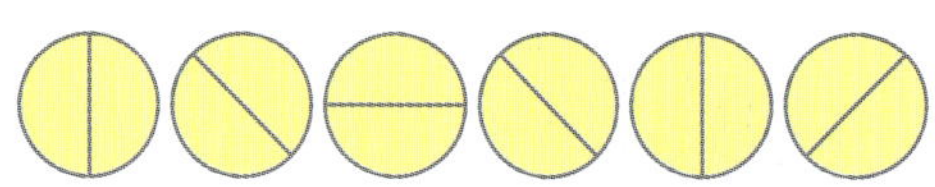

D 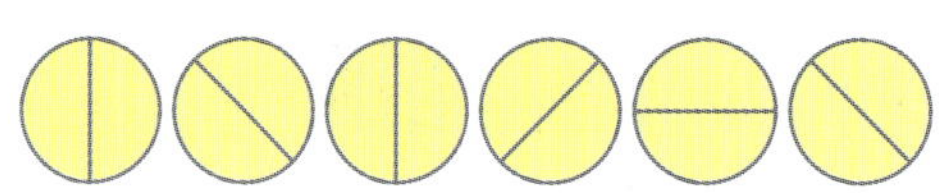

E 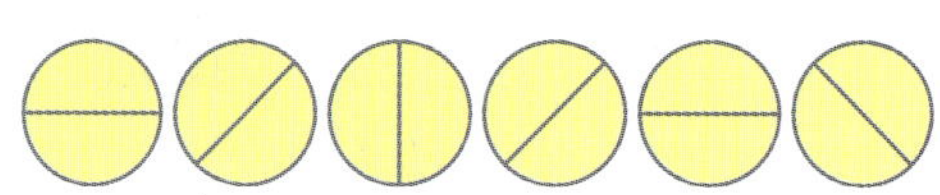

Anspruchsvoll

38. Was gehört hier nicht dazu?

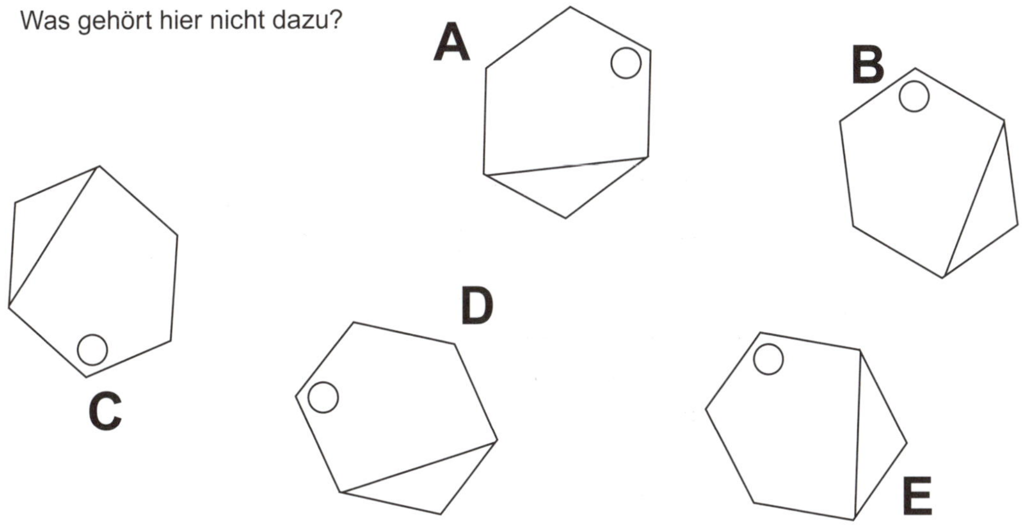

39. Was gehört hier nicht dazu?

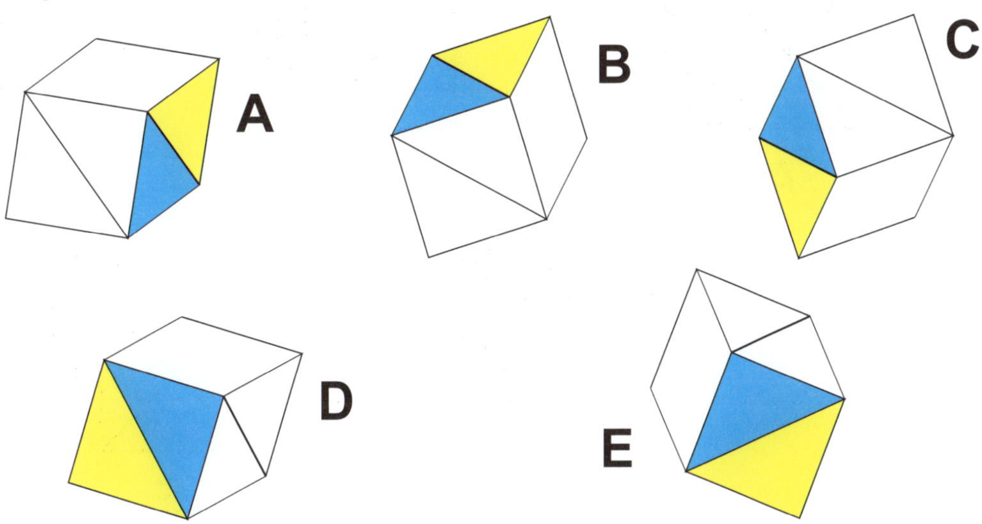

Anspruchsvoll

40.

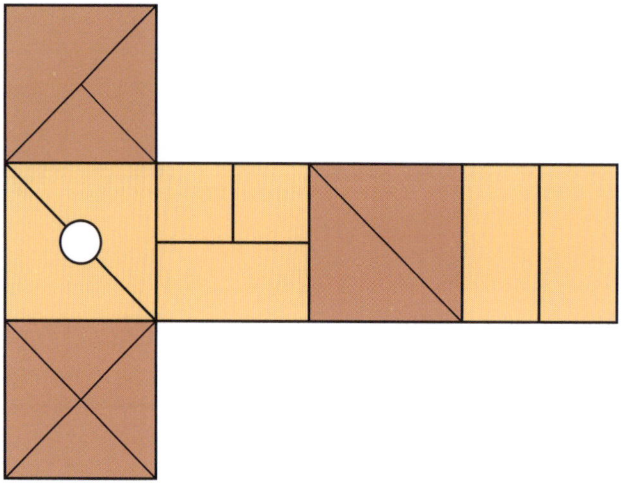

Dieses Muster wird zu einem Würfel gefaltet. Welcher Würfel lässt sich als einziger daraus falten?

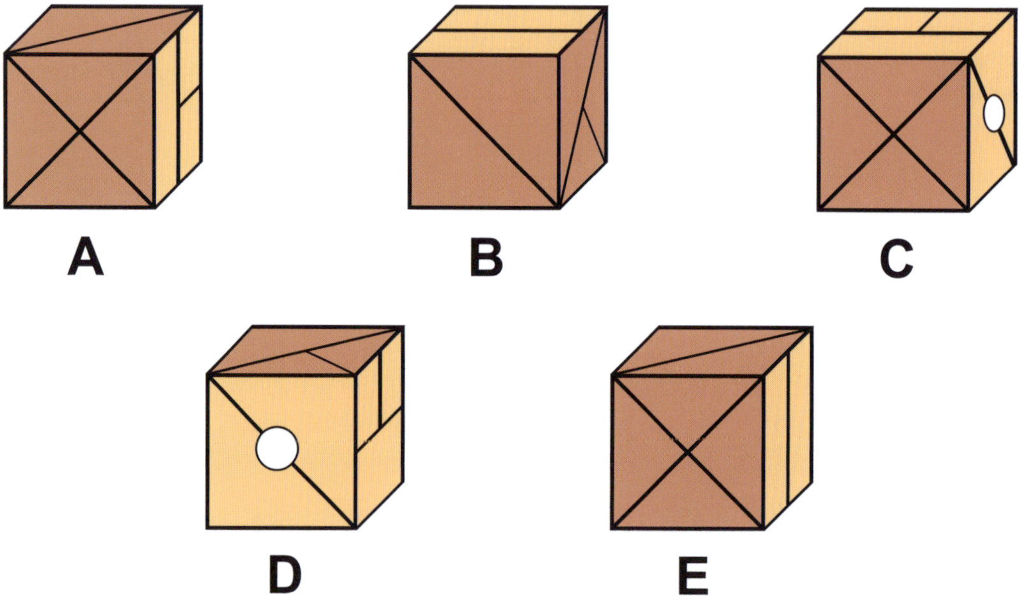

Anspruchsvoll

41.

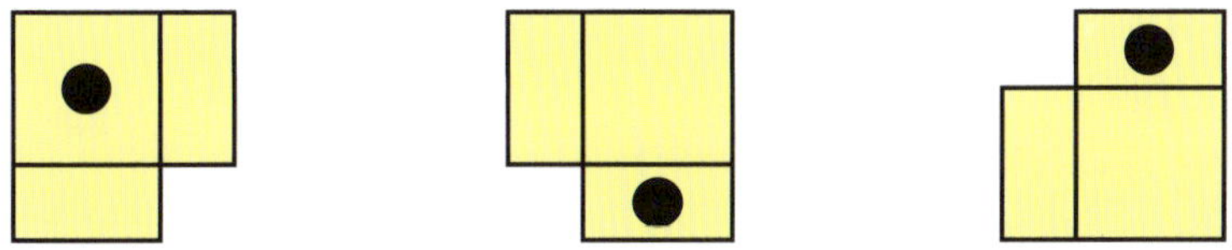

?

Was kommt als Nächstes in dieser Folge?

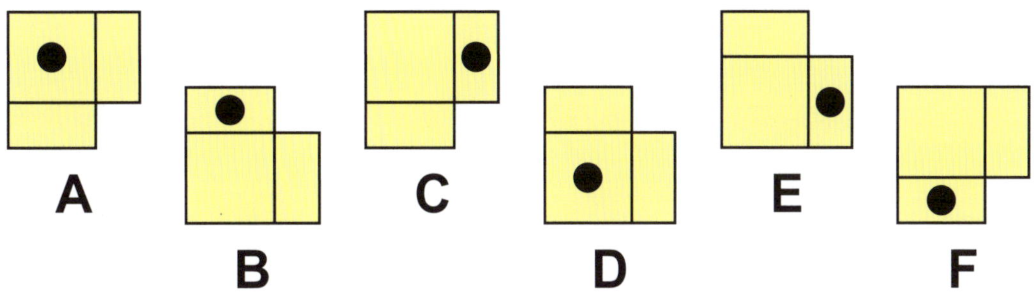

42.

verhält sich zu

wie

zu:

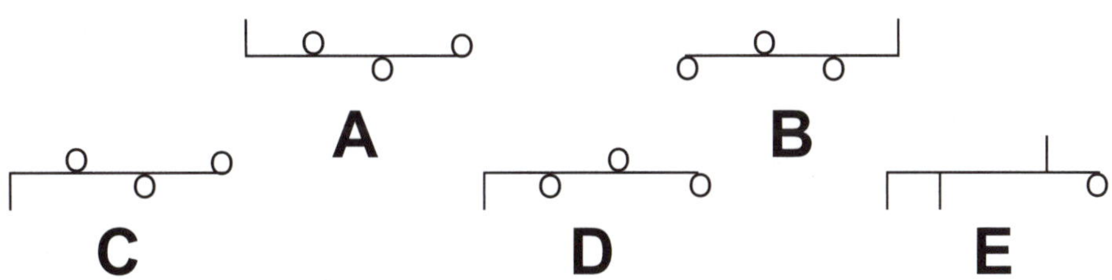

Anspruchsvoll

43. Was gehört hier nicht dazu?

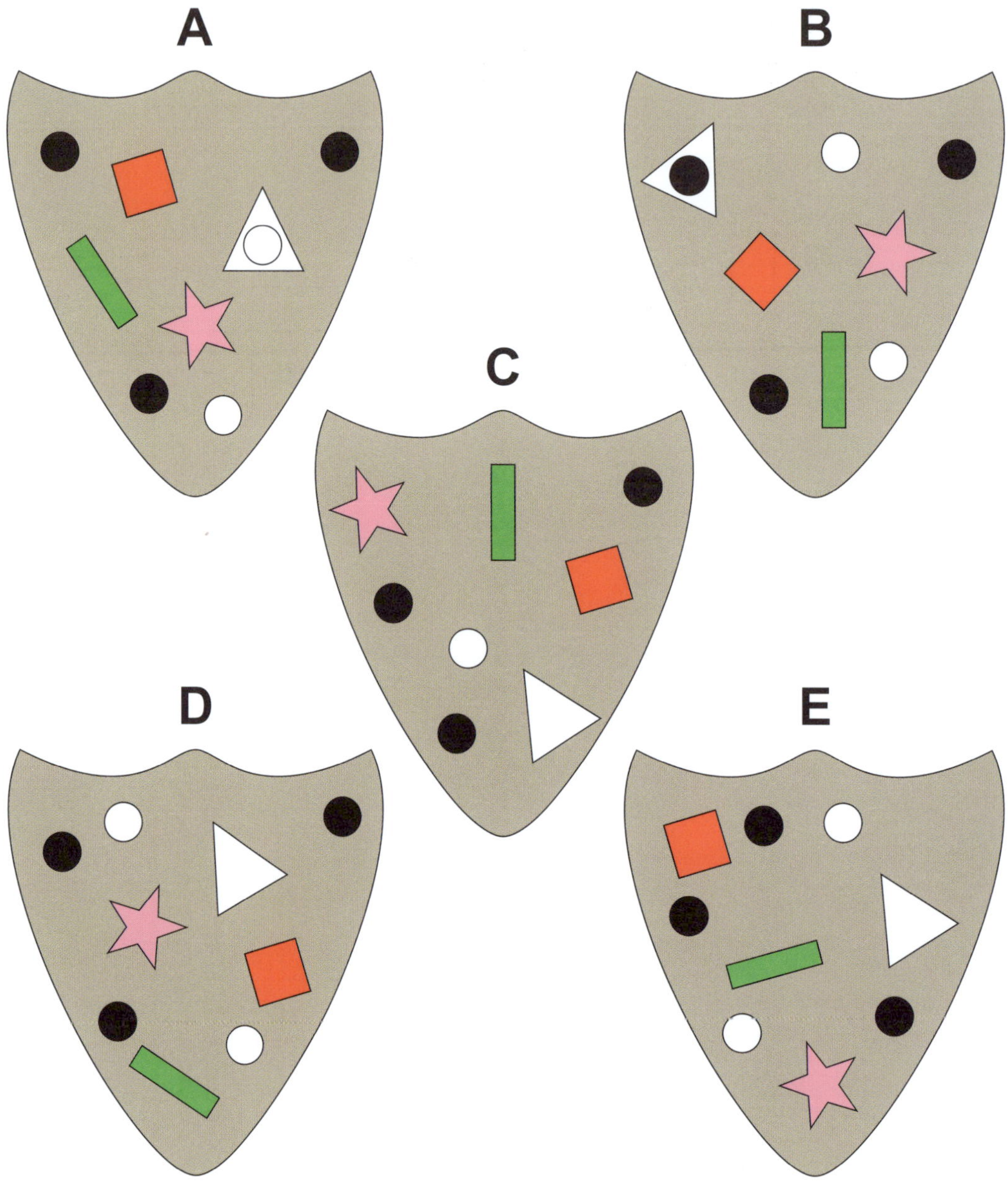

Anspruchsvoll

44.

verhält sich zu

wie

zu:

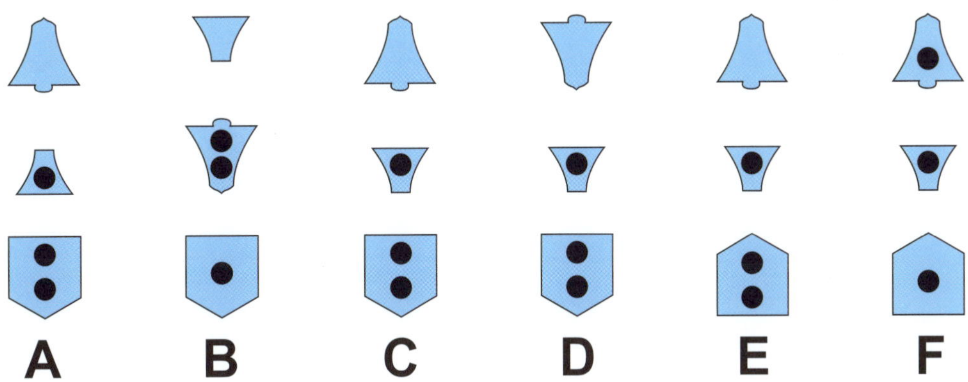

Anspruchsvoll

45.

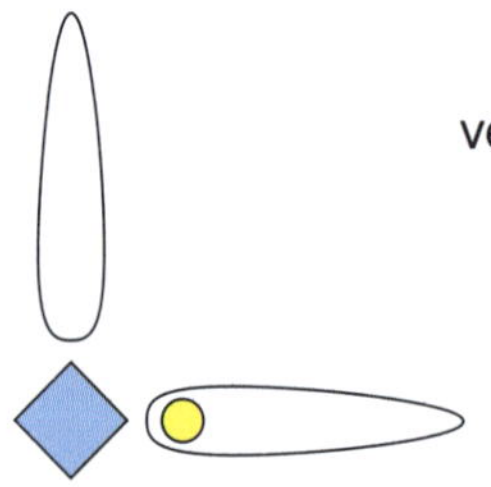

verhält sich zu

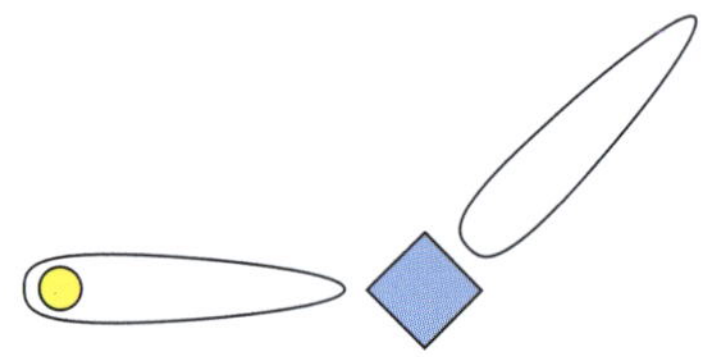

wie

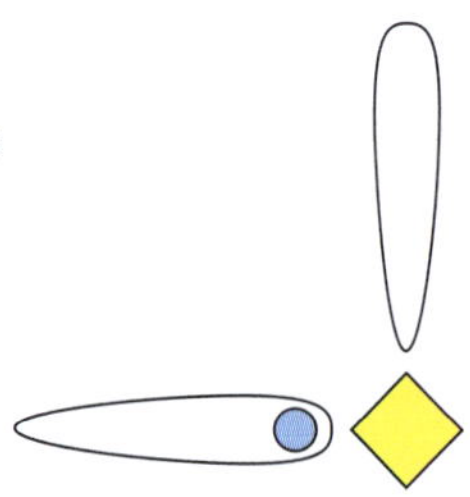

zu:

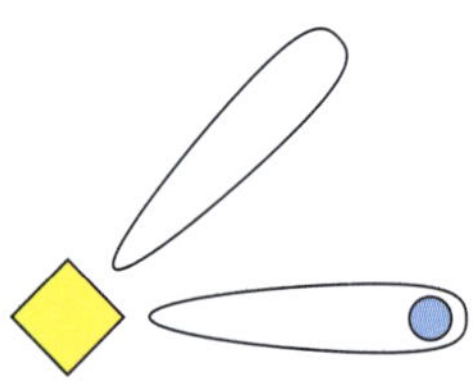

A

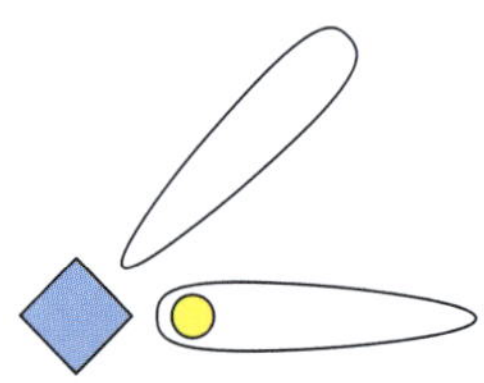

B

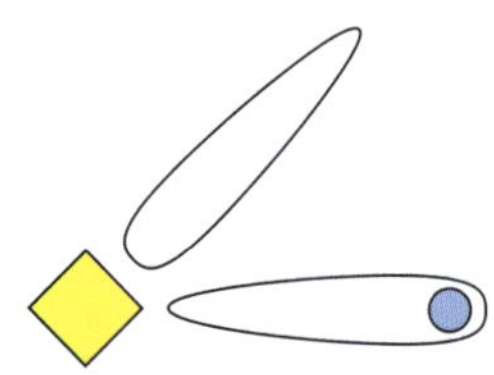

C

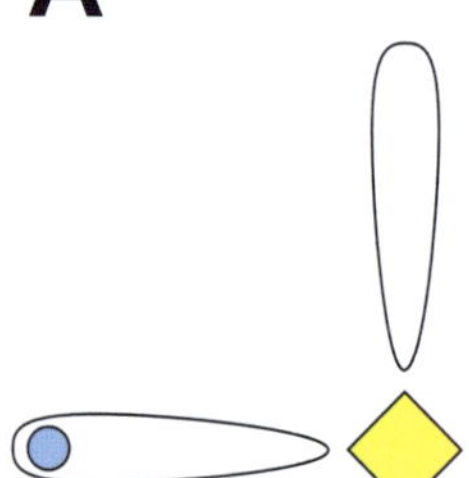

D

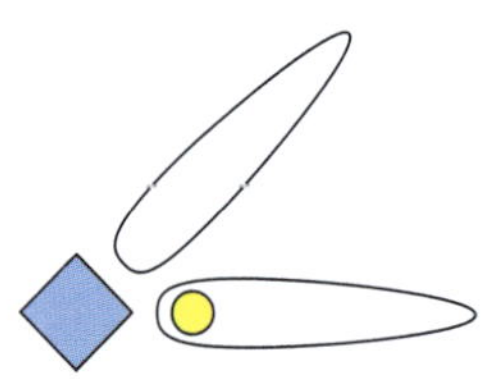

E

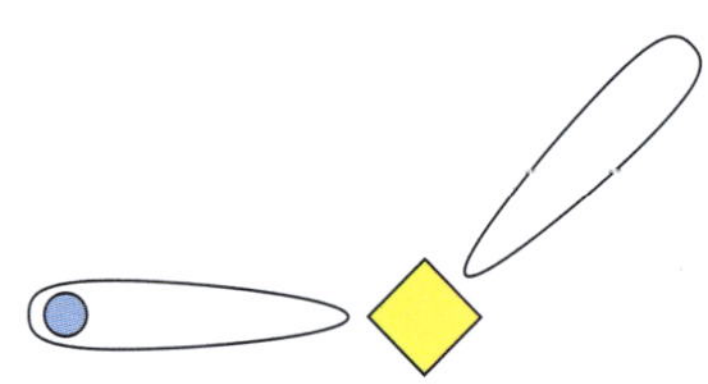

F

Schwer

46. Was gehört hier nicht dazu?

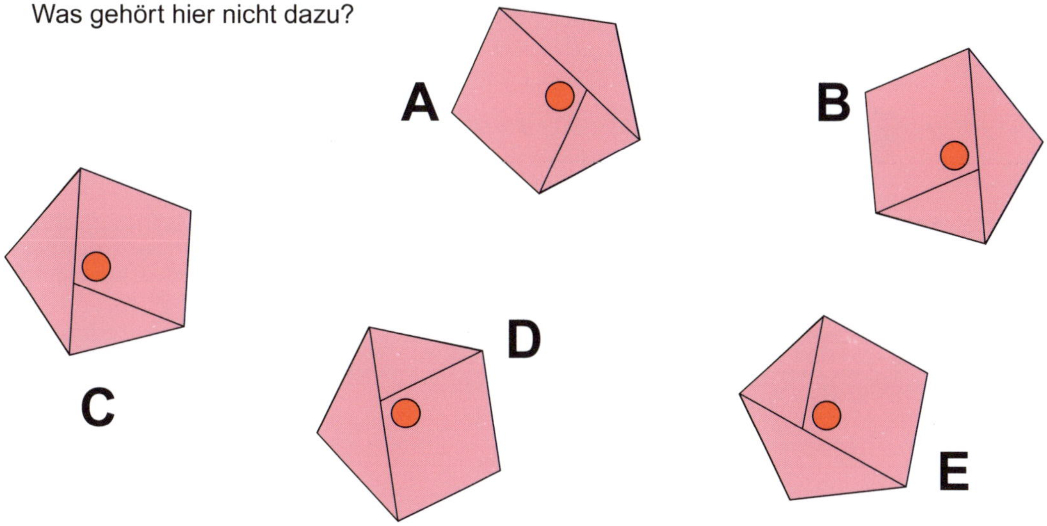

47.

 verhält sich zu 

wie  zu:

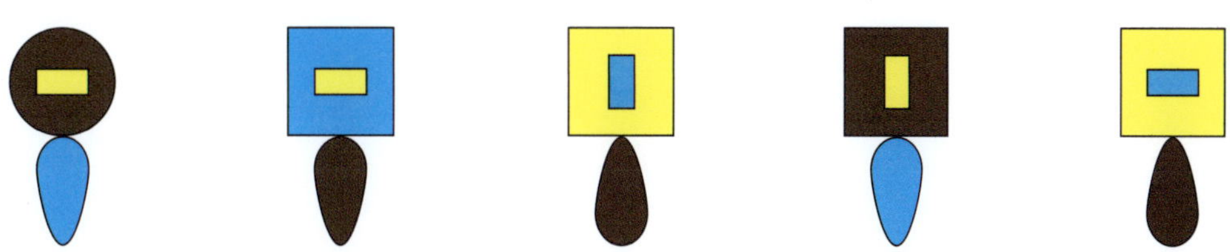

A B C D E

Schwer

48.

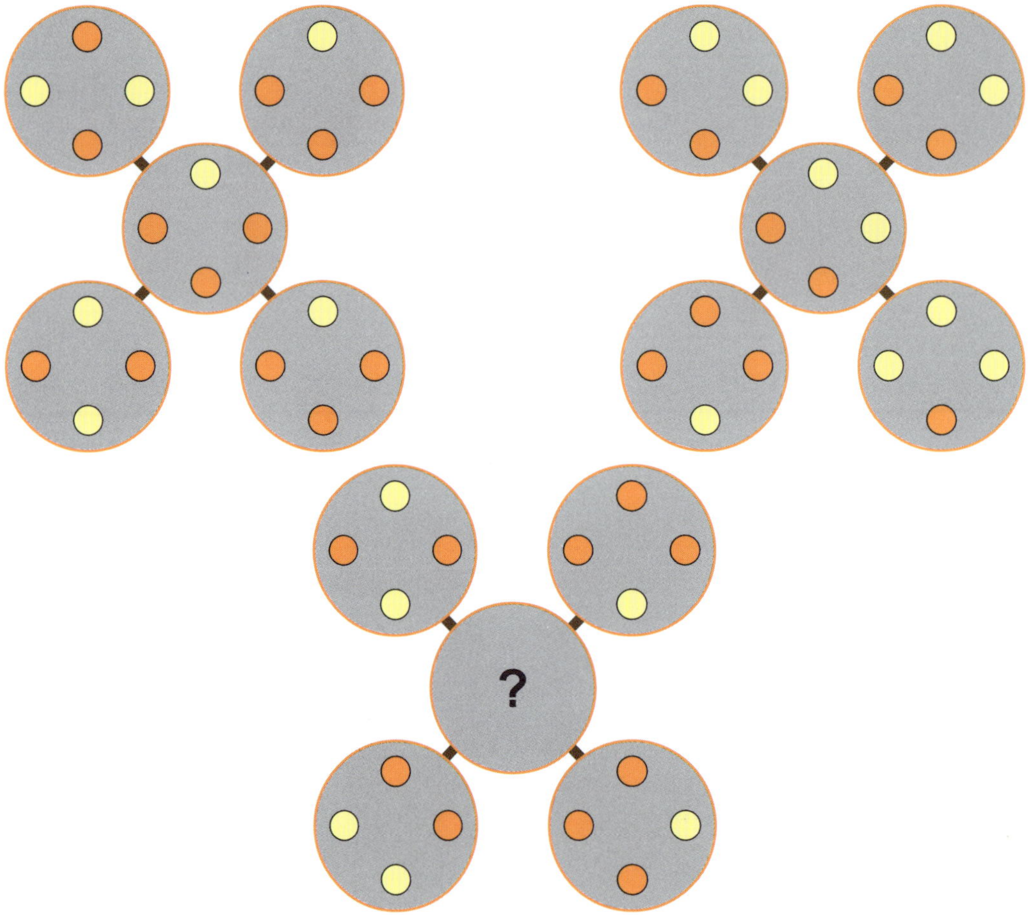

Welcher dieser Kreise sollte den Kreis mit dem Fragezeichen ersetzen?

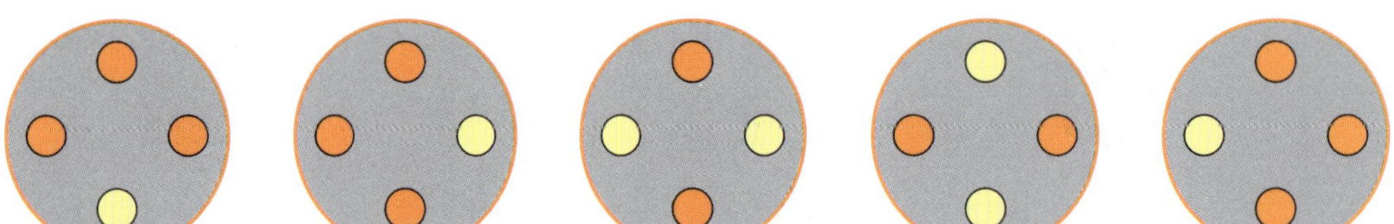

A **B** **C** **D** **E**

Schwer

49. Was gehört hier nicht dazu?

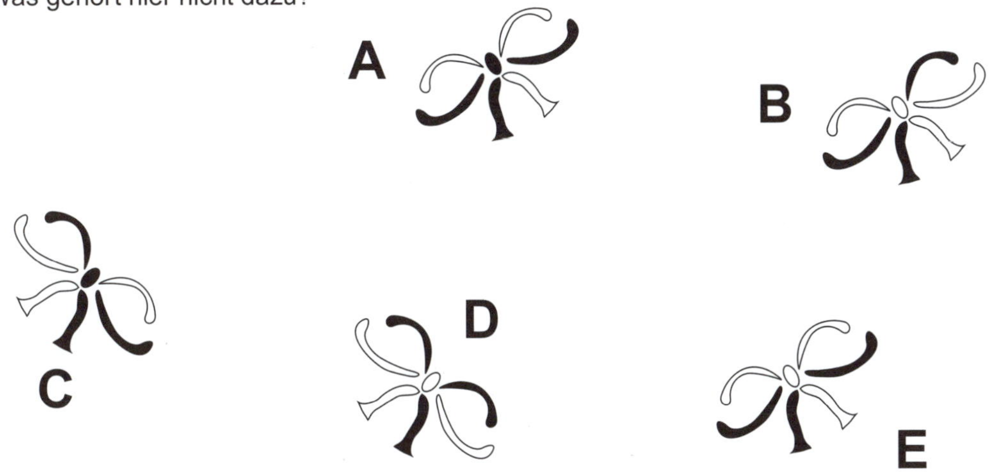

50.

verhält sich zu

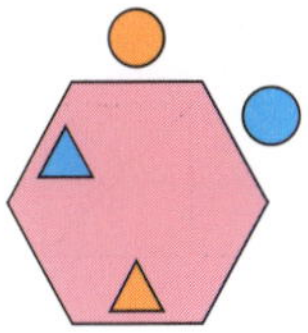

wie

zu:

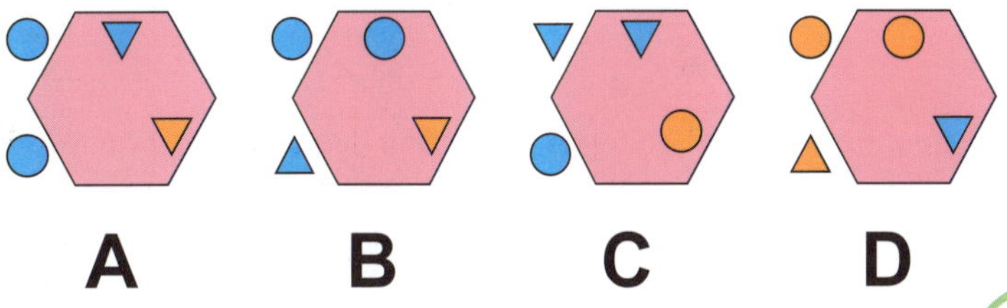

Schwer

51. Was gehört hier nicht dazu?

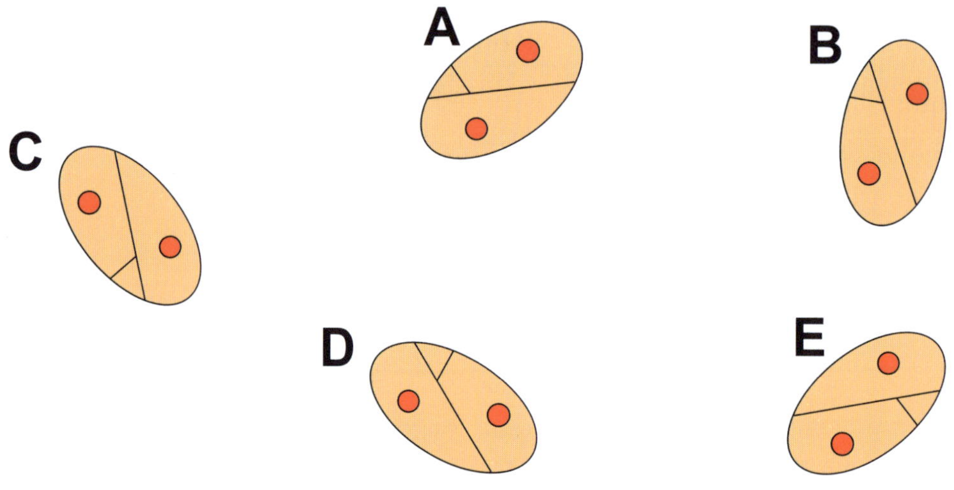

52.

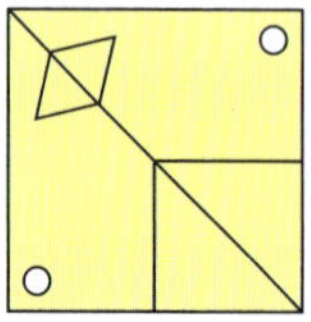

Welches der Quadrate unten hat am meisten mit dem oben gemeinsam?

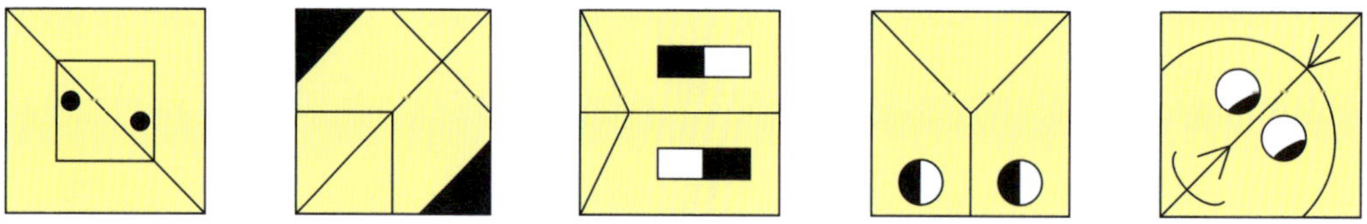

A B C D E

Schwer

53.

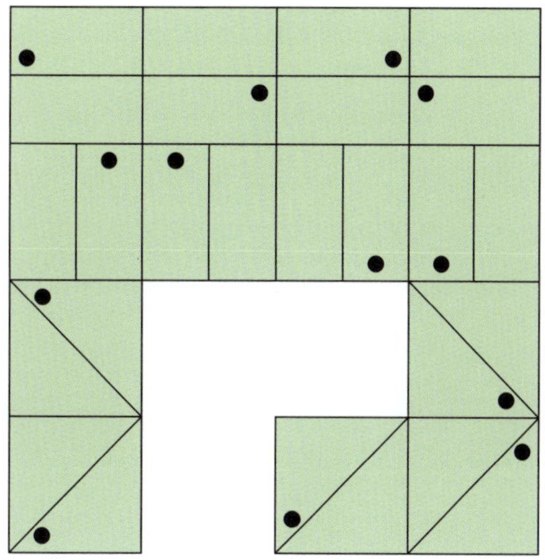

Welche Teilstück fehlt?

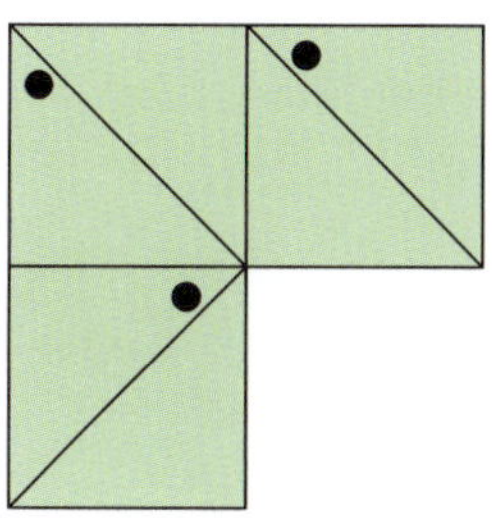

A

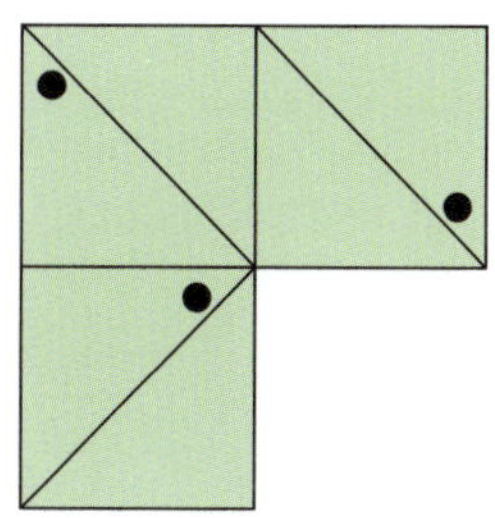

B

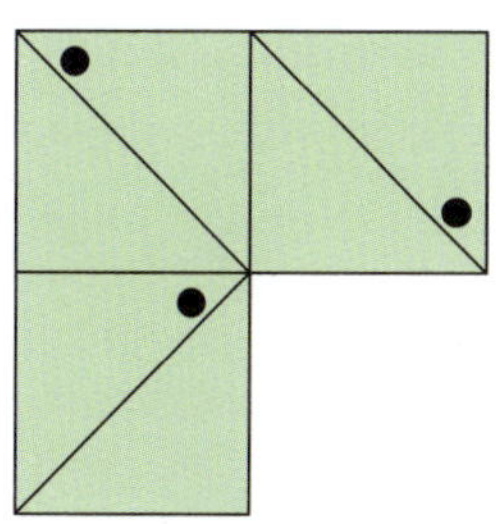

C

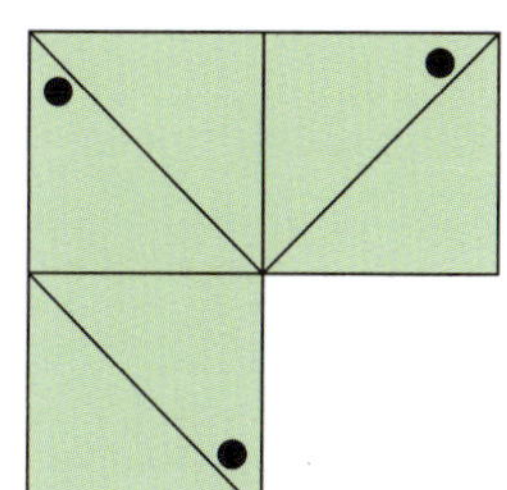

D

Schwer

54. Die Veranstalter haben beschlossen, das Siegerpodest nach einem logischen System aufzubauen. Welches Muster hat der Block, der das Fragezeichen ersetzen kann?

55. Ersetzen Sie das Fragezeichen und zeichnen Sie eine Figur in das Feld, die den bereits geltenden logischen Regeln entspricht.

Schwer

56. Was gehört hier nicht dazu?

A

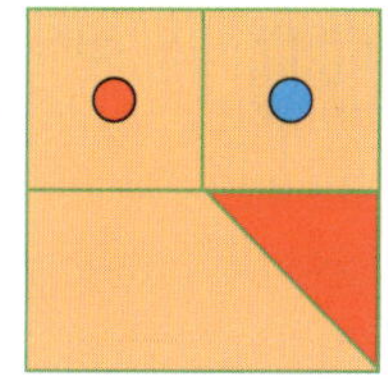

B

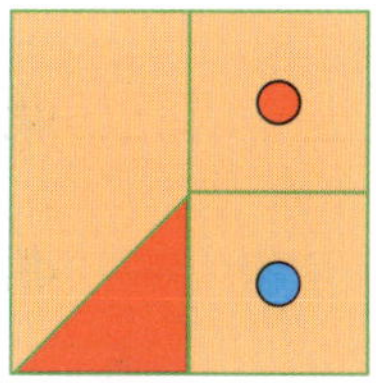

C

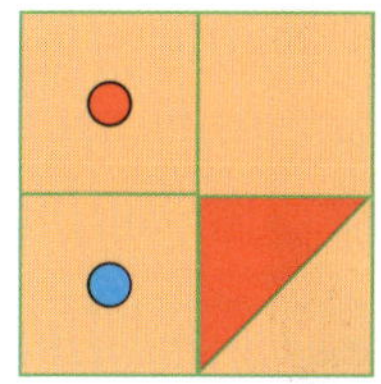

D

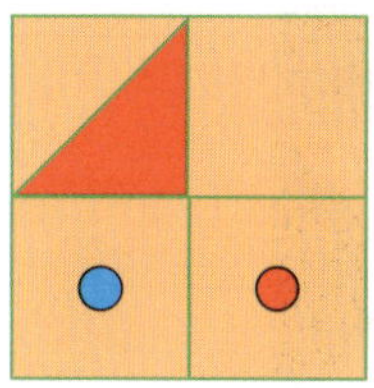

E

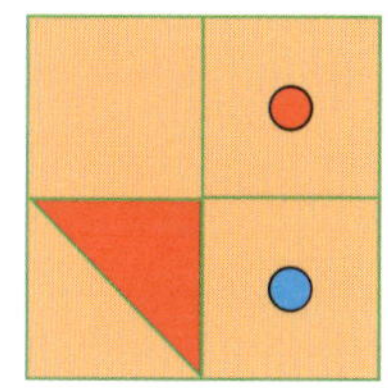

57.

verhält sich zu

wie

zu:

A

B

C

D

E

Schwer

58. Betrachten Sie diese drei Trominos:

Wählen Sie nun unter den folgenden einen aus, der zu den oberen passt.

A **B** **C** **D** **E**

Schwer

59. Was gehört hier nicht dazu?

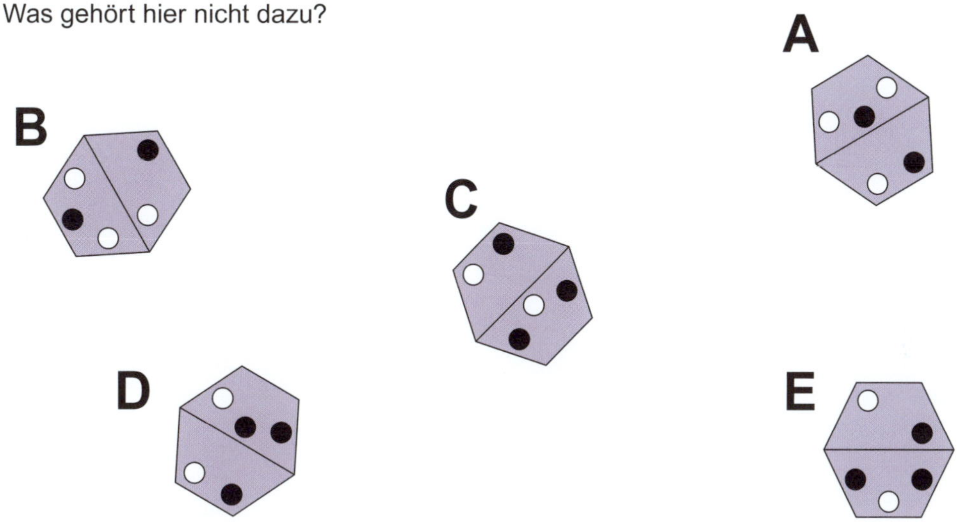

60. Ersetzen Sie das Fragezeichen und zeichnen Sie eine Figur in das Siebeneck, die den bereits geltenden logischen Regeln entspricht.

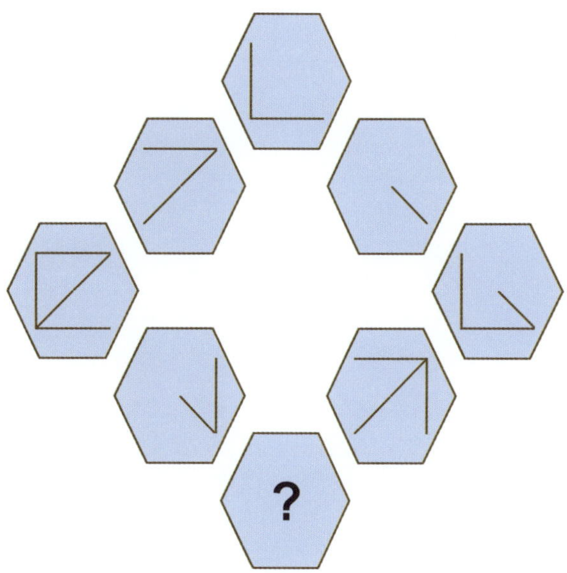

Schwer

61.

verhält sich zu

wie

zu

A **B** **C** **D** **E**

62. Zeichnen Sie den größten möglichen Kreis in das Quadrat ein, der weder einen anderen Kreis berührt noch über den Rand des Quadrats hinausgeht.

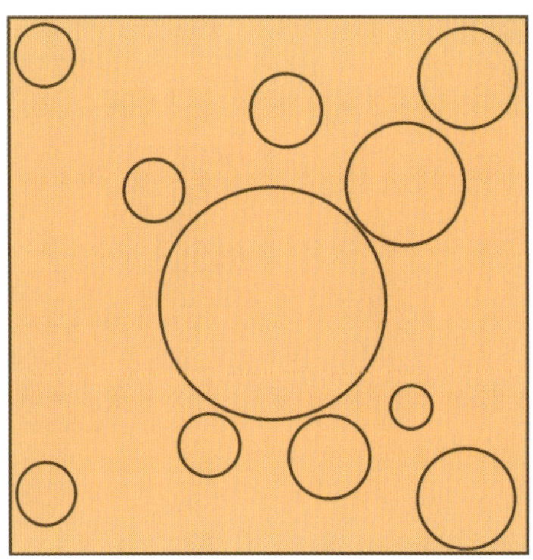

Schwer

63.

verhält sich zu

wie

zu:

A **B** **C** **D** **E**

64.

Was gehört hier nicht dazu?

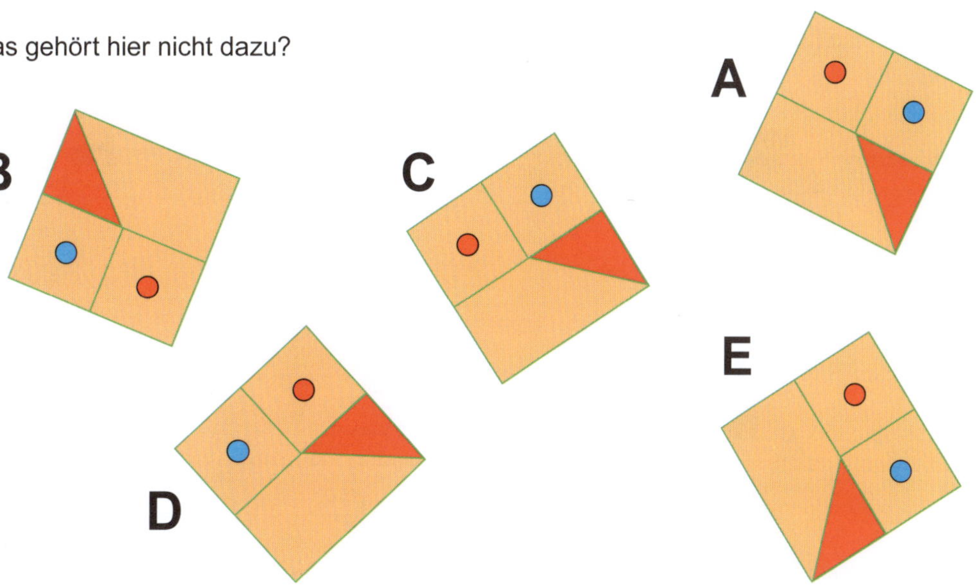

Schwer

65.

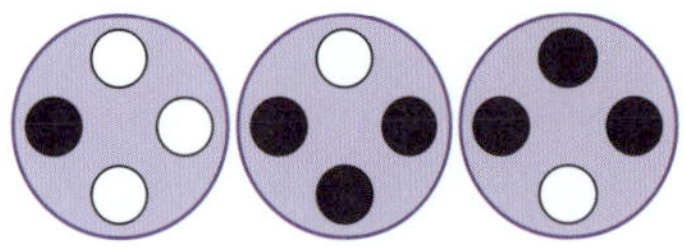

verhält sich zu

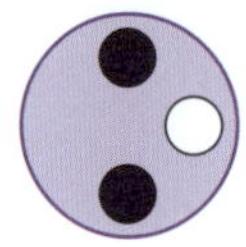

wie

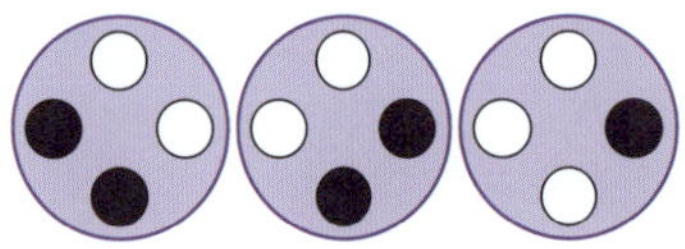

zu:

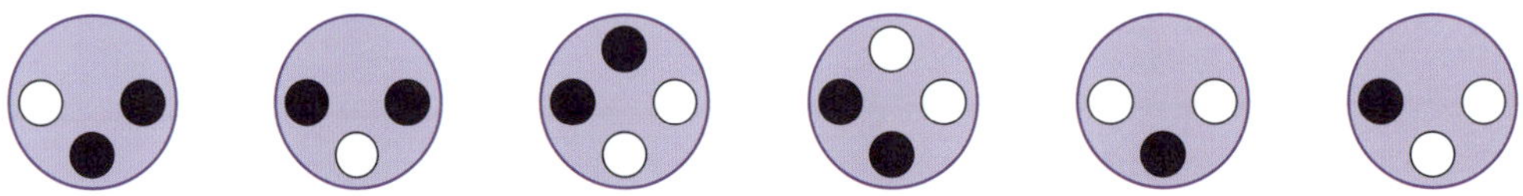

A **B** **C** **D** **E** **F**

66. Was gehört hier nicht dazu?

A

B

C

D

E

Schwer

67.

Dieses Muster wird zu einem Würfel gefaltet. Welche beiden Würfel lassen sich als einzige daraus falten?

A

B

C

D

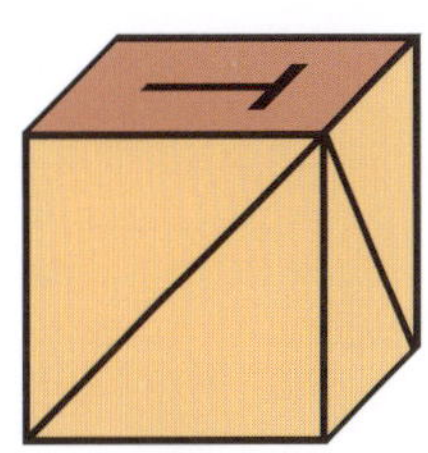

E

Schwer

68.

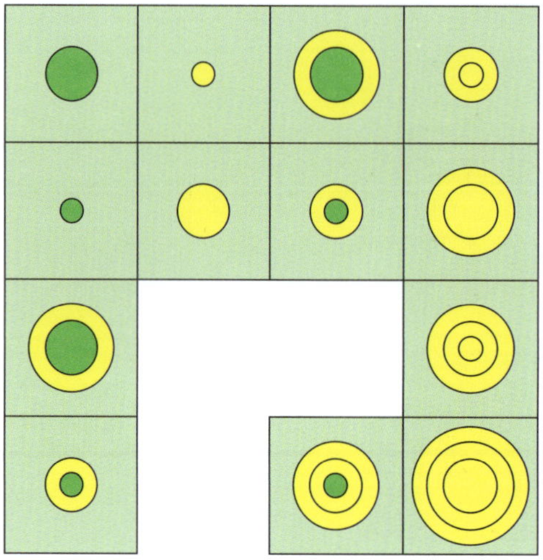

Welches Teilstück fehlt?

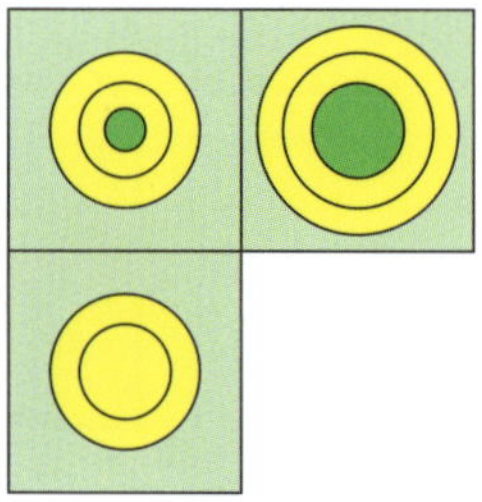

A

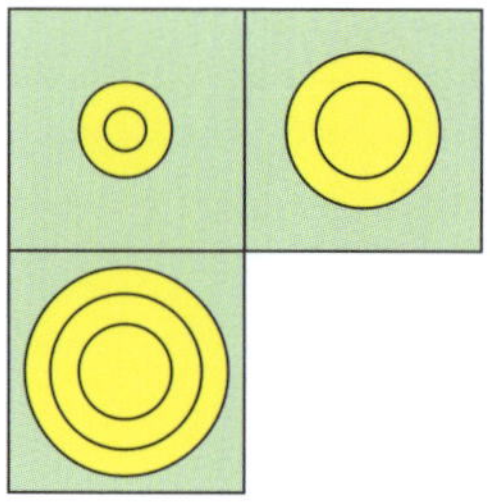

B

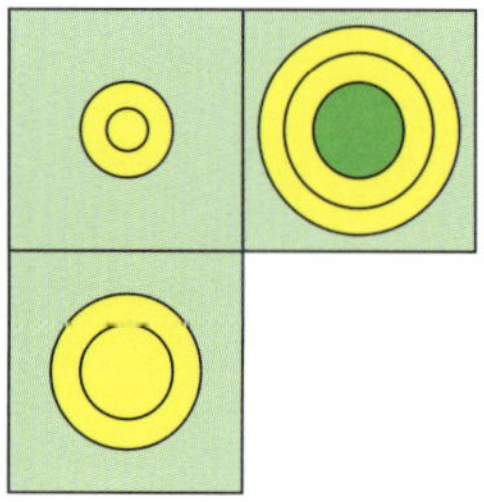

C

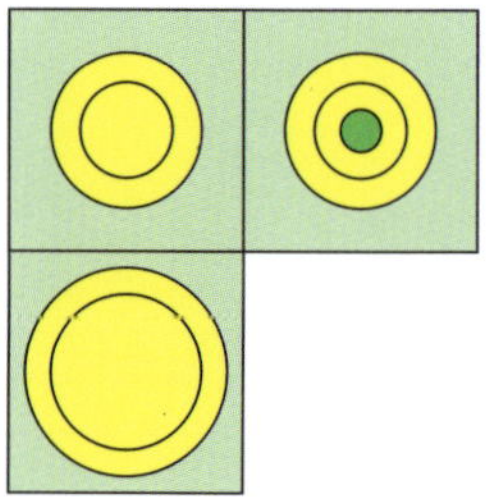

D

Schwer

69.

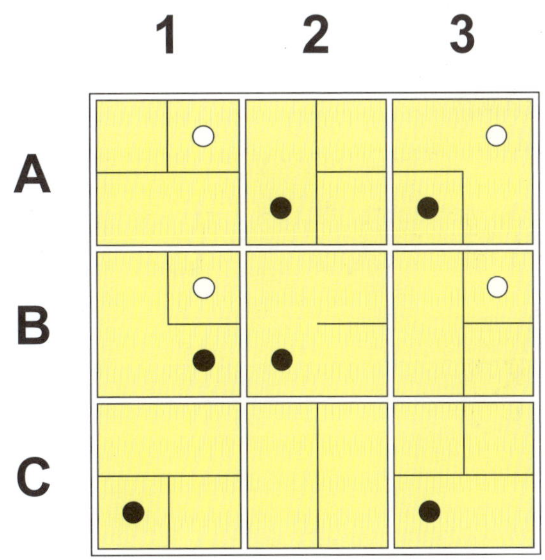

Betrachten Sie die Reihen und Spalten. Die Inhalte der ersten beiden Fliesen sollen zusammen den der dritten ergeben, wobei gleiche Linien und Kreise wegfallen. Welche der Fliesen ist dann nicht korrekt, und durch welche der Fliesen unten sollte sie ersetzt werden?

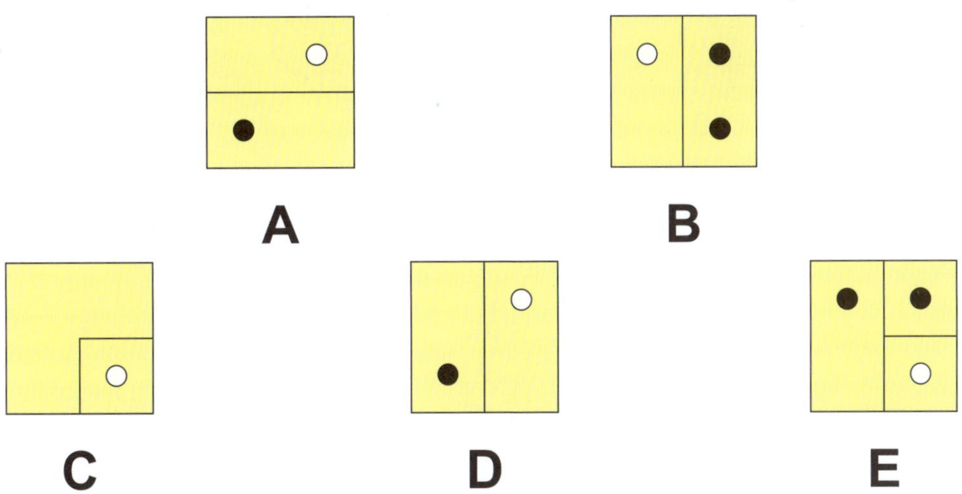

Schwer

70.

Dieses Muster wird zu einem Würfel gefaltet. Welcher der folgenden Würfel lässt sich als einziger daraus falten?

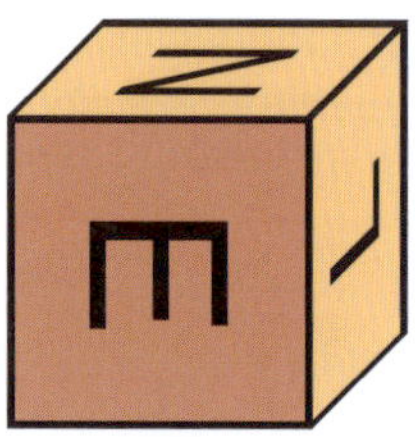

A

B

C

D

E

Schwer

71.

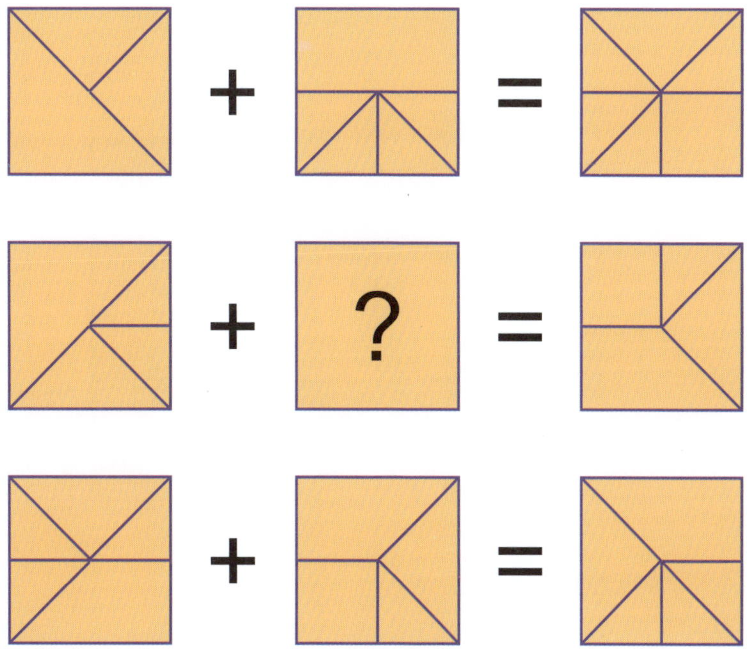

Welches Quadrat sollte das Fragezeichen ersetzen?

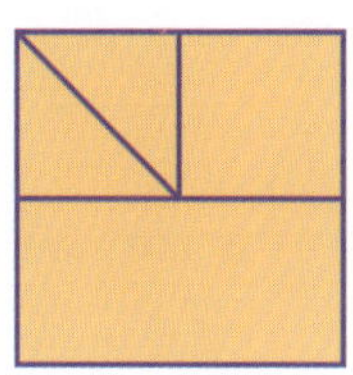

A

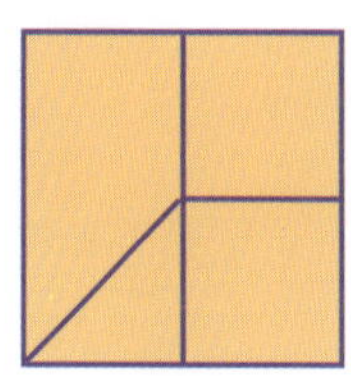

B

C

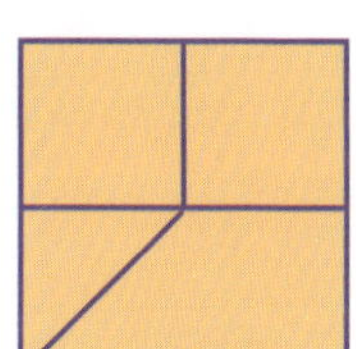

D

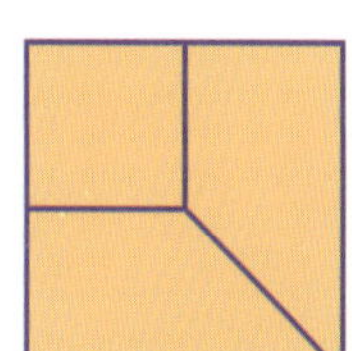

E

Schwer

72.

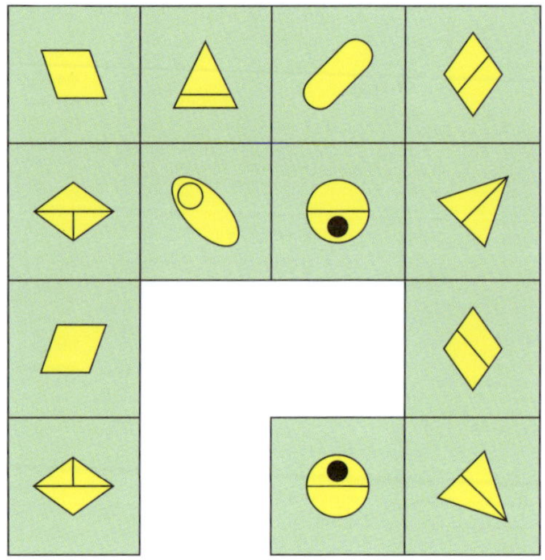

Welches Teilstück fehlt hier?

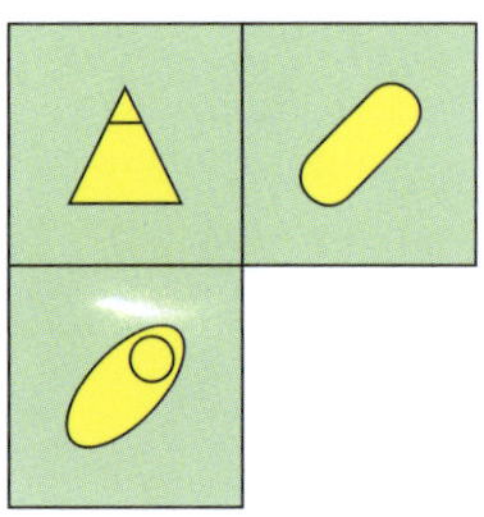

A

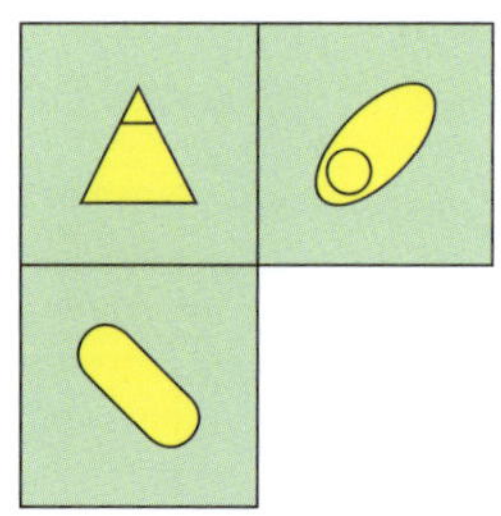

B

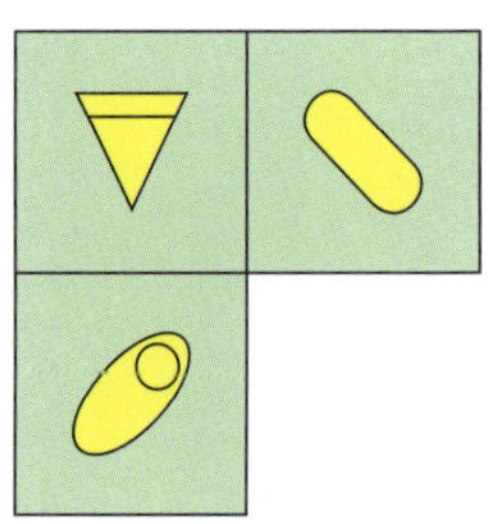

C

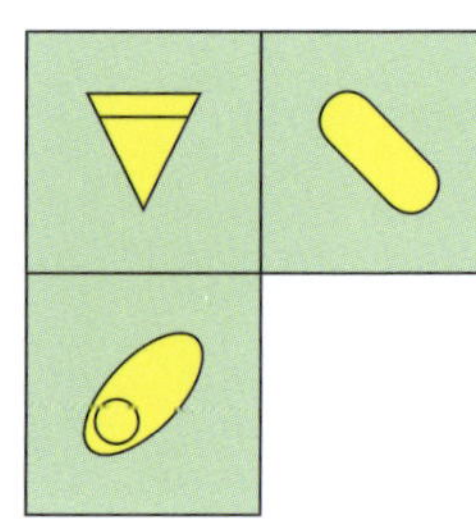

D

Schwer

73.

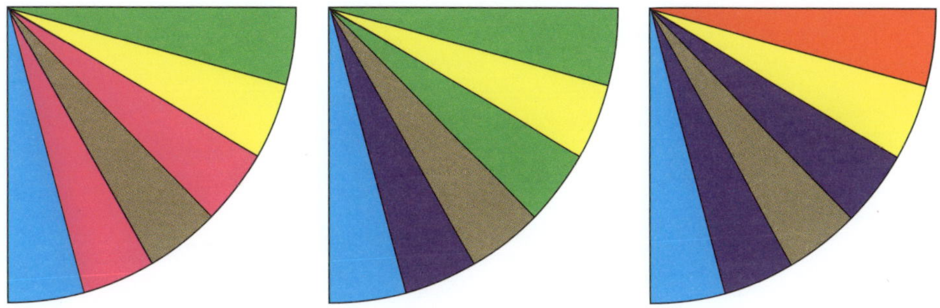

?

Was kommt als Nächstes in dieser Folge?

A

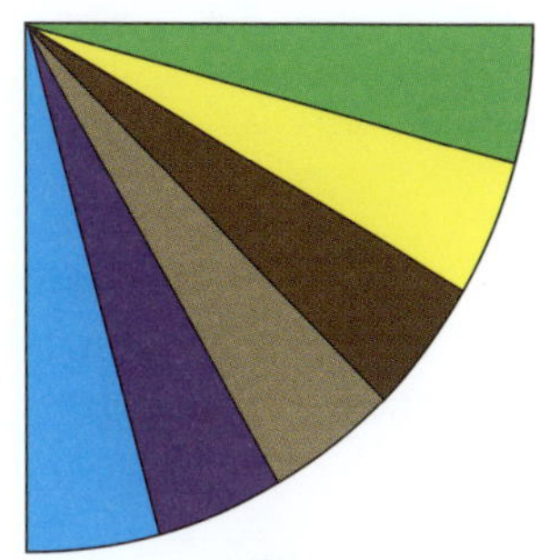

B

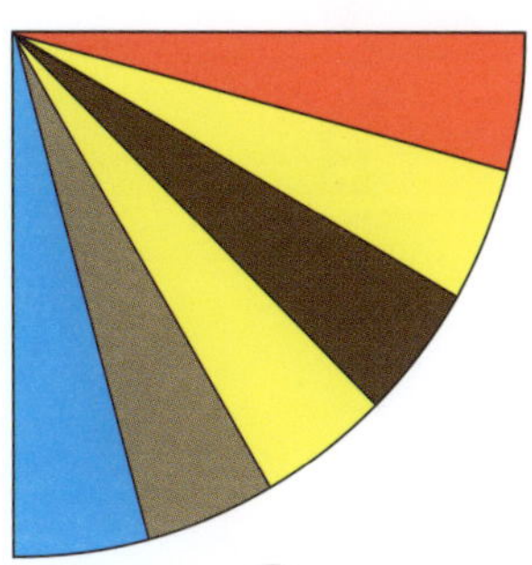

C

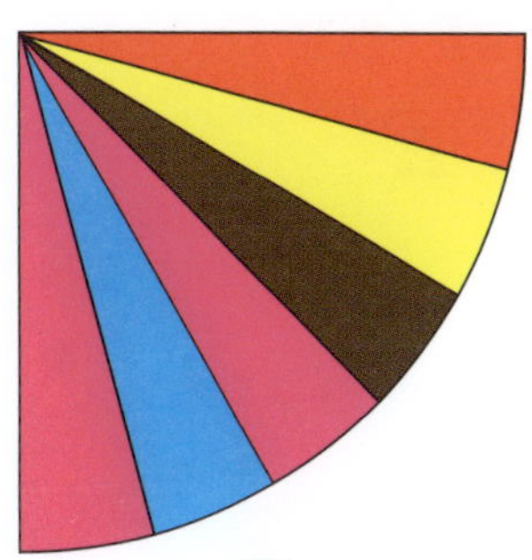

D

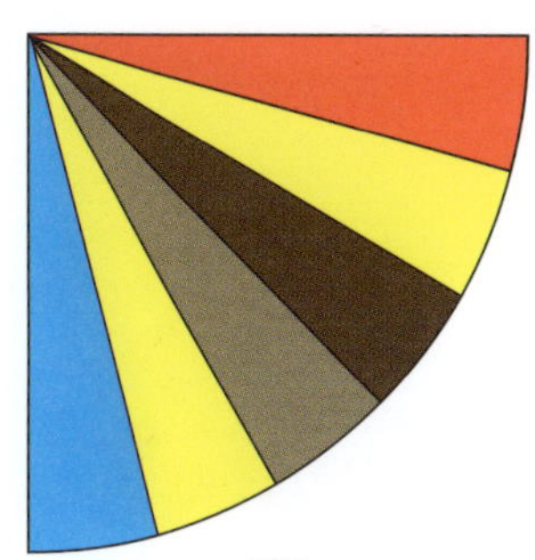

E

Schwer

74.

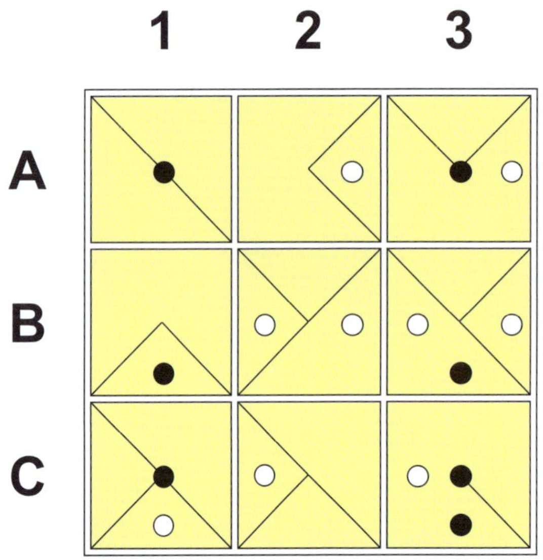

Betrachten Sie die Reihen und Spalten. Die Inhalte der ersten beiden Fliesen sollen zusammen den der dritten ergeben, wobei gleiche Linien und Kreise wegfallen. Welche der Fliesen ist dann nicht korrekt, und durch welche der Fliesen unten sollte sie ersetzt werden?

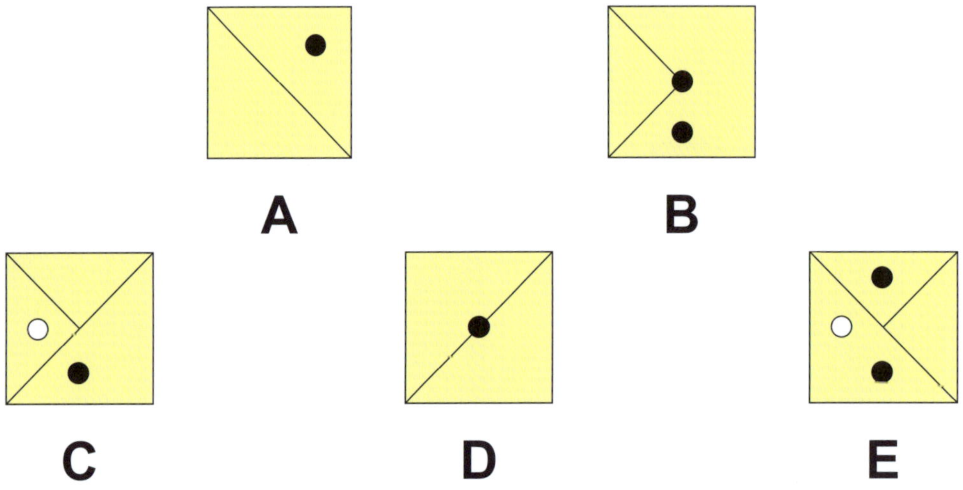

Schwer

75.

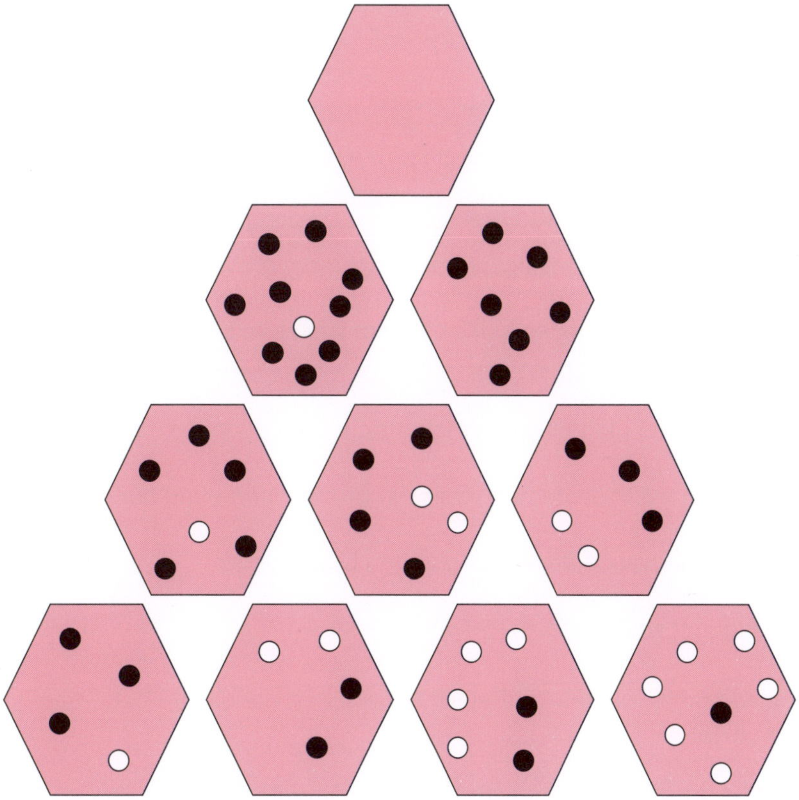

Welches Sechseck gehört an die Spitze der Pyramide?

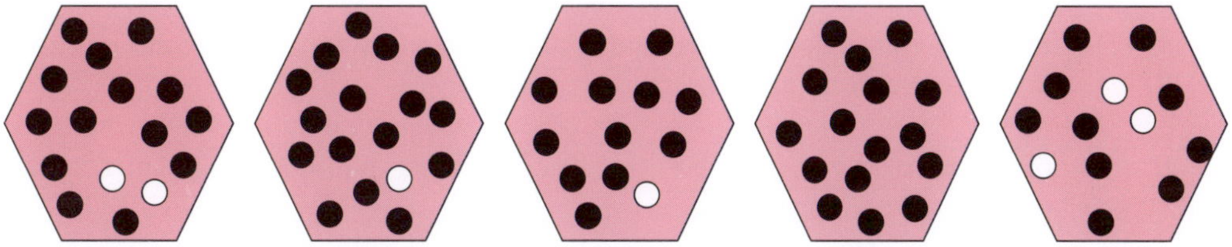

A B C D E

Lösungen – Einfach

1. B – Von oben nach unten wird abwechselnd links, dann rechts eine Linie zugefügt.
2. E – Die Anzahl der Seiten der Figur wächst jedes Mal um 1.
3. B – Im linken Set wechseln die Kreise ihre Farbe von oben nach unten von Orange zu Weiß und umgekehrt; also wechseln sie im Set rechts ihre Farbe von Blau zu Weiß und umgekehrt.
4. C – Auf jeder der Geraden liegen drei verschiedene Symbole.
5. D – Der Punkt wandert jedes Mal eine Ecke weiter im Uhrzeigersinn und wird abwechselnd blau, gelb und rot.
6. C – Die ersten drei Figuren wiederholen sich, aber doppelt so groß.
7. A – Im Uhrzeigersinn stehen die Kreise in Paaren inner- und außerhalb des großen Rings.
8. A – Die Figur dreht sich um 45° gegen den Uhrzeigersinn.
9. D – Die Figuren sind Spiegelbilder voneinander.
10. C – Von oben nach unten werden die weißen Kreise blau, und die blauen Kreise werden weiß mit einer senkrechten Linie.
11. B – Es sind drei rote und zwei grüne Linien; die übrigen haben drei grüne und zwei rote.
12. D – Der rechte Teil wird über den linken zurückgebogen.
13. D – In den gegenüberliegenden Segmenten sind die Linien um 90° gedreht. Demzufolge ist Option D dasselbe wie das Segment gegenüber.
14. A – Die unteren Figuren sind Spiegelbilder der oberen Figuren, die linken Figuren sind Spiegelbilder der rechten Figuren.
15. D – Es dreht sich nach innen gegen den Uhrzeigersinn, die anderen im Uhrzeigersinn.
16. A – Die Raute dreht sich jedes Mal um 45° im Uhrzeigersinn, die Linie verläuft abwechselnd quer und längs, der Punkt liegt abwechselnd innerhalb und außerhalb der Raute.

Lösungen – Anspruchsvoll

17. F – Drei Pfeilmuster wiederholen sich. Der Pfeil ist abwechselnd blau und schwarz und dreht sich jedes Mal um 45° im Uhrzeigersinn.

18. E – Unter den verbundenen Punkten liegt der schwarze in der Mitte, bei den anderen am Ende.

19. B – Der Punkt liegt im Quadrat und im Kreis, sonst liegt er im Kreis und im Dreieck.

20. D – Jedes Mal wandert das grüne Feld eine Ecke weiter gegen den Uhrzeigersinn und das gelbe eine Ecke weiter in Gegenrichtung.

21. D – Die übrigen sind die gleichen Figuren, aber gedreht.

22. C – Jedes Mal wandert der rote Punkt zwei Ecken weiter gegen den Uhrzeigersinn und der gelbe Kreis eine Ecke in Gegenrichtung.

23. B – Die Anzahl der Seiten nimmt bei der äußeren Figur um 1 zu, bei der inneren Figur nimmt sie um 1 ab.

24. F – Pro Reihe und Spalte gibt es ein auf der Spitze stehendes Dreieck, einen gelben Kreis und zwei braune Quadrate über und unterhalb eines Dreiecks.

25. A – Die übrigen Figuren sind gleich, aber gedreht.

26. E – Alle gelben Felder werden abwechselnd grün und umgekehrt.

27. E – Jedes Mal hat das äußere Sechseck im Uhrzeigersinn eine Linie mehr, das innere Sechseck gegen den Uhrzeigersinn eine weniger.

28. C – Alle grünen Felder wandern um ein Feld nach oben.

29. C.

30. D – Jedes Mal dreht sich der große Kreisbogen um 90° im Uhrzeigersinn, der mittlere um 90° gegen den Uhrzeigersinn und der innere um 180°.

31. C – Die übrigen Figuren sind gleich, nur gedreht, aber bei C sind die roten und blauen Sektoren vertauscht.

Lösungen – Anspruchsvoll

32. D – In der unteren Reihe gilt die gleiche, aber umgekehrte Reihenfolge wie oben.

33. B, C und D. 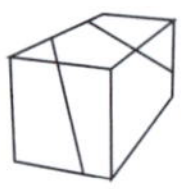

34. E – Die Säulen sind einen / zwei / drei Blöcke hoch, was sich wiederholt; der untere Block ist abwechselnd gelb und blau, der mittlere abwechselnd rot und grün, der obere abwechselnd grau und braun.

35. A – Um alle möglichen Paare aus den vier Kartenfarben Herz, Kreuz, Karo und Pik zu bilden.

36. D – Auf jeder Stufe bewegt sich der schwarze Punkt um 2 Stellen zurück und 1 vor, das schwarze Quadrat um 2 vor und 1 zurück, das grüne Quadrat bewegt sich um 1 Stelle vor und 1 zurück, das gelbe Quadrat um 1 Stelle zurück.

37. E – Von oben nach unten dreht sich jede Linie um 45° rechtsherum.

38. D – Die übrigen Figuren sind gleich, nur gedreht.

39. B – A und C sind gleich, so wie D und E.

40. D.

41. D – Jedes Mal dreht sich die Figur um 90° im Uhrzeigersinn, und der Punkt wandert einen Teil weiter.

42. C – Die Kreise werden zu Linien und umgekehrt.

43. C – Es enthält nur einen weißen Punkt, die anderen enthalten zwei.

44. C – Das untere Symbol wandert nach oben, die anderen beiden rotieren um 180° und wandern eine Stufe nach unten, zwei Punkte wandern in das untere Symbol und der andere in das mittlere.

45. A – Die Figur mit dem Punkt gleitet von links nach rechts, die andere rotiert um 45° im Uhrzeigersinn.

46. C – Die übrigen Figuren sind gleich, nur gedreht.

Lösungen – Schwer

47. B – Alle Formen behalten ihre Farbe. Die braunen rotieren um 180° und wandern nach unten, das Dreieck rotiert um 90° und wandert in das Quadrat, das an Größe zunimmt.

48. A – Betrachten Sie die vier äußeren Kreise. Nur wenn ein Punkt gleicher Farbe in vier der äußeren Kreise vorkommt, wird er in den inneren Kreis übertragen.

49. E – D ist das Gleiche wie A, und C ist das Gleiche wie B; beide Male sind lediglich Schwarz und Weiß vertauscht.

50. B – Die Symbole stehen innerhalb und außerhalb des Sechsecks, die orangefarbenen Kreise werden zu blauen Dreiecken und umgekehrt.

51. B – Die übrigen Figuren sind gleich, nur gedreht.

52. B – Die Linien und Symbole auf beiden Seiten der Diagonalen sind Spiegelbilder voneinander.

53. B – In jeder Zeile verlaufen die Linien in gleicher Richtung, aber der Punkt hat vier verschiedene Positionen.

54. Die Muster wechseln von unten links nach rechts und dann von oben rechts nach links nach dem Schema gelb-gestreift / schwarz / blau usw.

55. Waagerecht und senkrecht wird der Inhalt der dritten Fliese durch die Inhalte der ersten beiden Fliesen bestimmt. Die Linien aus diesen ersten beiden Fliesen werden in die dritte übertragen, doch zwei Linien in gleicher Position fallen in der dritten weg.

56. C – E ist die gleiche Figur wie D und B die Gleiche wie A, beide Male gedreht.

57. A – Das linke Gitter ist ein Spiegelbild des rechten.

58. D – Damit sind alle aus drei der vier verschiedenen Symbole möglichen Gruppen gebildet.

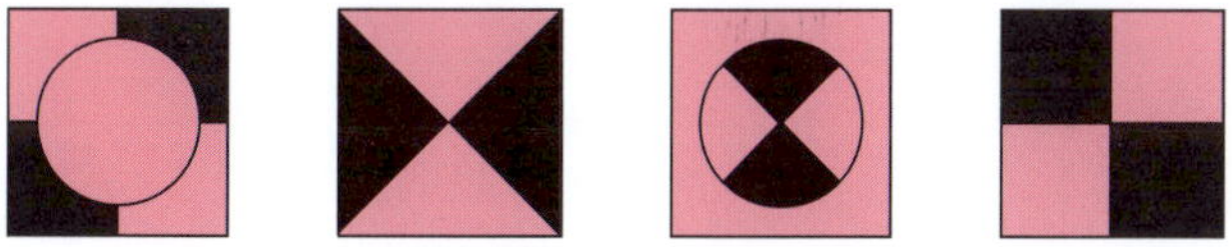

Lösungen – Schwer

59. D – C ist das Gleiche wie A, nur sind Schwarz und Weiß vertauscht; bei E und B sind Weiß und Schwarz vertauscht.

60. Jeweils drei Sechsecke liegen auf einer Linie (von oben nach links außen, von oben nach rechts außen, von links außen nach unten, von rechts außen nach unten). Jeweils ergeben die kombinierten Inhalte der ersten beiden den Inhalt des dritten Sechsecks.

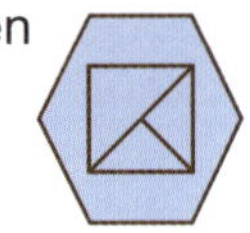

61. D – Blaue Felder wandern ein Feld nach links, rote Felder wandern ein Feld nach oben.

62.

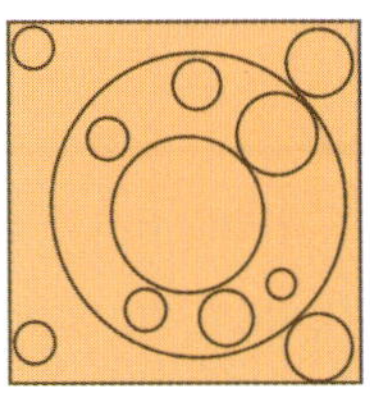

63. E – Vom linken zum rechten Quadrat rotieren alle Linien um 90°.

64. D – Die anderen Figuren sind gleich, nur gedreht.

65. F – Nur Punkte, die genau ein Mal in gleicher Position in den ersten drei Kreisen erscheinen, kommen in den vierten Kreis.

66. C – Die anderen Figuren sind gleich, nur gedreht; C enthält die gleichen Elemente, aber in Gegenrichtung gedreht.

67. B und D.

68. C – In jeder zweiten Fliese sind die Kreise gleich, aber ein äußerer kommt hinzu.

69. Fliese 1B passt nicht und sollte durch Fliese D ersetzt werden.

70. A.

71. D – Linien werden aus den ersten beiden Fliesen in die dritte übertragen, außer wenn zwei Linien in der gleichen Position erscheinen.

Lösungen – Schwer

72. D – Die dritte Fliesenreihe ist ein Spiegelbild der ersten, die vierte Reihe ist ein Spiegelbild der zweiten.

73. E – Erscheinen zwei Segmente gleicher Farbe in einem Viertelkreis, werden sie im nächsten Schritt durch zwei Segmente anderer Farbe ersetzt.

74. Fliese 1C passt nicht und sollte durch Fliese B ersetzt werden.

75. B – Bei jedem Sechseck wird der Inhalt durch die beiden Sechsecke unmittelbar darunter bestimmt. Die Anzahl der schwarzen Punkte wird addiert, die Anzahl der weißen Punkte ist die Differenz zwischen der Anzahl der weißen Punkte in den beiden Sechsecken unmittelbar darunter.

Wissenswertes über das Gehirn

Rätsel zu lösen ist einer der besten Wege, sein Gehirn aktiv zu erhalten. Worträtsel, beispielsweise Kreuzworträtsel, fördern den Aufbau und Erhalt des Wortschatzes und die Sprachbeherrschung; die Rechenfähigkeiten können durch Zahlenrätsel gefördert werden; wer Puzzles und dreidimensionale Rätsel löst, kann sich räumliche Beziehungen besser vorstellen.

Wissenswertes über das Gehirn

Je mehr Verbindungen zwischen den hundert Milliarden Neuronen des Gehirns bestehen, desto besser arbeitet es. Verbindungen entstehen auf zwei Arten: durch ererbte Wachstumsmuster und als Reaktion auf innere und äußere Reize. Ein großer Teil der Aktivität in einem gesunden und „benutzten" Gehirn kann das Wachstum neuer Verbindungen anregen und die Leistungsfähigkeit des Gehirns insgesamt steigern.

Tests

Dieser Teil besteht aus drei verschiedenen Test, für die Sie begrenzt Zeit haben.

Sie sollten sich streng an die vorgegebene Zeit halten, sonst ist Ihr Ergebnis ungültig.

Die drei Tests sind kulturneutral und beruhen ganz auf grafischen Darstellungen; sie sollen Ihre Fähigkeit zum räumlichen Denken und zur logischen Analyse testen.

Bevor Sie sich die Tests vornehmen, sehen Sie sich bitte die Beispiele gründlich an.

Test: Was gehört nicht dazu?

Dieser Test umfasst 20 Fragen, für deren Beantwortung Sie gleichermaßen lateral, kreativ und räumlich denken müssen. Die Fragen sind zunächst sehr leicht und werden zunehmend schwieriger.

Zur Beantwortung dieser 20 Fragen haben Sie 45 Minuten Zeit.

Wissenswertes über das Gehirn

Der Hirnstamm ist die Struktur zwischen dem Großhirn und dem Rückenmark. Er umfasst verschiedene Teile, darunter Thalamus, Hypothalamus, Mittelhirn (Mesencephalon), verlängertes Rückenmark (Medulla oblongata), Brücke (Pons), Limbisches Systems und Hirnnerven. Diese Bereiche steuern zahlreiche Lebensfunktionen. Der Hypothalamus etwa ist für die Regulierung der Körpertemperatur, den Schlaf, das emotionales Verhalten und sexuelle Aktivität zuständig; im verlängerten Rückenmark sitzen u.a. die Kontrollzentren für die Herzfunktionen und die Atmung.

Beispiel

Was gehört hier nicht dazu?

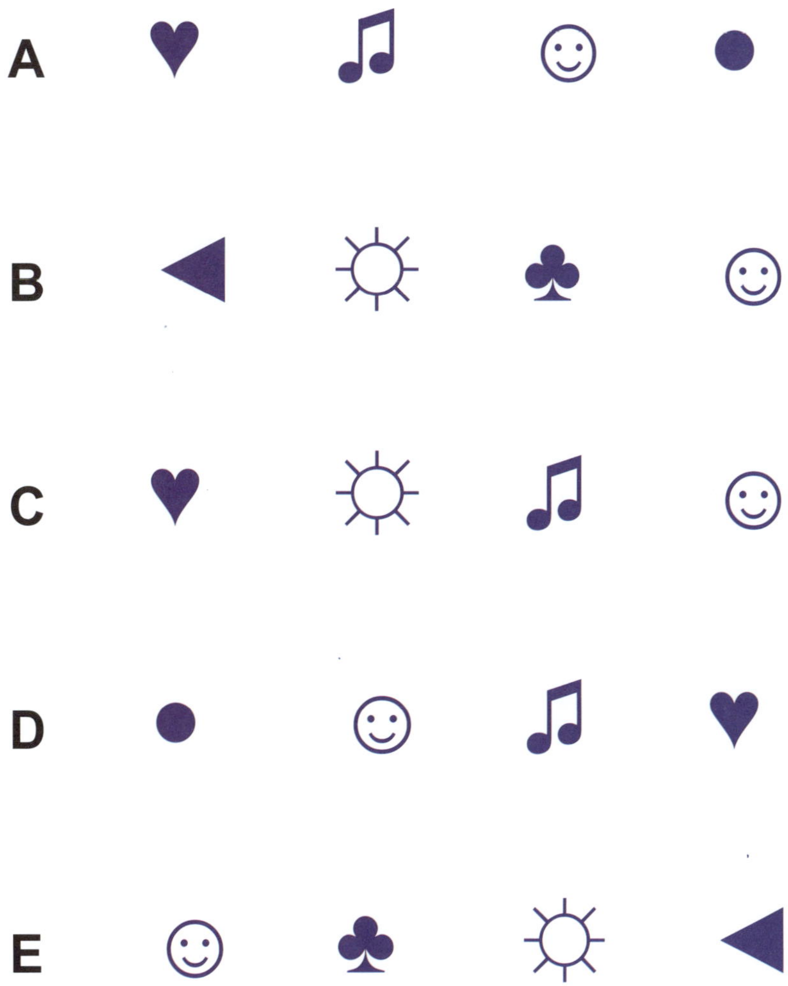

Antwort: C – A ist D in umgekehrter Reihenfolge; B ist E in umgekehrter Reihenfolge.

Einfach

1. Was gehört hier nicht dazu?

A

♪ ♪ ♫ ♪ ♪

B

♫ ♪ ♪ ♪ ♪

C

♪ ♪ ♫ ♪ ♪

D

♪ ♫ ♪ ♪ ♪

E

♪ ♫ ♪ ♫ ♪

2. Was gehört hier nicht dazu?

A

B

C

D

E

Einfach

3. Was gehört hier nicht dazu?

A

◀ ◀ ◀ ▼ ▲

B

▲ ▲ ▼ ▼ ▲

C

▼ ▼ ▲ ▼ ▲

D

▲ ▲ ▲ ▼ ▼

E

▼ ▲ ▲ ▼ ▼

4. Was gehört hier nicht dazu?

A

♠ ♣ ♣ ♦

B

♥ ♦ ♦ ♠

C

♦ ♣ ♠ ♥

D

♦ ♥ ♣ ♦

E

♠ ♣ ♦ ♠

Einfach

5. Was gehört hier nicht dazu?

A

B

C

D

E

Einfach

6. Was gehört hier nicht dazu?

A

B

C

D

E

7. Was gehört hier nicht dazu?

A

←↑→☺↓←

B

→☺↑↓→←

C

←↑↓→☺↓

D

↓←☺→↑↓

E

↑↓←→☺↑

Anspruchsvoll

8. Was gehört hier nicht dazu?

A

♠ ♣ ♣ ♦ ♥ ♥ ♠

B

♣ ♥ ♦ ♦ ♠ ♣ ♦ ♥ ♥

C

♦ ♣ ♠ ♥ ♣ ♦ ♠ ♣ ♥ ♦ ♠ ♠

D

♦ ♥ ♣ ♣ ♠ ♦

E

♦ ♥ ♠ ♣ ♦ ♦

Anspruchsvoll

9. Was gehört hier nicht dazu?

A

♣—●←■☺♠&#

B

←☺♠&#♣—●■

C

♠&#♣—●■←☺

D

■←☺♠&#♣—●

E

—●■←☺♠&#♣

10. Was gehört hier nicht dazu?

A

B

C

D

E

Anspruchsvoll

11. Was gehört hier nicht dazu?

A

☺☺—☺☺☺—☺☺☺☺

B

☺—☺☺—☺—☺☺

C

☺☺☺☺—☺☺☺—☺☺

D

☺☺—☺☺☺—☺☺—☺

E

☺☺—☺—☺☺—☺

Anspruchsvoll

12. Was gehört hier nicht dazu?

A

B

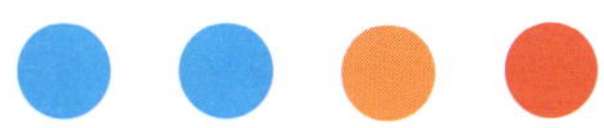

C

D

E

Anspruchsvoll

13. Was gehört hier nicht dazu?

A

B

C

D

E

Anspruchsvoll

14. Was gehört hier nicht dazu?

A

← ← ↑ ↑ → → ☺ ↓ ↓ ← →

B

← ← ↑ ↑ → ← ☺ ↓ ↓ → →

C

← ← ☺↑ ↑ → → ↓ ↓ ← →

D

← ← → ↑ ↑ → → ☺ ↓ ↓ ←

E

→ ← ↑ ↑ → → ☺ ↓ ↓ ← ←

Anspruchsvoll

15. Was gehört hier nicht dazu?

A

B

C

D

E

Schwer

16. Was gehört hier nicht dazu?

A

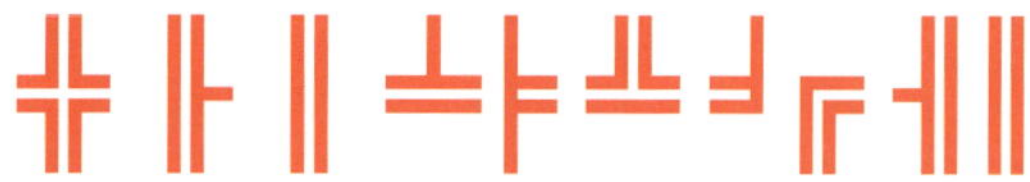

B

C

D

E

Schwer

17. Was gehört hier nicht dazu?

A

● ☺ ♠ ♥ ♪ ▲ ▬ ■ ▓ ♫

B

♥ ■ ♦ ▬ ∑ Ω ↔ £ ф $

C

$ ф £ ↔ Ω ∑ ▬ ♦ ■ ♥

D

☺ $ ▲ ▓ Ω ↔ ■ ♦ ▬ £

E

♫ ▓ ■ ▬ ▲ ♪ ♥ ♠ ☺ ●

Schwer

18. Was gehört hier nicht dazu?

A

B

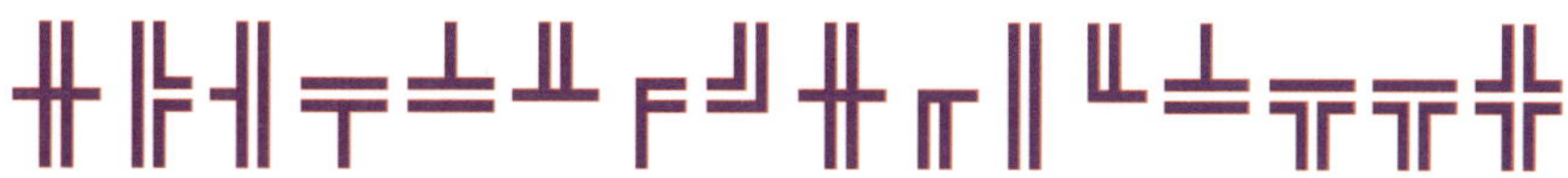

C

D

E

Schwer

19. Was gehört hier nicht dazu?

A

¢ ☼ ¥ — ♪ § © « ® µ ¶ ☺ ● £

B

£ ☺ ● — ¥ § © « ® µ ¶ ♪ ¤ ¢

C

♪ § © « ® µ ¶ ☺ ● — ¢ £ ¤ ¥

D

® µ ¶ ☺ ● — ¢ £ ¤ ♪ ¥ § © «

E

¤ ¥ « ® µ ¶ ☺ ● § © ¢ £ — ♪

Schwer

20. Was gehört hier nicht dazu?

A

☼ ♀ ﬂ ▲ ♫ ● # & ╢ ∏ Ω £

B

☼ ∏ Ω £ ▲ ♫ ● # & ♀ ﬂ ╢

C

● # £ ☼ ♀ ♫ & ╢ ∏ Ω ﬂ ▲

D

☼ £ ﬂ ▲ ♫ ● # & ╢ ∏ Ω £

E

£ ♀ ﬂ ▲ ♫ ● # ∏ ☼ Ω & ╢

Lösungen – Einfach

1. E – Es enthält zwei doppelte Noten, die übrigen nur eine.
2. B – Es enthält drei verschiedenfarbige Kreise, die übrigen enthalten ein Paar gleichfarbige Kreise.
3. A – Es enthält drei nach links weisende Dreiecke (◄), bei den übrigen weisen die Dreiecke nach oben und nach unten.
4. C – Es enthält zwei schwarze und zwei rote Karten, die übrigen entweder drei schwarze und eine rote oder drei rote und eine schwarze.
5. D – Die beiden Kreise links und rechts der Linie sind rot und blau, sonst sind sie blau und rot.
6. C – Sonst liegen die roten und grünen Quadrate direkt nebeneinander. Bei C liegt ein blaues Quadrat dazwischen.
7. D – Sonst steht unmittelbar vor dem Gesicht ein nach rechts weisender Pfeil (⟶☺).

Lösungen – Anspruchsvoll

8. B – Die Reihe enthält ein schwarzes Karo, sonst sind die Karos rot.
9. A – Sonst ist die Reihenfolge gleich, jedoch steht jeweils ein anderes Symbol am Anfang.
10. B – A und D sind identisch, ebenso C und E.
11. D – A ist C in ungekehrter Reihenfolge, B ist E in umgekehrter Reihenfolge.
12. C – Es enthält zwei Paar Kreise gleicher Farbe, die übrigen jeweils nur ein Paar.
13. E – Sonst ist die Reihenfolge gleich, jedoch steht jeweils ein anderes Symbol am Anfang.
14. C – Sonst steht das Gesicht unmittelbar vor den beiden nach unten weisenden Pfeilen (☺↓↓).
15. A – Über die Hälfte der Dreiecke sind rot, sonst ist das Verhältnis von Rot zu Schwarz 50/50.

Lösungen – Schwer

16. E – Sonst ist die Reihenfolge gleich, jedoch steht jeweils ein anderes Symbol am Anfang.

17. D – A ist B in umgekehrter Reihenfolge, und B ist C in umgekehrter Reihenfolge.

18. C – Sonst ist die Reihenfolge gleich, jedoch steht jeweils ein anderes Symbol am Anfang.

19. A – Die übrigen enthalten die gleichen 14 Symbole, Option A jedoch ein ☼ statt eines a.

20. D – Hier wiederholt sich ein Symbol (£), sonst sind es immer die gleichen 12 Symbole.

Leistungsbewertung

Geben Sie sich für jede richtige Antwort einen Punkt.

Punktzahl	Bewertung	Bevölkerungsanteil
19 / 20	genial	Top 5%
17 / 18	herausragend	Top 10%
15 / 16	Experte	Top 30%
13 /14	überdurchschnittlich	Top 40%
11 / 12	durchschnittlich	Top 60%
9 / 10	unterdurchschnittlich	untere 40%
7 / 8	grenzwertig	untere 30%
5 / 6	schwach	untere 10%
0 / 4	sehr schwach	untere 5%

Übertragen Sie nun das Ergebnis Ihres Tests in die Gesamtbeurteilung auf Seite 302.

Test: Symbolfolgen ergänzen

Dieser Test umfasst 10 Fragen, deren Beantwortung zunehmend schwieriger wird.

Bei jeder Frage sollen Sie aus einer Reihe von Vorschlägen das Symbol herausfinden, das eine Folge von Figuren nach einer Regel oder einem Muster fortsetzt.

Zur Beantwortung dieser 10 Fragen haben Sie 30 Minuten Zeit.

Wissenswertes über das Gehirn

Neben den etwa 100 Milliarden Neuronen enthält das Gehirn 10- bis 50-mal so viele Gliazellen. Diese kleinen Zellen machen etwas die Hälfte des Hirngewichts aus; sie sind gleichsam für die Hauswirtschaft des Gehirns zuständig. Sie versorgen die Neuronen mit Nährstoffen, bilden das stützende Gewebe für sie und entsorgen Abfälle.

Wissenswertes über das Gehirn

Das Kleinhirn (Cerebellum) liegt im hinteren Teil des Schädels unterhalb des Hinterhauptslappens des Großhirns; es besteht aus zwei Hälften mit dem Vermis, einer wurmartigen Struktur, dazwischen. Über drei Faserbündel ist das Kleinhirn mit den anderen Teilen des Gehirns verbunden. Es wirkt bei der Kontrolle der Körperbewegungen und bei der Aufrechterhaltung des Gleichgewichts mit. Es steuert nicht nur die einzelnen Bewegungen, sondern auch ihre Koordination zu geordneten Bewegungsabläufen.

Beispiel

☺ π ♫ ☺ π ♫ ☺ ?

Welches Zeichen sollte das Fragezeichen ersetzen?

A ♫

B π

C ☺

D π

E ♫

Antwort: D – Die Symbole erscheinen in der gleichen Reihenfolge ☺, π, ♫ und sind abwechselnd klein und groß.

Einfach

1.

Welches Zeichen sollte das Fragezeichen ersetzen?

A B C D

2.

Welches Zeichen sollte das Fragezeichen ersetzen?

A B C D

Einfach

3.

Welches Zeichen sollte das Fragezeichen ersetzen?

A **B** **C** **D**

4.

Welches Zeichen sollte das Fragezeichen ersetzen?

A **B** **C** **D**

Anspruchsvoll

5.

Welches Zeichen sollte das Fragezeichen ersetzen?

A **B** **C** **D**

6.

Welches Zeichen sollte das Fragezeichen ersetzen?

A **B** **C** **D**

Anspruchsvoll

7.

¶ £ ¥ § Ψ ₣ ¶ £ ¥ § Ψ ₣ ¶ £ ¥ § Ψ ₣ ¶ ?

Welches Zeichen sollte das Fragezeichen ersetzen?

£	¥	£	¥
A	**B**	**C**	**D**

8.

☼ ♀ ♂ ○ ● ☼ ♀ ♂ **?** ● ☼ ♀ ♂ ○ ● ☼

Welches Zeichen sollte das Fragezeichen ersetzen?

●	☼	♀	○
A	**B**	**C**	**D**

Schwer

9.

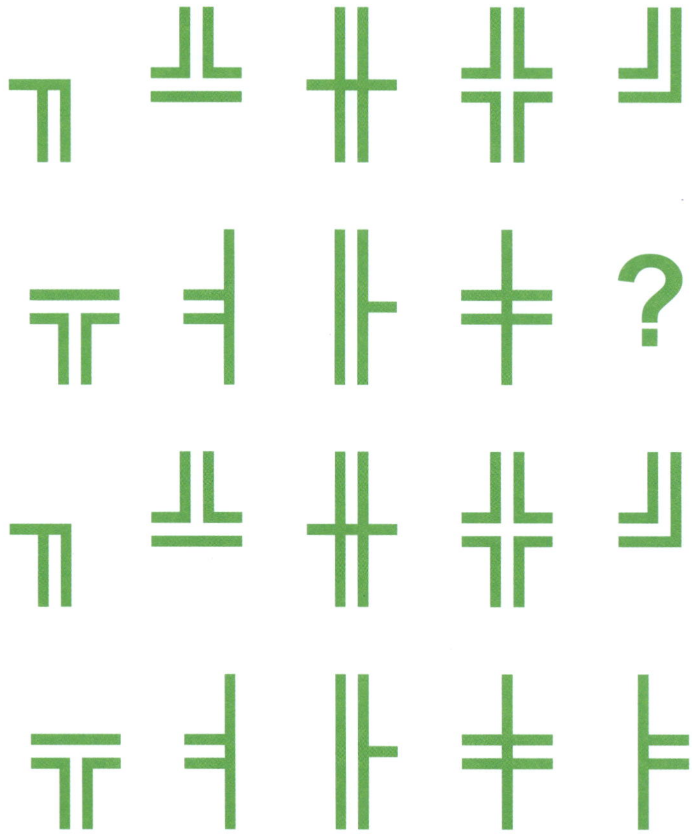

Welches Zeichen sollte das Fragezeichen ersetzen?

A **B** **C** **D**

Schwer

10.

Welches Zeichen sollte das Fragezeichen ersetzen?

A **B** **C** **D**

Lösungen – Einfach

1. B – Die Abfolge ist: ein Quadrat, schwarze Linie, zwei Quadrate, schwarze Linie usw. Das erste Quadrat nach jeder Linie ist rot.

2. C – Die Abfolge ist: rot, blau, blau, orange, rosa usw.

3. B – Die Abfolge ist: jede Note einmal, jede Note zweimal, jede Note dreimal. Jede zweite Note ist rot.

4. B – Die Abfolge ist: 1 x schwarz, 1 x blau; 2 x schwarz, 1 x blau; 3 x schwarz, 1 x blau usw.

Lösungen – Anspruchsvoll

5. D – Jedes dritte Quadrat ist groß und jedes vierte blau.

6. A – Die Abfolge ist: 1 x schwarz, 3 x rot, 1 x schwarz, 2 x rot, 1 x schwarz, 1 x rot usw. Jeder dritte Kreis ist groß.

7. A – Die Folge der Symbole ¶ £ ¥ § Ψ ₣ wird wiederholt. Jedes fünfte Symbol ist rot.

8. D – Die Folge der Symbole ☼ ♀ ♂ ○ ● wird wiederholt, jedes dritte Symbol ist groß.

Lösungen – Schwer

9. C – Reihe für Reihe von links nach rechts wird die Folge ╖ ╩ ╫ ╬ ╝ ╦ ╡ ╟ ╪ ╞ zweimal wiederholt.

10. A – Reihe für Reihe von links nach rechts wird die Folge ▌█ ▄ ▲ ◄ ▓ ▼ ■ dreimal wiederholt, jedes siebte Symbol ist rot.

Leistungsbewertung

Geben Sie sich für jede richtige Antwort einen Punkt.

Punktzahl	Bewertung	Bevölkerungsanteil
9 / 10	genial	Top 5%
8	herausragend	Top 10%
7	Experte	Top 30%
6	überdurchschnittlich	Top 40%
5	durchschnittlich	Top 60%
4	unterdurchschnittlich	untere 40%
3	grenzwertig	untere 30%
2	schwach	untere 10%
0 / 1	sehr schwach	untere 5%

Übertragen Sie nun das Ergebnis Ihres Tests in die Gesamtbeurteilung auf Seite 302.

Wissenswertes über das Gehirn

Durch die Arbeiten des amerikanischen Neurologen Roger Wolcott Sperry (1913–1994) aus den 1960er Jahren wissen wir, dass für die kreativen Leistungen des Menschen die rechte Hirnhälfte zuständig ist. Dieser Teil des Gehirns ist bei den meisten Menschen unterbeschäftigt, ganz anders als bei den Denkprozessen der linken Hirnhälfte, die für ordnendes, folgerichtiges Denken zuständig ist und in der rechnerische und sprachliche Fähigkeiten ihren Sitz haben.

Test: Symbolfolgen

Dieser Test umfasst 20 Fragen von wachsender Schwierigkeit. Jedes Mal geht es um eine Abfolge von Elementen, in der eines fehlt.

Sie sollen in einer Reihe von Vorschlägen jenes Element oder jene Elemente identifizieren, die in der Folge fehlen.

Zur Beantwortung dieser 20 Fragen haben Sie 60 Minuten Zeit.

Wissenswertes über das Gehirn

Entfernten wir ein Gehirn aus dem Schädel, hätten wir zwei nahezu identische Hälften vor uns.

Diese beiden Hirnhälften sind über eine Brücke aus Millionen von Nervenzellen verbunden, den Corpus callosum (Hirnbalken), über die sie miteinander kommunizieren.

Um mit voller Leistung zu arbeiten, muss jede Hirnhälfte in der Lage sein, zunächst die bei ihr selbst eingehenden Signale zu analysieren; mit der anderen Hälfte tauscht sie sich erst aus, wenn bereits eine umfangreiche „Datenverarbeitung“ erfolgt ist. Weil beide Hirnhälften unabhängig voneinander arbeiten können, können wir zwei Informationsströme gleichzeitig verarbeiten.

Das Gehirn vergleicht diese Informationen und bringt sie in Zusammenhang, wodurch wir einen Sachverhalt besser überblicken und tiefer verstehen.

Beispiel

♠ ♠ ♣ ♥ ♥ ♦ ♠ ♠ ♣ ♥ ♥ ♦ ♠ ♣ ♥ ♥ ♦

Welches Symbol fehlt hier?

A ♥

B ♠

C ♣

D ♠

E ♦

Antwort: B – Die Folge besteht aus sechs sich wiederholenden Symbolen:

♠ ♠ ♣ ♥ ♥ ♦

Das Symbol (Pik) sollte also zweimal vor den letzten vier Symbolen erscheinen und nicht nur einmal.

Einfach

1.

Welches Symbol fehlt hier?

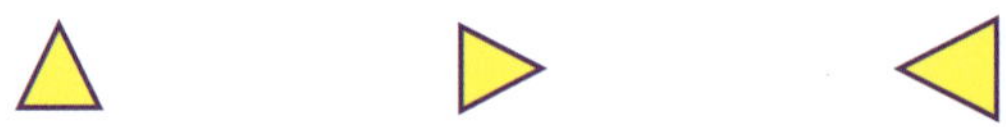

A **B** **C** **D**

2.

Welches Symbol fehlt hier?

A **B** **C** **D**

Einfach

3.

Welches Symbol fehlt hier?

A B C D

4.

& $ $ * # & $ $ * # & $ $ # & $ $ * #

Welches Symbol fehlt hier?

A	B	C	D	E
*	$	#	$	&

Einfach

5.

← ← → ↓ ↓ ↓ ← ← → ↑ ↓ ↓ ↓

Welches Symbol fehlt hier?

←	→	↓	↑
A	**B**	**C**	**D**

6.

« ▶ ▶ » « ▲ ▲ » ▶ ▶ » « ▲ ▲ »

Welches Symbol fehlt hier?

▶	▶	«	»	▲
A	**B**	**C**	**D**	**E**

Einfach

7.

Welches Symbol fehlt hier?

A **B** **C** **D**

Anspruchsvoll

8.

Welche zwei Symbole fehlen hier?

A **B** **C** **D** **E**

Anspruchsvoll

9.

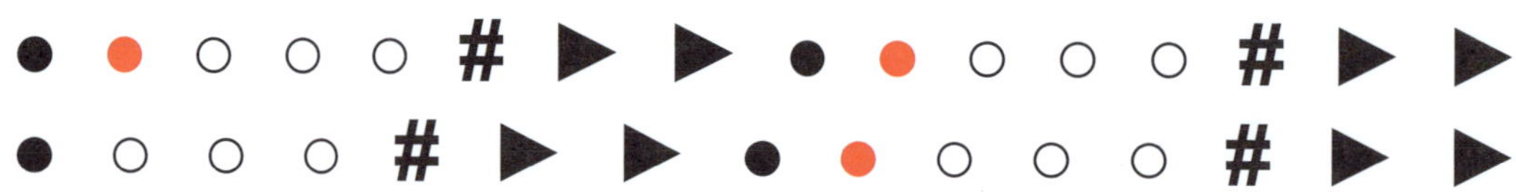

Welches Symbol fehlt hier?

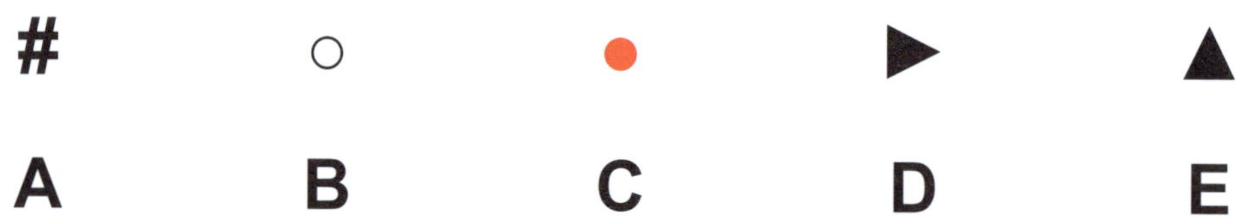

10.

→ $ ♫ ↓ ¶ § & → $ ♫ ↓ ¶ §
& → $ ¶ § & → $ ♫ ↓ ¶ § &

Welche zwei Symbole fehlen hier?

A	B	C	D	E
¶ §	& →	→ $	$ ♫	♫ ↓

Anspruchsvoll

11.

Welche zwei Symbole fehlen hier?

A **B** **C** **D** **E**

12.

Welches Symbol fehlt hier?

A **B** **C** **D**

Anspruchsvoll

13.

§ ♫ # ☺ ♀ ◀ ▬ ♫ § ♫
# ☺ ◀ ▬ ♫ § ♫ # ☺ ♀
◀ ▬ ♫ § ♫ # ☺ ♀ ◀ ▬ ♫

Welches Symbol fehlt hier?

A	B	C	D	E
♫	♀	#	♀	§

14.

¥ ☺ ∑ ▬ ╬ ♫ ▲ ¥ ☺ £ ≠ ∑ ▬ ╬ ♫ ▲ ¥
☺ £ ≠ ∑ ▬ ╬ ♫ ▲ ¥ ☺ £ ≠ ∑ ▬ ╬ ♫ ▲

Welche zwei Symbole fehlen hier?

A	B	C	D	E
≠ ∑	╬ ¥	☺ £	£ ≠	╬ ♫

Schwer

15.

∑♫§■◀♠£╬▲∑♫§■◀♠£╬▲∑♫§■◀♠£╬
▲∑♫§■£╬▲∑♫§■◀♠£╬▲∑♫§■◀♠£╬▲

Welche zwei Symbole fehlen hier?

A	B	C	D	E
♠£	§■	■╬	▲£	◀♠

16.

& $ + ¶ ¥ © ☺ Θ Ψ $ + ¶ ¥ © ☺ Θ Ψ ● ♥ & $
+ ¶ ¥ © ☺ Θ Ψ ● ♥ & $ + ¶ ¥ © ☺ Θ Ψ ● ♥

Welche drei Symbole fehlen hier?

A	B	C	D	E
© $ ☺	♥ ● &	Θ Ψ ●	© ☺ Θ	● ♥ &

Schwer

17.

Welche zwei Symbole fehlen hier?

A **B** **C** **D** **E**

Schwer

18.

Welche drei Symbole fehlen hier?

A B C D E

Schwer

19.

Welche zwei Symbole fehlen hier?

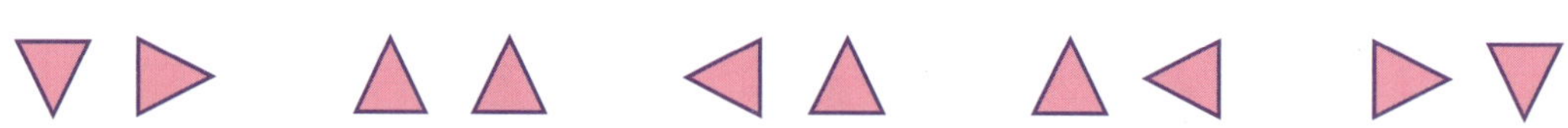

A **B** **C** **D** **E**

Schwer

20.

Welches Symbol fehlt hier?

A **B** **C** **D** **E**

Lösungen – Einfach

1. D.
2. A.
3. C.
4. A.
5. D.
6. C.
7. B.

Lösungen – Anspruchsvoll

8. C.
9. C.
10. E.
11. B.
12. A.
13. D.
14. D.

Lösungen – Schwer

15. E.
16. E.
17. B.
18. A.
19. C.
20. D.

Leistungsbewertung

Geben Sie sich für jede richtige Antwort einen Punkt.

Punktzahl	Bewertung	Bevölkerungsanteil
19 / 20	genial	Top 5%
17 / 18	herausragend	Top 10%
15 / 16	Experte	Top 30%
13 /14	überdurchschnittlich	Top 40%
11 / 12	durchschnittlich	Top 60%
9 / 10	unterdurchschnittlich	untere 40%
7 / 8	grenzwertig	untere 30%
5 / 6	schwach	untere 10%
0 / 4	sehr schwach	untere 5%

Übertragen Sie nun das Ergebnis Ihres Tests in die Gesamtbeurteilung auf Seite 302.

Wissenswertes über das Gehirn

Neuronen (Nervenzellen) sind die ältesten und längsten Zellen im Körper. Viele davon haben wir unser ganzes Leben lang. Andere Zellen werden regelmäßig erneuert, doch viele Neuronen werden nicht ersetzt, wenn sie absterben. Im Alter besitzen wir deshalb weniger Neuronen als in unserer Jugend. Möglicherweise können zumindest im Hippocampus auch bei Erwachsenen neue Neuronen entstehen.

Gedächtnis

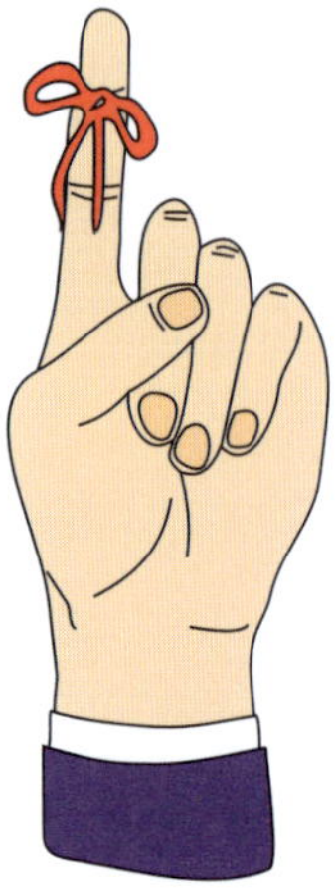

In jeder Minute unseres Lebens verlassen wir uns in gewissem Maße auf Erinnerungen. Durch sie sind wir imstande, zu gehen, etwas zu verstehen, uns zu entspannen, zu kommunizieren und Spaß zu haben. Was immer wir gerade tun, stets ist irgendein Erinnerungsprozess damit verbunden. Das Erinnerungsvermögen lässt sich grob unterteilen in das sensorische (unmittelbare) Gedächtnis, das Arbeits- (oder Kurzzeit-)Gedächtnis und das Langzeitgedächtnis.

Das sensorische oder unmittelbare Gedächtnis bezieht sich auf alles im Augenblick Wahrgenommene. Aus der Vielzahl der Sinnesreize filtert es die für uns interessanten heraus und leitet sie an das Kurzzeitgedächtnis weiter.

Das Arbeits- oder Kurzzeitgedächtnis ermöglicht uns, die auf uns einstürmenden Eindrücke zu sortieren, zu bewerten und das Erinnernswerte auszuwählen; der Rest wird gleich gelöscht. Durch diesen Teil des Gedächtnisses können wir kurzzeitig alles, was wir gerade wahrnehmen, in unsere Vorstellung zurückrufen. Wenn etwa jemand spricht, können wir einen Satz nur verstehen, wenn uns auch der Anfang noch präsent ist.

Weil das Arbeitsgedächtnis sehr schnell „vergisst“, hat es nur eine begrenzte Kapazität. Doch es gibt Wege, es zu verbessern. Eine dieser Techniken wird nach George A. Miller als „Chunking“ (Aufbrechen) bezeichnet. Beispielsweise kann man eine Telefonnummer leichter behalten, wenn man sie gliedert. So lässt sich der Umfang des Kurzzeitgedächtnisses steigern.

Ein Hindernis für das Kurzzeitgedächtnis, auf das wir alle schon oft gestoßen sind, sind Interferenzen (Überlagerungen): Wird der Gedankenstrom unterbrochen, stört dies die Fähigkeit, auch die Gedanken oder Wahrnehmungen des unmittelbar vorangegangenen Augenblicks festzuhalten. Man sollte deshalb Aufgaben, bei denen es auf das Kurzzeitgedächtnis ankommt, so schnell wie möglich und ohne Unterbrechung bearbeiten.

Im Langzeitgedächtnis „speichern“ wir Informationen über längere Zeit, etwa Telefonnummern, Urlaubspläne, Namen und Adressen und natürlich Erinnerungen an längst Vergangenes.

Aus dem Kurzzeitgedächtnis gelangen Informationen nach einigen Sekunden in das Langzeitgedächtnis, und hier bleiben sie stabil.

Über den Mechanismus des Gedächtnisses weiß man noch recht wenig, doch es gilt als sicher, dass es durch Gebrauch besser wird. Als sicher gilt auch, dass sich die Erinnerung an Vergangenes nicht verbessern lässt, wohl aber die an Gegenwärtiges und Zukünftiges: indem man sich Fakten und Sachverhalte beim Lernen immer wieder vergegenwärtigt, sie regelmäßig wiederholt und „überlernt“. Außerdem gibt es die sogenannte Mnemotechnik, bei der man das Gedächtnis unterstützt, indem man Fakten ordnet und mit Bildern verknüpft.

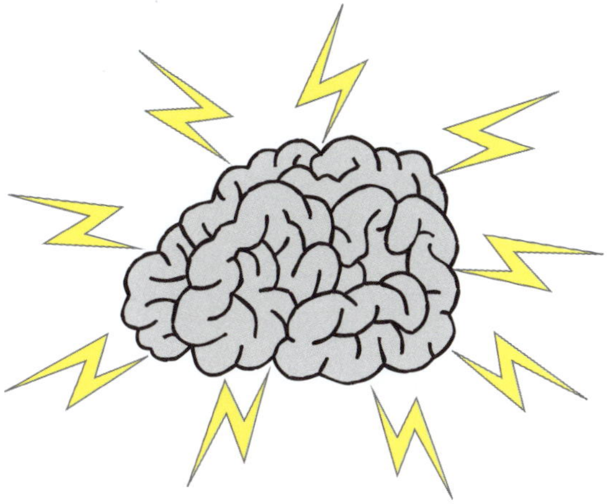

Wissenswertes über das Gehirn

Kommunikation findet im Gehirn in Form elektrischer Impulse statt, die auf Bahnen zwischen den verschiedenen Sektoren verlaufen. Diese Verbindungen werden von den Dendriten und den Axonen gebildet, baumartig verzweigten, fadenförmigen Fortsätzen der Neuronen, spezialisierter Zellen des Nervensystems. Durch Dendriten werden Impulse zu den Nervenzellen hin-, durch Axone von ihnen weggeleitet.

Einfach

1. Betrachten Sie das Bild 5 Sekunden lang, blättern Sie dann zu Seite 236.

2. Betrachten Sie die Figuren 30 Sekunden lang, warten Sie 5 Minuten und blättern Sie zu Seite 237.

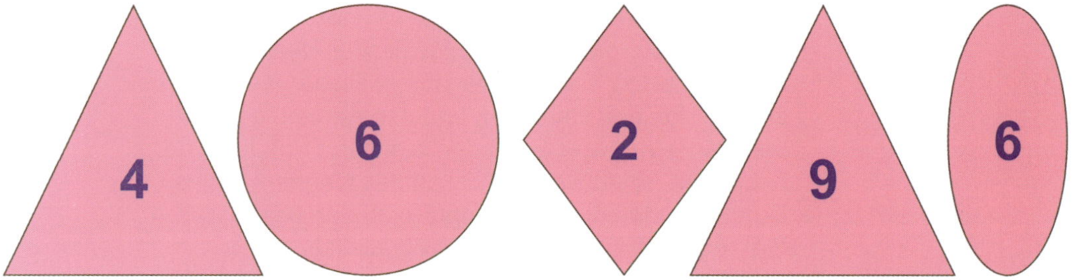

Einfach

3. Betrachten Sie das Bild 5 Sekunden lang, warten Sie 5 Minuten und blättern Sie zu Seite 237.

4.

Betrachten Sie die Reihe oben 15 Sekunden lang und blättern Sie sofort zu Seite 238.

Anspruchsvoll

5.

Betrachten Sie das Bild 1 Minute lang und blättern Sie dann sofort zu Seite 239.

6.

Hier testen Sie, wie gut Sie sich an Wortpaare erinnern und Assoziationen zu bilden.

KAMERA FLOSS	HASE UHR	HAND ELEFANT
KETTE MAUS	RAD HEUHAUFEN	TRAMPOLIN RIKSCHA
KIRCHE STRAND	HANDTUCH TAPETE	TELEFON SCHÄFERHUND
VASE YACHT	SCHORNSTEIN HOTEL	ZEITUNG FLUSS

Studieren Sie die 2 Wortpaare 10 Minuten lang, und finden Sie möglichst viele gedankliche Verbindungen zwischen den Wörtern eines Paars.

Schlagen Sie nun Seite 239 auf.

Anspruchsvoll

7.

Betrachten Sie das Bild 30 Sekunden lang, schlagen Sie dann sofort Seite 239 auf.

8.

Bitten Sie jemanden, die Ziffern Reihe für Reihe im gleichen Tempo vorzulesen. Wenn eine Reihe vorgelesen wurde, versuchen Sie, die die Ziffern in der richtigen Reihenfolge aus dem Gedächtnis zu wiederholen. Die Anzahl der Ziffern wächst mit jeder Reihe um eine, die Aufgabe wird also mit jeder weiteren Reihe schwieriger.

Wiederholen Sie den Test, sooft Sie wollen, mit beliebig gewählten Ziffern. Je mehr Sie üben, desto leichter werden Sie sich an die Ziffern erinnern.

3 8 1

4 9 8 6

7 2 9 4 6

9 2 7 6 9 1

3 7 5 0 2 4 8

0 4 7 1 8 4 7 2

8 5 7 3 0 1 8 6 4

6 9 3 0 4 4 7 2 8 5

7 1 8 9 5 7 0 4 6 2 7

Anspruchsvoll

9. Hier wird getestet, wie gut Sie sich an Personennamen erinnern und Assoziationen bilden.

JUTTA GEORG	HEDWIG JOHANNES	STEPHANIE HERBERT
CLEMENS RUDOLF	PETRA JOACHIM	HILDEGARD PETER
LAMBERT MATTHIAS	CAROLINE GERHARD	DOROTHEE JONAS

Studieren Sie die 9 Namenpaare 3 Minuten lang, und finden Sie möglichst viele gedankliche Verbindungen zwischen den beiden Namen eines Paars.

Schlagen Sie jetzt Seite 240 auf.

10. ♫ § ♦ ↓ ® ¤ & ▲ ♦

Betrachten Sie diese Symbole 2 Minuten lang, schlagen Sie dann sofort Seite 240 auf.

Schwer

11. ≠ ▼ ¶ § $ Ŋ Ω Ξ Д ∏ & ≈ ℓ β

Betrachten Sie Zeichenreihe 1 Minute lang, schlagen Sie dann sofort Seite 241 auf.

12. Prägen Sie sich die Richtungsangaben 5 Minuten ein, schlagen Sie dann sofort Seite 241 auf.

Gehen Sie bei 2 los

Gehen Sie von 2 nach 7

Gehen Sie nach rechts

Dann nach unten

Dann nach links

Dann nach oben

Gehen Sie dann nach 3

Dann nach links

Dann zurück nach 7

Schwer

13.

Prägen Sie sich die Ziffernreihen 5 Minuten lang ein, schlagen Sie dann sofort Seite 242 auf.

6 4 2 7 9 3 1

7 9 6 1 8 5 2

5 6 3 8 2 9 6

3 7 9 1 5 4 2

6 5 3 9 4 7 1

14.

Studieren Sie die Namen und Berufe 5 Minuten lang, schlagen Sie dann sofort Seite 242 auf.

Bernhard Kötter	Landwirt
Albert Müller	Koch
Harald Falk	Kraftfahrer
Thomas Bauer	Bäcker
Jan Hauser	Zimmermann
Karl Feldmann	Schneider
Erika Schön	Ornithologin

Schwer

15. Betrachten Sie das Gitter 5 Minuten lang. Prägen Sie sich die Zahlen und ihre Positionen ein, schlagen Sie dann sofort Seite 243 auf.

	3			5	6		8
2			1			3	6
			2				
2							9
9						5	
	7			5			1
5			3			0	
6			4				7

16. ♣ ♥ ♥ ♦ ♠ ♠ ♥ ♦ ♣

♥ ♦ ♠ ♠ ♣ ♦ ♥ ♠ ♣

♦ ♥ ♣ ♦ ♠ ♥ ♦ ♣ ♣ ♥ ♠ ♣ ♥

Betrachten Sie die Symbole 5 Minuten lang, schlagen Sie dann sofort Seite 243 auf.

Fragen

1. Welche dieser Formen haben Sie eben betrachtet?

Fragen

2. a. Welche geometrische Figur kommt zweimal vor?

b. Welche Zahl kommt zweimal vor?

3. Welches Muster haben Sie vor 5 Minuten betrachtet?

Fragen

4. Welche Reihe Pfeile haben Sie soeben betrachtet?

← ↑ ↔ ↑ →

↑ ↓ ↔ ← →

↔ ↕ ↑ → ←

→ ↓ ↔ ↕ →

→ ↑ ↔ ↓ ←

Fragen

5. Nennen Sie drei Punkte, in denen sich diese Figur vom Original unterscheidet.

6. Setzen Sie ein A vor ein Paar, ein B vor ein zweites Paar usw. bis zum Buchstaben L, bis Sie die 12 ursprünglichen Wortpaare gefunden zu haben glauben.

RIKSCHA	KIRCHE
HANDTUCH	FLUSS
KAMERA	KETTE
STRAND	SCHORNSTEIN
ZEITUNG	YACHT
VASE	HEUHAUFEN
MAUS	TRAMPOLIN
ELEFANT	UHR
FLOSS	RAD
HAND	HOTEL
TELEFON	SCHÄFERHUND
HASE	TAPETE

7.

a. Welche zwei farbigen Quadrate haben den Platz gewechselt?

b. Welche zwei Symbole haben den Platz gewechselt?

Fragen

9. Setzen Sie ein A vor ein Paar, ein B vor ein zweites Paar usw. bis zum Buchstaben I, bis Sie die 9 ursprünglichen Namenpaare gefunden zu haben glauben.

LAMBERT	HILDEGARD	PETER
JOHANNES	CAROLINE	MATTHIAS
PETRA	DOROTHEE	STEPHANIE
JONAS	JOACHIM	RUDOLF
GEORG	HERBERT	HEDWIG
GERHARD	CLEMENS	JUTTA

10.

a. Welches Symbol erscheint unmittelbar rechts vom Symbol ® ?

b. Welche drei Symbole folgen so wie unten aufeinander?

♫	♦	¤
←	©	§
&	♫	♦
♦	↓	®
©	↑	§

c. Welches Symbol erscheint zwischen dem & und dem ♦?

Fragen

11. ≠ ▼ ¶ § $ Ŋ Ω = Ξ ∏ Д & ≈ ℓ β

a. Welches Symbol ist hier neu hinzugekommen?

b. Welches Symbol hat die Farbe gewechselt?

c. Welche beiden Symbole haben den Platz gewechselt?

12. Welcher Wegbeschreibung sind Sie soeben gefolgt?

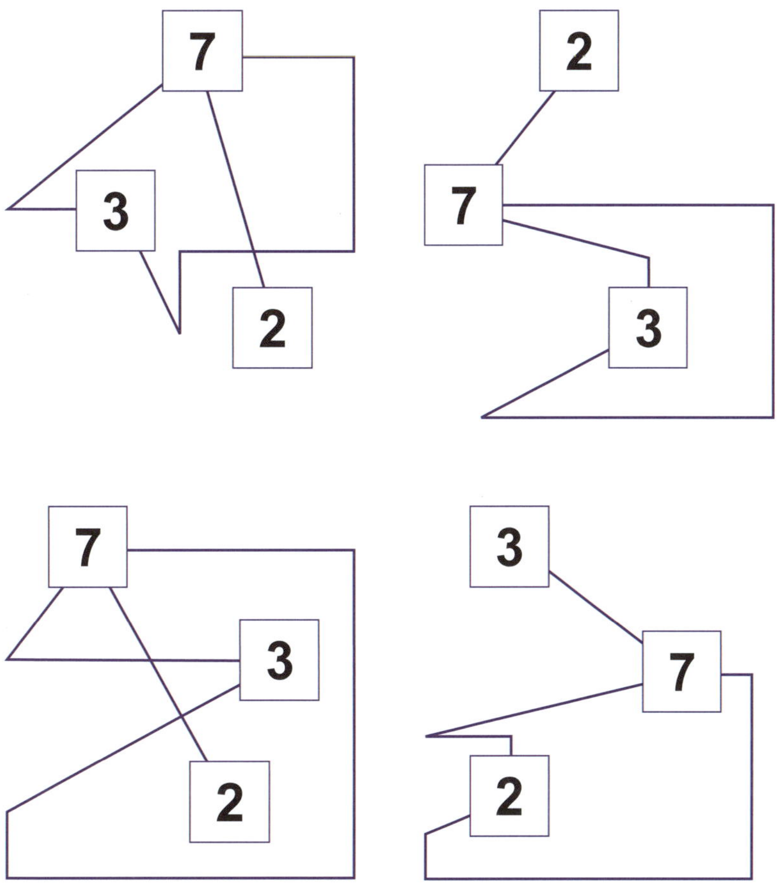

Fragen

13.

a. Notieren Sie die Ziffern der obere Reihe in der richtigen Folge.
b. Welche Ziffer kommt in sämtlichen Reihen vor?
c. Welche Zahl kommt als einzige zweimal in derselben Reihe vor?
d. Notieren Sie die mittlere Zahl in jeder Reihe von oben nach unten.

14.

Tragen Sie die Vornamen und die zugehörigen Berufe richtig in die Tabelle ein.

A. Koch, Chauffeur, Küche, Holz, Amsel, Feld, Schneider

B. Bäcker, Koch, Zimmermann, Ornithologe, Schneider, Landwirt, Kraftfahrer

	Vorname (A)	Beruf (B)
Bernhard		
Albert		
Harald		
Thomas		
Jan		
Karl		
Erika		

Fragen

15.

a. Welche Zahl erscheint als einzige in der dritten Reihe (waagerecht)?

b. Wie groß ist die Summe der Zahlen in den vier Ecken?

c. Wie viele Male kommt die Null vor?

d. Welche Zahl kommt am häufigsten vor?

e. Welche fünf Zahlen kommen in der Spalte ganz rechts vor?

f. Welche vier aufeinanderfolgenden Zahlen kommen in der vierten Spalte vor?

16.

a. Welche Kartenfarbe (Rot oder Schwarz) folgt in der zweiten Reihe auf die beiden Pik?

b. Welche Folge von drei Symbolen erscheint in der dritten Reihe?

♣ ♦ ♥

♥ ♦ ♣

♠ ♠ ♦

♥ ♣ ♠

c. Welches Kartensymbol kommt in der ersten Reihe dreimal vor?

d. Welches Symbol erscheint in zwei der Reihen ganz rechts?

e. Welches Symbol kommt in der dritten Reihe nur zweimal vor?

Tests

Teil 2 besteht aus fünf verschiedenen Gedächtnistests, die in einer bestimmten Zeit zu bewältigen sind. Insgesamt 50 Punkte sind zu erzielen.

Bei allen Tests sollten Sie den jeweiligen Anweisungen genau folgen. Prägen Sie sich die Einzelheiten innerhalb der festgelegten Zeit ein, blättern Sie dann zu der angegebenen Seite und beantworten Sie die dort gestellten Fragen.

Zusätzlich zu den Gedächtnisrätseln und -tests in diesem Teil gibt es etliche andere Dinge, die Sie zur Verbesserung Ihres Gedächtnisses tun können. Beispielsweise sollten Sie sich ausreichend Schlaf und Ruhe gönnen. Alkoholkonsum ist eine der Hauptursachen für Gedächtnisverlust, weil Alkohol besonders das Kurzzeitgedächtnis stört, was das Festhalten neuer Informationen beeinträchtigt.

Wichtig ist, das Gedächtnis immer wieder anzuregen, indem man es in vollem Umfang benutzt, z.B. indem man unterschiedliche Herausforderungen annimmt und Neues lernt. Dies bereichert nicht nur unser Leben, sondern vermag vielleicht auch unsere Gehirnbahnen zu stärken und zum Wachstum anzuregen.

Wissenswertes über das Gehirn

Der für das Hören zuständige Bereich des Großhirns liegt im oberen Teil des Temporal- oder Schläfenlappens, dieser enthält auch das für das Sprachverständnis wichtige Wernicke-Zentrum, mit dem wiederum das Broca-Areal in Verbindung steht, von wo u.a. die Lautbildung gesteuert wird. Im vorderen Bereich des Gehirn befindet sich der olfaktorische Kortex, wo Gerüche wahrgenommen und verarbeitet werden. Der Okzipital- oder Hinterhauptslappen enthält das primäre und das sekundäre Sehzentrum, in Letzterem werden die soeben wahrgenommenen Muster mit bereits bekannten abgeglichen und damit erkannt.

Test: Gedächtnis

1. Betrachten Sie die Abbildung 5 Minuten lang, schlagen Sie dann sofort Seite 247 auf.

2.

MIKROSKOP
MALPINSEL

AFFE
BUNGALOW

PUDEL
BUTTER

KOMPASS
SCHNEE

GEWÄCHSHAUS
THERMOMETER

APFEL
BALL

BRIEFBESCHWERER
TÜR

KÄSE
PYRAMIDE

PFERD
KUCHEN

DRUCKER
SCHERE

Hier wird getestet, wie gut Sie sich Wortpaare merken und Assoziationen bilden.

Prägen Sie sich diese 10 Wortpaare 8 Minuten lang ein und finden Sie möglichst viele gedankliche Verbindungen zwischen den beiden Wörtern eines Paars.

Schlagen Sie nun Seite 247 auf.

Test: Gedächtnis

3. Prägen Sie sich diese Adresse 10 Minuten lang ein, schlagen Sie dann sofort Seite 248 auf.

Einschreiben

Georg Meyer GmbH & Co. KG

Kundenservice

Abteilung Reklamationen

Herrn Dr. Jens Müller

Industriegebiet

Heidestraße 74–76

63512 Keinestadt

4. Betrachten Sie die Abbildung 5 Minuten lang, schlagen Sie dann sofort Seite 248 auf.

5. Prägen Sie sich diesen Einkaufszettel 5 Minuten lang ein, schlagen Sie dann sofort Seite 248 auf. Versuchen Sie, sich jede Einzelheit zu merken.

Eine Packung (12) tiefgefrorene Fischstäbchen

Ein Dutzend Eier

Schachtel Cornflakes

Ein 1500-g-Beutel Möhren

Eine Dose Kaffee

Eine Tube Löwensenf

Ein Päckchen Vollkornkekse

Ein Laib Vollkornbrot

Bergkäse

Butter

Fragen

1.

a. Wie viele gelbe Felder enthält das Gitter?

b. Auf welches Symbol zeigt der Pfeil?

c. Welcher Buchstabe steht direkt unter dem roten Feld?

d. Welches Symbol steht im Feld oben rechts?

e. Welches Symbol steht im Feld unten links?

f. Der Buchstabe m steht unmittelbar rechts von welchem farbigen Feld?

g. Welches Symbol steht direkt unter dem Pfeil?

h. Wie viele rote Punkte gibt es im Gitter?

i. Welcher Buchstabe steht unmittelbar unter dem blauen Punkt?

j. Welche waagerechte Reihe des Gitters enthält als einzige kein farbiges Feld?

Betrachten Sie nun das Original, und geben Sie sich für jede richtige Antwort 1 Punkt.

2.

Setzen Sie ein A vor ein Paar, ein B vor ein zweites Paar usw. bis zum Buchstaben J, bis Sie die 10 ursprünglichen Wortpaare gefunden zu haben glauben. Geben Sie sich für jede richtige Antwort einen Punkt.

THERMOMETER	MALPINSEL	KUCHEN	MIKROSKOP
TÜR	KÄSE	SCHNEE	AFFE
PFÜTZE	BUTTER	BALL	GEWÄCHSHAUS
SCHERE	APFEL	DRUCKER	PFERD
PYRAMIDE	BUNGALOW	KOMPASS	BRIEFBESCHWERER

Fragen

3.

Vervollständigen Sie die Adresse.
Geben Sie sich für jede richtige Antwort einen Punkt.

_ _ _ _ _ _ _ _ _ _ _ _ _

Georg _ _ _ _ _ GmbH & Co. KG

Kunden_ _ _ _ _ _ _ _

_ _ _ _ _ _ _ _ _ _ Reklamationen

Herrn Dr. _ _ _ _ _ _ _ _ _ _

Industrie_ _ _ _ _ _ _

_ _ _ _ _ _ _ _ _ _ _ _ 74-76

_ _ _ _ 2 _ _ _ _ _ stadt

4.

a. Welches Symbol steht in der linken oberen Ecke?

b. Welches Wort wird (von oben nach unten) durch die Buchstaben in der Spalte ganz rechts gebildet?

c. Wie viele blaue Kreise kommen vor?

d. Welches Rechenzeichen steht unmittelbar unter dem grünen Kreis?

e. Welche vier Buchstaben erscheinen als Großbuchstaben?

f. Welche Farbe hat das linke untere Feld?

g. Welche beiden Buchstaben sind in der zweiten Reihe ineinander verschränkt?

h. Welches Symbol steht direkt unter dem Buchstaben X?

i. Welches Symbol steht direkt unter dem Pfeil?

j. Wie viele grüne Felder gibt es?

Blättern Sie nun zum Original zurück, und geben Sie sich für jede richtige Antwort einen Punkt.

5.

Notieren Sie die zehn Posten des Einkaufszettels. Nicht die Reihenfolge, sondern die Einzelheiten sind wichtig.

Geben Sie sich für jede *vollständig* richtige Antwort einen Punkt.

Leistungsbewertung

Insgesamt sind in den fünf Tests 50 Punkte zu erzielen:

Punktzahl	Bewertung	Bevölkerungsanteil
40 / 50	genial	Top 5%
35 / 39	herausragend	Top 10%
30 / 34	Experte	Top 30%
26 / 29	überdurchschnittlich	Top 40%
22 / 25	durchschnittlich	Top 60%
18 / 21	unterdurchschnittlich	untere 40%
14 / 17	grenzwertig	untere 30%
9 / 13	schwach	untere 10%
0 / 8	sehr schwach	untere 5%

Übertragen Sie nun das Ergebnis Ihres Tests in die Gesamtbeurteilung auf Seite 302.

Wissenswertes über das Gehirn

Der Temporal- oder Schläfenlappen ist einer der vier Lappen des Großhirns (neben dem Scheitel-, dem Stirn- und dem Hinterhauptslappen) und liegt unter dem Schläfenbein oberhalb der Ohren. Er gilt als besonders wichtig für das Langzeitgedächtnis. In diesem Bereich liegen auch miteinander verbundene Strukturen, die das deklarative oder explizite Gedächtnis koordinieren. Man kann annehmen, dass eine dieser Bahnen durch den Hippocampus und den Thalamus mit räumlichen Erinnerungen zu tun hat, eine andere durch die Amygdala und den Thalamus mit emotionalen Erinnerungen.

Tests

Ganz allgemein bezieht sich der Ausdruck „Persönlichkeit“ auf unsere je eigenen Denk-, Gefühls- und Verhaltensmuster, in denen wir uns von anderen Menschen unterscheiden.

Der Begriff „Emotionale Intelligenz“ (EQ) – die Fähigkeit, sich seiner eigenen Gefühle bewusst zu sein und mit ihnen umzugehen – macht geltend, dass der Begriff „Intelligenzquotient“ ein zu enges und zu sehr vereinfachtes Maß der Intelligenz ist und dass beispielsweise Verhaltens- und Charaktereigenschaften ebenso sehr darüber bestimmen, wie erfolgreich wird sind.

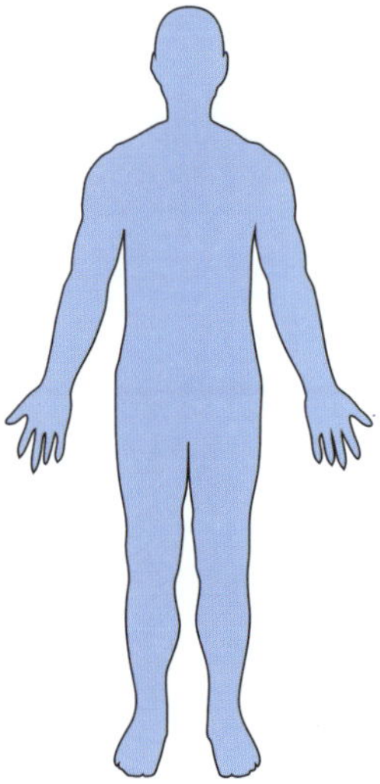

Die Tests in diesem Kapitel messen zwei für das Verständnis Ihres Charakters wichtige Aspekte – Ihr Selbstvertrauen und Ihre Einstellung, die Weise, in der Sie auf Menschen oder Situationen reagieren. Diese Fragen sollten Sie wahrheitsgemäß und so realistisch wie möglich beantworten.

Sie brauchen die Tests nicht durchzulesen, bevor Sie sie bearbeiten; antworten Sie einfach spontan und ohne lange zu überlegen. Es gibt keine richtigen oder falschen Antworten und auch kein Zeitlimit, doch Sie sollten die Fragen zügig beantworten.

Wissenswertes über das Gehirn

Das Gehirn ist auch im Schlaf aktiv. Die Hirnströme haben in der REM-Phase (während deren wir lebhaft träumen und die Augen schnell bewegen) eine ähnliche Frequenz und Weite, wie wenn wir wach sind. Außerhalb der REM-Phase ist die Weite der Hirnströme höher und die Frequenz niedriger, was anzeigt, dass die Neuronen langsamer und koordinierter feuern.

Test 1 – Selbstvertrauen

Entscheiden Sie bei jeder Frage oder Feststellung, welche der drei Alternativen am ehesten auf Sie zutrifft.

1. Wie wichtig ist es für Sie, akzeptiert zu werden?

a. Es ist in vieler Hinsicht wichtig
b. Sehr wichtig
c. Gar nicht wichtig

2. Sind Sie ungern allein an einem fremden Ort?

a. Vielleicht, bis ich mich zurechtfinde
b. Ja, ich bin lieber auf vertrautem Terrain mit Leuten, die ich kenne
c. Nein, ich sehe mich gern an anderen Orten um

3. Glauben Sie an die Kraft des positiven Denkens?

a. Nicht wirklich
b. Nicht wirklich, denn zumeist kommt es, wie es kommt
c. Ja, wenn man positiv denkt, kann man eher etwas erreichen

4. Sind Sie vor längeren Reisen nervös?

a. Manchmal
b. Ja
c. Nein

5. Wie oft sind Sie traurig oder deprimiert?

a. Gelegentlich
b. Öfter
c. Fast nie

Test 1 – Selbstvertrauen

6. Unterstützen Sie in einer Diskussion schon einmal den Schwächeren?

a. Hin und wieder
b. Nicht wirklich, ich halte mich lieber aus Diskussionen heraus
c. Ich habe das gelegentlich getan, und ich unterstütze immer den Schwächeren, wenn er recht zu haben scheint

7. Sind Sie zuversichtlich, das meiste von dem, was Ihnen wichtig ist, auch zu erreichen?

a. Eher hoffnungsvoll als zuversichtlich
b. Nicht wirklich
c. Ja, sehr zuversichtlich

8. Flirten Sie gern mit jemandem des anderen Geschlechts?

a. Gelegentlich schon
b. Überhaupt nicht
c. Ja

9. Ist Ihnen Ihre eigene Meinung wichtiger als die der anderen?

a. Meistens, aber nicht immer
b. Ich stelle meine Meinung hinter der anderer zurück
c. Ja

10. Beim Verlassen eines Geschäfts bemerken Sie, dass die Kassiererin Ihnen etwas zu wenig Wechselgeld gegeben hat. Wie werden Sie vermutlich reagieren?

a. Ich bin mir nicht sicher, es hängt unter anderem davon ab, wie viele Menschen im Laden sind oder wie ich mich in dem Augenblick fühle
b. Ich werde es wahrscheinlich dabei belassen, so wenig Geld lohnt keinen Ärger
c. Ich werde zurückgehen und die Kassiererin auf den Irrtum hinweisen

Test 1 – Selbstvertrauen

11. Sie sind Mitglied in einem Ausschuss, und die Position des Vorsitzenden muss neu besetzt werden. Was trifft auf Sie zu?

a. Ich würde überlegen, wer ein geeigneter Vorsitzender wäre
b. Ich würde ablehnen, wenn jemand mich als Vorsitzenden vorschlüge
c. Ich würde darauf hoffen, für den Vorsitz nominiert zu werden

12. Wären Sie bereit, auf einer gut besuchten Veranstaltung eine Ansprache zu halten, wenn man Sie darum bäte?

a. Vielleicht, aber ich wäre sehr nervös bei dieser Vorstellung
b. Nein, ich halte keine Reden
c. Ja, ich nähme an

13. Macht die Vorstellung, einflussreiche und wichtige Menschen zu treffen, Sie nervös?

a. Ein wenig schon
b. Ja, sehr nervös
c. Überhaupt nicht

14. Wie könnte man Ihr Verhalten bei gesellschaftlichen Anlässen beschreiben?

a. Ich halte mich für gewöhnlich unter mir bekannten Menschen auf
b. Ich mag solche Anlässe gar nicht, bleibe lieber für mich und bin froh, wenn es vorüber ist
c. Ich stelle mich gern dazu, lerne Leute kennen und mache Smalltalk

15. Jemand aus Ihrer Abteilung hat Sie zu einer Karaoke-Party bei sich zu Hause eingeladen. Wie werden Sie vermutlich reagieren?

a. Ich gehe mit, hoffe aber inständig, dass ich nicht singen muss
b. Ich lehne höflich ab, weil der Gedanken, vor vielen Menschen ein Lied zu singen, mir Angst macht
c. Ich nehme die Einladung an und übe schon mal ein Lied ein

Test 1 – Selbstvertrauen

16. Fühlen Sie sich wohl in Ihrer Haut?

a. Grundsätzlich ja, obwohl ich einige Dinge gern ändern würde
b. Wenn ich den Beifall anderer habe, fühle ich mich wohl
c. Ja

17. Ich akzeptiere mich so, wie ich bin.

a. Ich wäre in manchen Dingen gern besser
b. Ich wäre in vielen Dingen gern besser
c. Stimmt

18. Würden Sie an einer Livediskussion im Fernsehen teilnehmen?

a. Vielleicht, ich müsste es mir überlegen
b. Keinesfalls, schon der Gedanke daran macht mir Angst
c. Ja, die Idee gefällt mir

19. Wie wäre Ihnen zumute, wenn Sie erführen, dass es in Ihrer Firma eine umfangreiche Neuorganisation geben solle?

a. Ich wäre sehr besorgt, vor allem, wenn ich mit dem gegenwärtigen Zustand zufrieden wäre
b. Ich hätte Angst, weil es Schwierigkeiten oder sogar Entlassungen geben könnte
c. Ich würde hoffen, dass die Neuorganisation auch mich beträfe, weil sich so meine Karriereaussichten verbessern könnten

20. Fühlen Sie sich auf öffentlichen Plätzen gehemmt?

a. Manchmal
b. Öfter
c. Nie

Test 1 – Selbstvertrauen

21. Ich halte es für wichtig, sich hohe, aber realistische Ziele zu setzen.

a. Für manche ist es wichtig, aber dazu gehöre ich nicht
b. Es ist zwecklos, sich Ziele zu setzen, die man doch nicht erreichen kann
c. Ich stimme zu

22. Wollen Sie, wenn Sie an einem Spiel teilnehmen, auch gewinnen?

a. Nicht unbedingt, aber ich gebe mein Bestes
b. Es ist mir gleich, ob ich gewinne oder verliere
c. Ja, ich will immer gewinnen

23. Ich kann mich sehr gut verkaufen

a. Nicht so gut, wie ich vielleicht wirklich könnte
b. Ich mag mich nicht aufdrängen
c. Ja

24. Wenn ich anderer Meinung bin, sage ich es auch.

a. Manchmal, es hängt davon ab, wie wichtig eine Sache ist
b. Für gewöhnlich nicht, es ist zumeist klüger, sich zurückzuhalten
c. Ja, immer

25. Ich setze meine eigenen Standards

a. Im Allgemeinen schon
b. Nicht immer, denn oft ist es am besten, den Erwartungen der anderen zu entsprechen
c. Ja, immer

Analyse

Menschen mit einem hohen Selbstvertrauen sind sich ihrer eigenen Fähigkeiten sicher. Solche Menschen werden selten von Selbstzweifeln geplagt; sie müssen eher darauf achten, nicht zu selbstbewusst zu werden.

Weil selbstbewusste Menschen nicht finden, sie müssten sich anpassen, um akzeptiert zu werden, fühlen sie sich wohl in ihrer Haut, ohne dabei von anderen abzuhängen. Sie nehmen sogar die Missbilligung anderer in Kauf, weil sie sich selbst vertrauen und sich so akzeptieren, wie sie sind. Weil Selbstvertrauen auch bedeutet, sich selbst realistisch einzuschätzen, bezieht es sich nicht notwendigerweise auf sämtliche Lebensaspekte. Manche Menschen haben gewissen Gebieten volles Vertrauen in ihre Fähigkeiten, auf anderen, wie zum Beispiel in praktischen Angelegenheiten, hingegen nicht.

Infolgedessen können selbstbewusste Menschen für gewöhnlich eine Einstellung entwickeln, die sie in hohem Maße befähigt, in die Lage versetzt, ein selbstbestimmtes Leben zu führen und für ihre Rechte und ihre Ziele einzutreten, wobei jedoch die Ziele, die sie sich setzen, immer realistisch bleiben.

Diejenigen, die bei diesem Test weniger Punkte erzielt haben, als sie gern hätten, können mittels verschiedener Strategien ihr Selbstvertrauen steigern, die in aller Kürze wie folgt lauten:

- Fragen Sie sich, welche Talente sie haben, und spielen Sie Ihre Stärken aus.
- Auch wenn Sie Ihre Ziele nicht erreichen – glauben Sie an das, was Sie zu erreichen suchen.
- Betrachten Sie jede Enttäuschung als lehrreiche Erfahrung und Mittel, persönlich zu wachsen.
- Gehen Sie ruhig einmal ein kalkuliertes Risiko ein. Betrachten Sie solche Risiken als Chancen, nicht als riskantes Unternehmen, das wahrscheinlich enttäuschend endet.
- Haben Sie keine Angst vor Veränderungen.
- Sehen Sie ein, dass Perfektion unerreichbar ist.
- Versuchen Sie ständig, besser zu werden, aber akzeptieren Sie sich immer so, wie sie sind.
- Versuchen Sie nicht, immer allen zu gefallen.
- Schätzen Sie sich immer wieder selbst ein.
- Übernehmen Sie die Kontrolle über Ihr Leben.
- Konzentrieren Sie sich darauf, wie Sie sich fühlen, auf Ihr eigenes Leben und auf das, was Sie wollen, und nicht auf die Erwartungen anderer, etwa Ihrer Eltern.
- Bleiben Sie auf dem Teppich, sonst werden Sie vielleicht enttäuscht und verlieren gar Ihr Selbstvertrauen.

Einschätzung

Geben Sie sich:

2 Punkte für jede „c"-Antwort, 1 Punkt für jede „a"-Antwort, 0 Punkte für jede „b"-Antwort.

Ergebnis	Bewertung
40–50	Außergewöhnlich hohes Selbstvertrauen
35–39	Hohes Selbstvertrauen
30–34	Überdurchschnittliches Selbstvertrauen
25–29	Durchschnittliches Selbstvertrauen
20–24	Unterdurchschnittliches Selbstvertrauen
15–19	Niedriges Selbstvertrauen
10–14	Sehr niedriges Selbstvertrauen
Unter 10	Äußerst niedriges Selbstvertrauen

Teilen Sie Ihre Punktzahl durch 2, runden Sie auf die nächste ganze Zahl auf, und übertragen Sie das Ergebnis Ihres Tests in die Gesamtbeurteilung auf Seite 302.

Wissenswertes über das Gehirn

Ein größeres Gehirn ist nicht gleichbedeutend mit höherer Denkleistung. Womöglich ist in einem größeren Gehirn die Kommunikation zwischen den Nervenzellen verlangsamt.

Test 2 – Einstellung

Entscheiden Sie bei jeder Frage oder Feststellung, welche der drei Antworten am ehesten auf Sie zutrifft.

1. Wandel ist

a. Nicht immer zum Besseren
b. Eine ganz neue Herausforderung
c. Unvermeidlich, wie der Tod und die Steuern

2. Wie häufig machen Sie sich über den Klimawandel Sorgen?

a. Selten oder nie, ich halte das Problem für überschätzt
b. Recht häufig
c. Gelegentlich, vor allem, wenn er in den Nachrichten vorkommt

3. Wie oft denken Sie darüber nach, wie andere Sie wahrnehmen?

a. Selten oder nie
b. Gar nicht so selten
c. Gelegentlich

4. Wie viel Zeit verwenden Sie täglich darauf, einfach nur fernzusehen und dabei nichts anderes zu tun?

a. Über fünf Stunden?
b. Weniger als zwei Stunden?
c. Zwischen zwei und fünf Stunden?

Test 2 – Einstellung

5. Wie oft ist Ihnen langweilig, weil Sie zu wenig zu tun haben?

a. Gar nicht so selten
b. Nie
c. Gelegentlich

6. Wie stehen Sie zu neuen Technologien?

a. Ich bin mir nicht sicher, ob alles notwendig ist, vieles erscheint mir als Spielerei
b. Es handelt sich um eine aufregende, neue Herausforderung
c. Ich muss sie akzeptieren, sorge mich jedoch manchmal, ob ich damit Schritt halten, geschweige denn sie beherrschen kann

7. Warum arbeiten Sie?

a. Um meinen Lebensstandard zu halten und Rechnungen zu bezahlen
b. Weil ich gern arbeite und um Geld zu verdienen
c. Um Geld zu verdienen und um etwas zu tun zu haben

8. Stellen Sie sich vor, es ist Ihr sechzigster Geburtstag, wie fühlen Sie sich?

a. Die besten Jahre meines Lebens liegen hinter mir, aber hoffentlich bin ich noch viele Jahre aktiv
b. Die Sechziger sind die neuen Vierziger
c. Ich werde älter, aber ich werde trotzdem das Beste aus meinem Leben machen

Test 2 – Einstellung

9. Wie verhalten Sie sich wahrscheinlich im Umgang mit Kunden?

a. Ich bediene sie
b. Ich stelle sie zufrieden
c. Ich unterstütze sie

10. Wie stolz sind Sie auf Ihr Land?

a. Ich finde, „stolz“ ist ein wenig übertrieben
b. Sehr stolz
c. Ich denke nicht viel darüber nach

11. Wie sehr müssen Sie sich zu alltäglichen, eher langweiligen Aufgaben motivieren?

a. Sehr stark
b. Ein bisschen, aber was getan werden muss, muss getan werden
c. Ganz schön, aber ich nehme sie mir vor, wenn ich dazu in der richtigen Stimmung bin

12. Wie oft gehen Sie wählen?

a. Selten oder nie
b. Regelmäßig
c. Normalerweise beteilige ich mich, an Kommunalwahlen aber nicht immer

Test 2 – Einstellung

13. Der Arbeitstag ist eigentlich zu Ende, aber Sie brauchen zum Abschluss einer Aufgabe noch 30 Minuten. Was würden Sie üblicherweise tun?

a. Die Arbeit am nächsten Morgen fertig stellen
b. Die Arbeit fertig stellen und dazu entweder länger bleiben oder sie mit nach Hause nehmen
c. Die Arbeit fertig stellen, aber dafür Überstunden geltend machen

14. Eltern haben die Pflicht, ihren Kindern schon früh den Unterschied zwischen Recht und Unrecht klarzumachen.

a. Stimmt im Prinzip, doch es ist nicht immer so einfach
b. Unbedingt
c. Stimmt

15. Wie stehen Sie dazu, Risiken einzugehen?

a. Risiken einzugehen ist aufregend
b. Von Zeit zu Zeit muss man etwas riskieren
c. Ich ginge kein Risiko ein, wenn es eine Alternative gäbe

16. Blicken Sie erwartungsvoll in die Zukunft, und haben Sie Pläne?

a. Es ist besser, im Hier und Jetzt zu leben
b. Ja
c. Grundsätzlich, aber es kommt eine Zeit im Leben, zu der diese Haltung nicht so wichtig ist

Test 2 – Einstellung

17. Ich mache mir große Sorgen über den Zahl der Straftaten und das asoziale Verhalten in der heutigen Gesellschaft.

a. Das macht mir keine Sorgen, weil ich glaube, dass die Menschen im Grunde anständig sind, und in meiner Gegend passiert wenig
b. Ja, das macht mir Sorgen
c. Es bereitet mir von Zeit zu Zeit Sorgen

18. Ich bin froh, wenn andere mich mögen und respektieren.

a. Es ist mir egal, die Leute müssen mich doch nehmen, wie ich bin
b. Stimmt
c. Eher geschmeichelt als froh

19. Ich versuche immer, mich in den anderen hineinzuversetzen.

a. Manchmal, aber nicht, wenn ich weiß, dass er zu Unrecht anderer Meinung ist als ich
b. Ja, das sollte man in jeder Diskussion tun
c. Normalerweise

20. Neigen Sie dazu zu klagen?

a. Ich glaube, schon; es gibt ja heutzutage vieles zu beklagen
b. Nicht besonders
c. Nicht so sehr, aber ich beschwere mich bestimmt, wenn es einen Grund dazu gibt

Test 2 – Einstellung

21. Welche der folgenden Aussagen gibt ihre Haltung zur Arbeit am besten wieder?

a. Man muss arbeiten, um seinen Lebensunterhalt zu verdienen
b. Arbeit sollte Spaß machen
c. Ich würde gern genug verdienen, um vorzeitig in den Ruhestand zu gehen

22. Ich finde es ärgerlich, wenn Einzelne oder Gruppen von Menschen abgestempelt werden.

a. Nicht besonders
b. Ja
c. Nicht ärgerlich, aber wir könnten manchen gesellschaftlichen Gruppen gegenüber toleranter sein

23. Normalerweise stehe oder gehe ich nicht mit den Händen in den Hosentaschen.

a. Weiß nicht, ich habe nie darüber nachgedacht
b. Ja
c. Mag sein, dass ich es gelegentlich tue

24. Mir ist wichtig, dass ich in Form bleibe.

a. Das ist nichts, für das ich mich ins Zeug legen würde
b. Ja, ich stimme unbedingt zu
c. Ich bleibe gern aktiv

25. Ich glaube, dass man Menschen nach dem ersten Eindruck beurteilen kann.

a. Stimmt
b. Nein, man muss sie näher kennenlernen, bevor man ein Urteil über sie abgeben kann
c. Manchmal trifft das zu

Analyse

Es ist sehr wichtig im Leben, die richtige Einstellung zu haben. Wenn wir beispielsweise etwas kaufen, erwarten wir, dass der Verkäufer von seinem Produkt begeistert ist und sich damit auskennt und dass er zugleich bemüht ist, uns weiterzuhelfen und uns zufrieden zu stellen. Dieser Enthusiasmus überträgt sich in verschiedensten Situationen auf andere.

Wir kommen nicht mit einer Einstellung zur Welt, sondern sie wird auf vielerlei Weise geformt, etwa durch unsere Eltern, deren Überzeugungen wir oft übernehmen, oder durch Ereignisse.

Unsere Einstellung kann sich ändern. Diese Veränderung mag positiv sein, dann entwickelt der Einzelne eine bessere Einstellung; oder negativ, dann wir die Einstellung schlechter.

Bisweilen resultiert der Versuch eines Menschen, seine Einstellung zu verändern, im Gegenteil dessen, was er beabsichtigte. Weil unsere Einstellung oft durch äußere Einflüsse geformt wird, sollten jene, deren Testergebnisse weniger ermutigend sind, über sich selbst nachdenken und überlegen, welche Einflüsse in ihrem Leben sie verändern und so alles Negative zum Positiven ändern können.

Je besser wir unsere Einstellungen und unsere Überzeugungen verstehen, desto größer ist die Chance, negative Einstellungen aufzuspüren und sie in positive umzuwandeln.

Wissenswertes über das Gehirn

Funktioniert Ihr Geruchssinn nicht, schmecken Sie keine Zwiebel.

Einschätzung

Geben Sie sich

2 Punkte für jede „c“-Antwort, 1 Punkt für jede „a“-Antwort, 0 Punkte für jede „b“-Antwort.

Ergebnis	**Bewertung**
40–50	Außergewöhnlich positive Einstellung
35–39	Sehr positive Einstellung
30–34	Überdurchschnittlich positive Einstellung
25–29	Durchschnittliche Einstellung
20–24	Unterdurchschnittliche Einstellung
15–19	Negative Einstellung
10–14	Sehr negative Einstellung
Unter 10	Äußerst negative Einstellung

Teilen Sie Ihre Punktzahl durch 2, runden Sie auf die nächste ganze Zahl auf, und übertragen Sie das Ergebnis Ihres Tests in die Gesamtbeurteilung auf Seite 302.

Wissenswertes über das Gehirn

Das Gehirn hat die miteinander verbundenen Teile Großhirn, Kleinhirn und Hirnstamm.

Tests

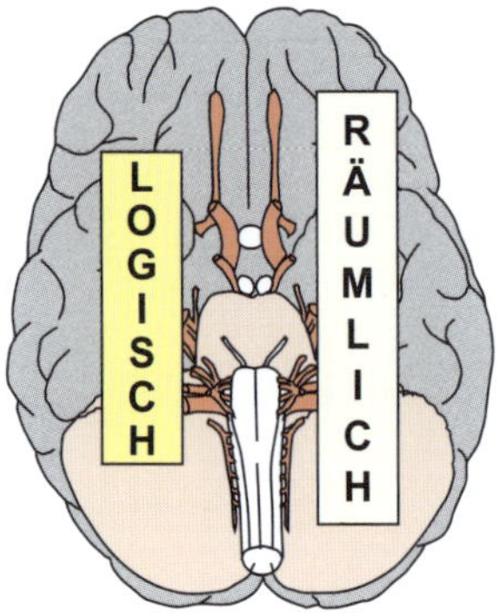

Die beiden hier vorgestellten Tests sollen Sie dazu ermutigen, Ihr Gehirn in vollem Umfang zu benutzen; dazu müssen Sie sowohl logisch denken (eine Funktion der linken Hirnhälfte) als auch sich im Raum orientieren (eine Funktion der rechten Hirnhälfte). Um eine hohe Punktzahl zu erreichen, müssen beide Hirnhälften zusammenarbeiten.

Wie bei allen anderen Rätseln und Tests in diesem Buch benötigen Sie auch zur Beantwortung der folgenden Fragen keine besonderen Vorkenntnisse. Sie sollten nur klar und analytisch denken und mit dem gesunden Menschenverstand Schritt für Schritt auf die Lösung zugehen können.

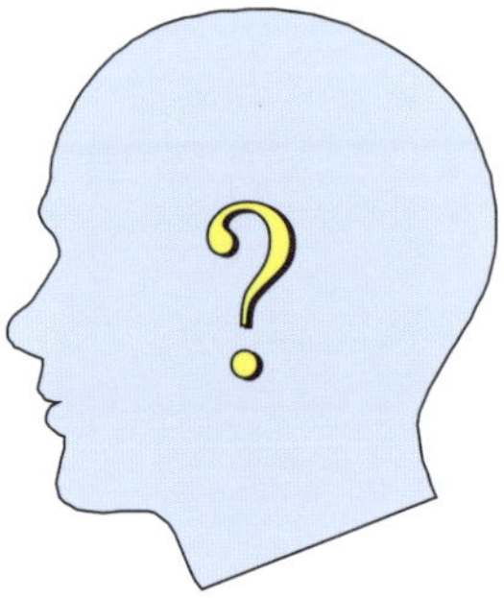

Bei beiden Tests beschäftigen Sie sich am besten zuerst mit den Beispielen, bevor Sie dann versuchen, die Tests innerhalb der vorgegebenen Zeit zu bearbeiten.

Wissenswertes über das Gehirn

Unsere Zunge enthält ungefähr 10.000 Geschmacksknospen, die uns in Zusammenarbeit mit dem Gehirn Geschmackseindrücke vermitteln.

Wenn sich beim Essen Nahrungsstoffe im Speichel lösen, gelangen sie durch Poren in der Zungenoberfläche in die Geschmacksknospen, wo sie auf Sinneszellen treffen, die Nervenimpulse an das Gehirn senden. Aus der Wiederholungsrate dieser Impulse schließt das Gehirn auf die Art und die Intensität dessen, was wir gerade schmecken.

Test 1 – Ampelschaltung

Dieser Test besteht aus 20 Fragen wachsender Schwierigkeit. Für die Beantwortung der Fragen haben Sie höchstens 90 Minuten Zeit.

Anweisungen

Eine Ampel mit vier Lichtern wird über eine elektrische Anlage mit den Schaltern A, B, C, und D gesteuert. Sie bewirken jeweils folgende Signalisierungszustände:

A schaltet Licht 1 und 2 ein/aus oder aus/ein
B schaltet Licht 2 und 4 ein/aus oder aus/ein
C schaltet Licht 1 und 3 ein/aus oder aus/ein
D schaltet Licht 3 und 4 ein/aus oder aus/ein

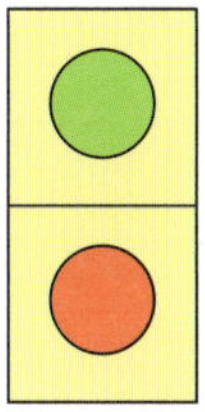

Im folgenden Beispiel werden die Schalter D, A und C im Wechsel betätigt, mit dem Ergebnis, dass sich Bild 1 in Bild 2 verändert. Somit ist ein Schalter nicht aktiv und hat keinen Einfluss auf die nummerierten Lichter. Welcher ist es?

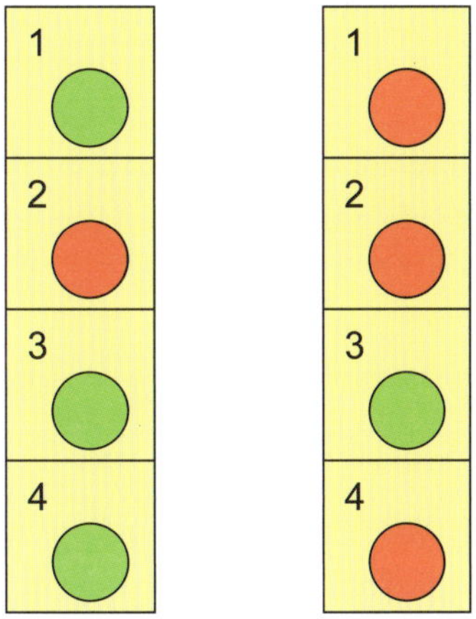

Bild 1 Bild 2

Test 1 – Ampelschaltung

Antwort: Schalter A ist defekt.

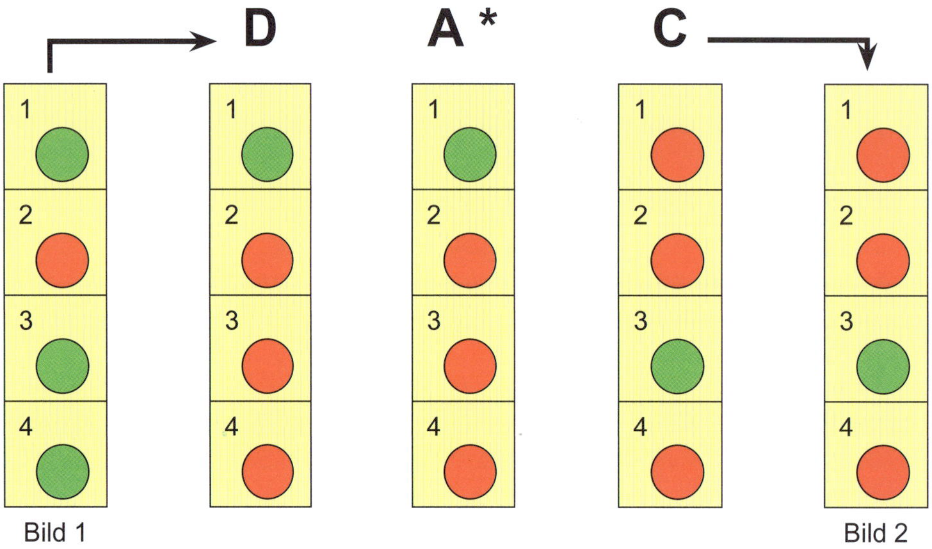

Erläuterung:
Wenn Schalter D betätigt wird, hat dies den gewünschten Effekt auf Licht 3 und 4.
Wenn Schalter A betätigt wird, hat dies keinerlei Effekt, er ist also defekt.
Wenn Schalter C betätigt wird, hat dies den gewünschten Effekt auf Licht 1 und 3.

Einfach

1. Im Folgenden werden die Schalter C, D und B im Wechsel betätigt, mit dem Ergebnis, dass sich Bild 1 in Bild 2 verändert. Somit ist ein Schalter nicht aktiv und hat keinen Einfluss auf die nummerierten Lichter. Welcher ist es?

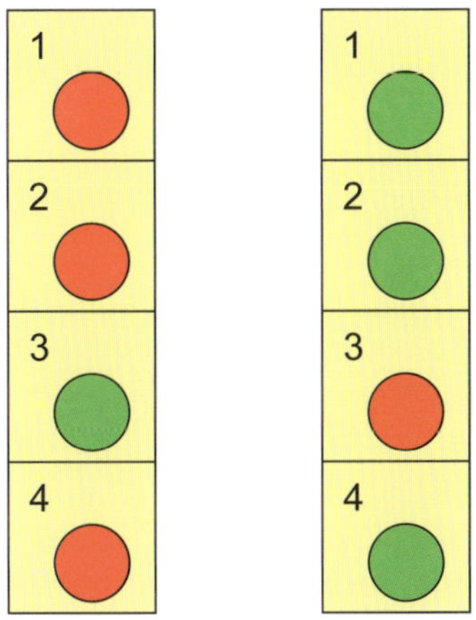

Bild 1 Bild 2

2. Im Folgenden werden die Schalter B, C und A im Wechsel betätigt, mit dem Ergebnis, dass sich Bild 1 in Bild 2 verändert. Somit ist ein Schalter nicht aktiv und hat keinen Einfluss auf die nummerierten Lichter. Welcher ist es?

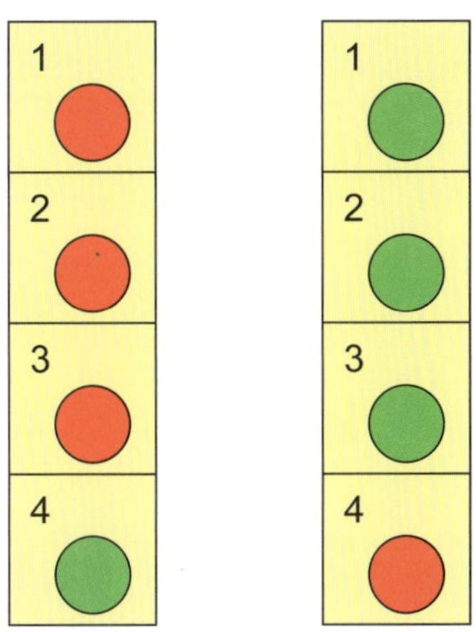

Bild 1 Bild 2

Einfach

3. Im Folgenden werden die Schalter B, C und D im Wechsel betätigt, mit dem Ergebnis, dass sich Bild 1 in Bild 2 verändert. Somit ist ein Schalter nicht aktiv und hat keinen Einfluss auf die nummerierten Lichter. Welcher ist es?

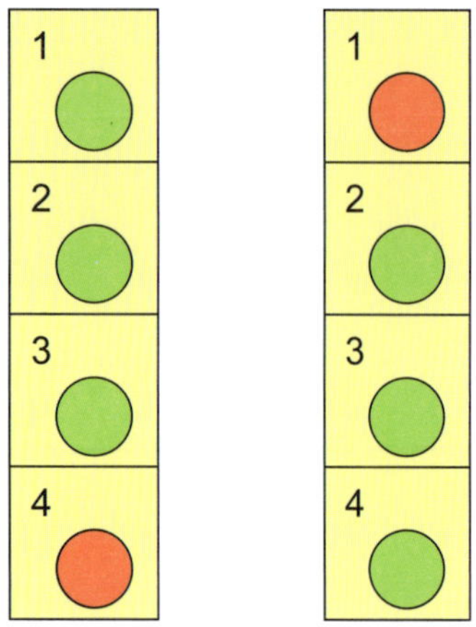

Bild 1 Bild 2

4. Im Folgenden werden die Schalter C, A und D im Wechsel betätigt, mit dem Ergebnis, dass sich Bild 1 in Bild 2 verändert. Somit ist ein Schalter nicht aktiv und hat keinen Einfluss auf die nummerierten Lichter. Welcher ist es?

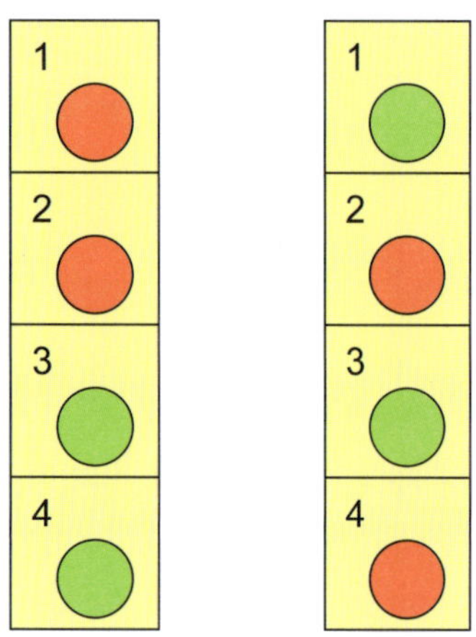

Bild 1 Bild 2

Einfach

5. Im Folgenden werden die Schalter D, A und C im Wechsel betätigt, mit dem Ergebnis, dass sich Bild 1 in Bild 2 verändert. Somit ist ein Schalter nicht aktiv und hat keinen Einfluss auf die nummerierten Lichter. Welcher ist es?

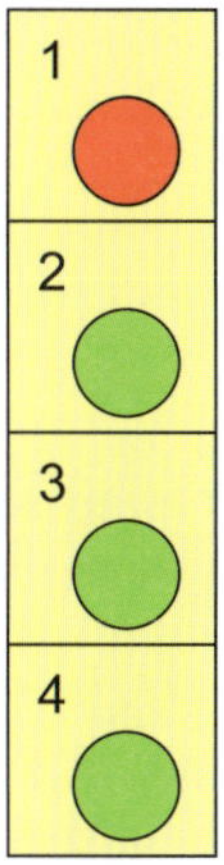

Bild 1

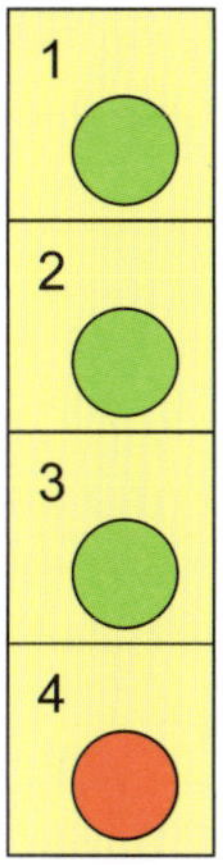

Bild 2

6. Im Folgenden werden die Schalter B, C und A im Wechsel betätigt, mit dem Ergebnis, dass sich Bild 1 in Bild 2 verändert. Somit ist ein Schalter nicht aktiv und hat keinen Einfluss auf die nummerierten Lichter. Welcher ist es?

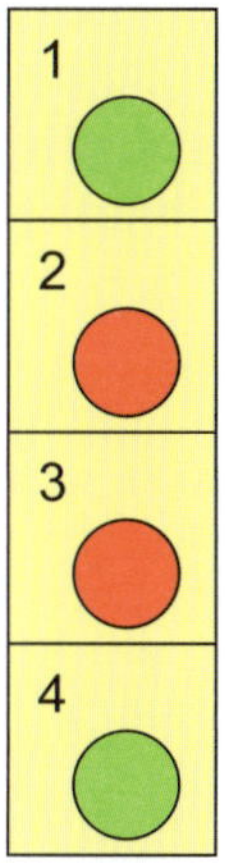

Bild 1

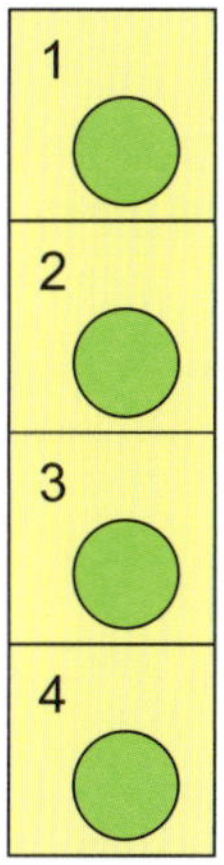

Bild 2

Anspruchsvoll

7. Im Folgenden werden die Schalter C, B, D und A im Wechsel betätigt, mit dem Ergebnis, dass sich Bild 1 in Bild 2 verändert. Somit ist ein Schalter nicht aktiv und hat keinen Einfluss auf die nummerierten Lichter. Welcher ist es?

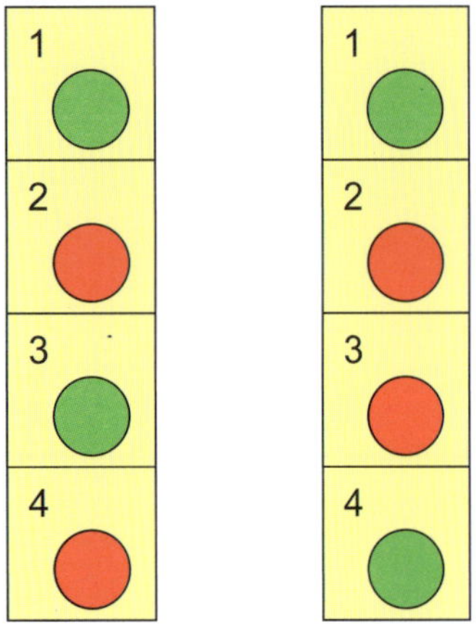

Bild 1 Bild 2

8. Im Folgenden werden die Schalter C, B, A und D im Wechsel betätigt, mit dem Ergebnis, dass sich Bild 1 in Bild 2 verändert. Somit ist ein Schalter nicht aktiv und hat keinen Einfluss auf die nummerierten Lichter. Welcher ist es?

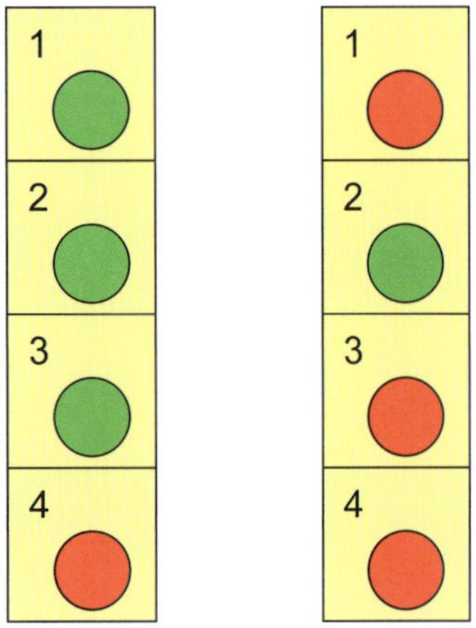

Bild 1 Bild 2

Anspruchsvoll

9. Im Folgenden werden die Schalter B, A, C und B im Wechsel betätigt, mit dem Ergebnis, dass sich Bild 1 in Bild 2 verändert. Somit ist ein Schalter nicht aktiv und hat keinen Einfluss auf die nummerierten Lichter. Welcher ist es?

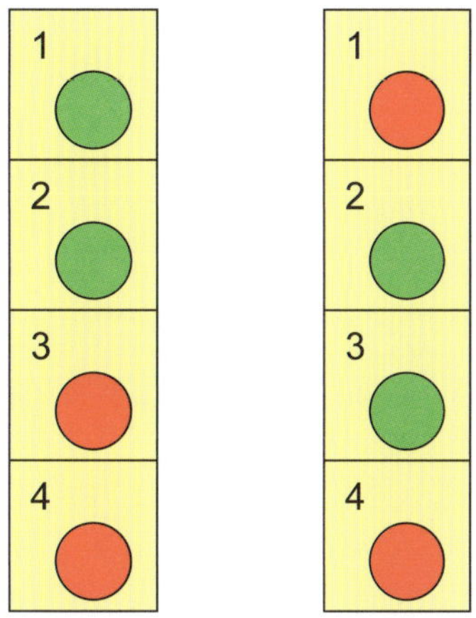

Bild 1 Bild 2

10. Im Folgenden werden die Schalter C, B, A und D im Wechsel betätigt, mit dem Ergebnis, dass sich Bild 1 in Bild 2 verändert. Somit ist ein Schalter nicht aktiv und hat keinen Einfluss auf die nummerierten Lichter. Welcher ist es?

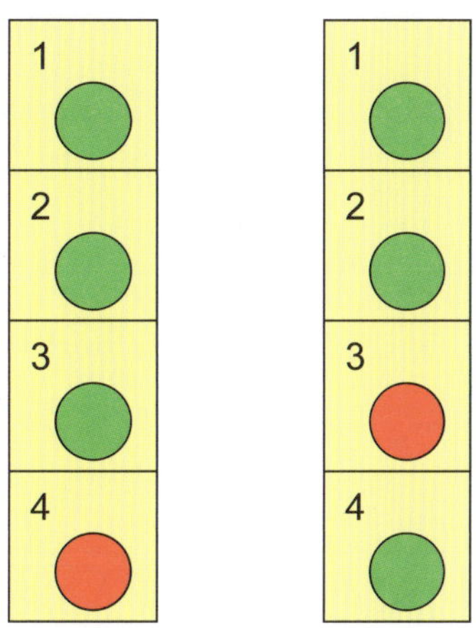

Bild 1 Bild 2

Anspruchsvoll

11. Im Folgenden werden die Schalter C, B, A und D im Wechsel betätigt, mit dem Ergebnis, dass sich Bild 1 in Bild 2 verändert. Somit ist ein Schalter nicht aktiv und hat keinen Einfluss auf die nummerierten Lichter. Welcher ist es?

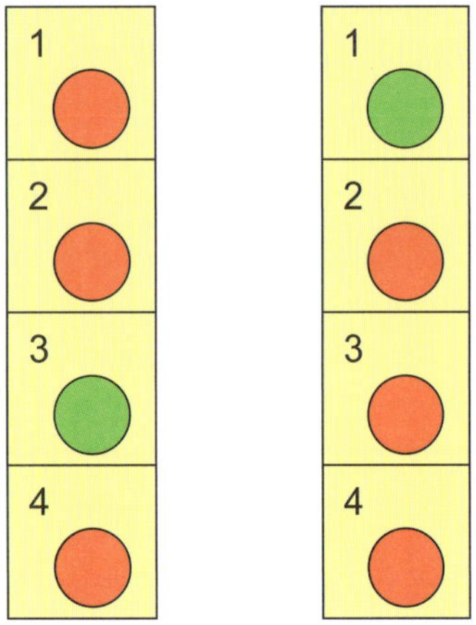

Bild 1 Bild 2

12. Im Folgenden werden die Schalter B, D, A und C im Wechsel betätigt, mit dem Ergebnis, dass sich Bild 1 in Bild 2 verändert. Somit ist ein Schalter nicht aktiv und hat keinen Einfluss auf die nummerierten Lichter. Welcher ist es?

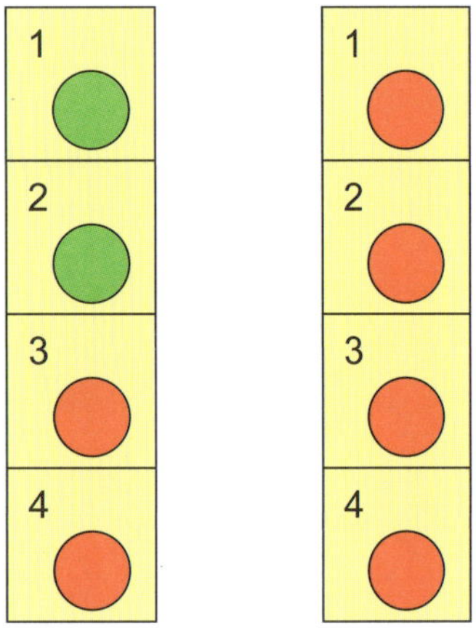

Bild 1 Bild 2

Anspruchsvoll

13. Im Folgenden werden die Schalter D, C, B und A im Wechsel betätigt, mit dem Ergebnis, dass sich Bild 1 in Bild 2 verändert. Somit ist ein Schalter nicht aktiv und hat keinen Einfluss auf die nummerierten Lichter. Welcher ist es?

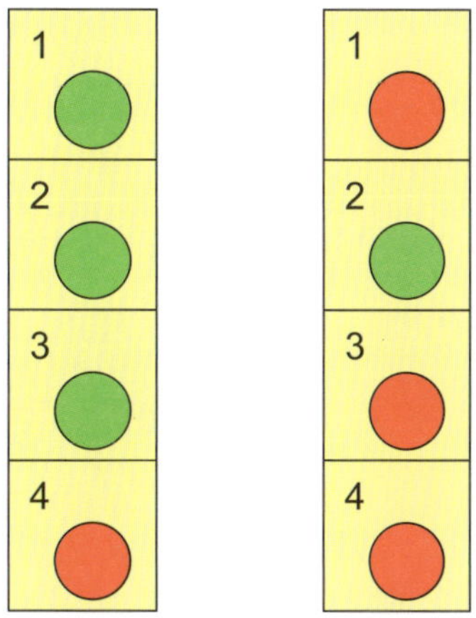

Bild 1 Bild 2

14. Im Folgenden werden die Schalter A, B, C und D im Wechsel betätigt, mit dem Ergebnis, dass sich Bild 1 in Bild 2 verändert. Somit ist ein Schalter nicht aktiv und hat keinen Einfluss auf die nummerierten Lichter. Welcher ist es?

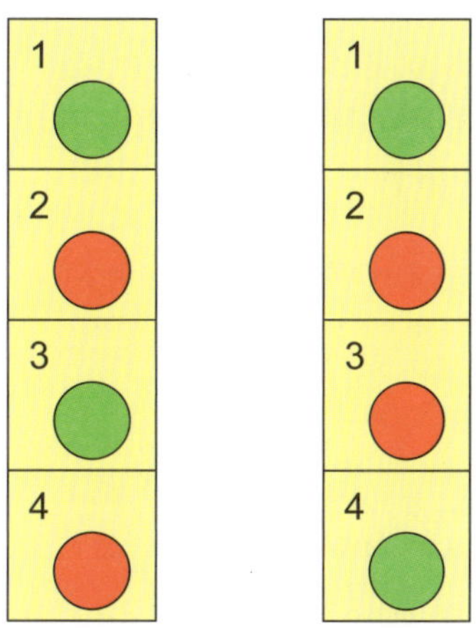

Bild 1 Bild 2

Anspruchsvoll

15. Im Folgenden werden die Schalter B, C, A und D im Wechsel betätigt, mit dem Ergebnis, dass sich Bild 1 in Bild 2 verändert. Somit ist ein Schalter nicht aktiv und hat keinen Einfluss auf die nummerierten Lichter. Welcher ist es?

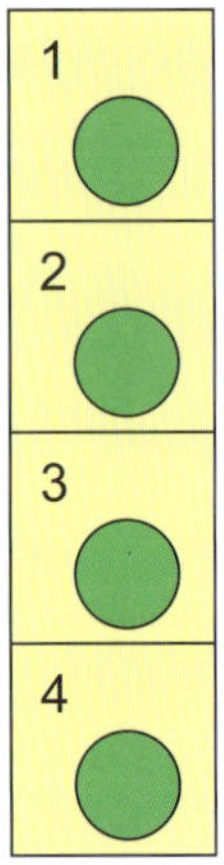

Bild 1

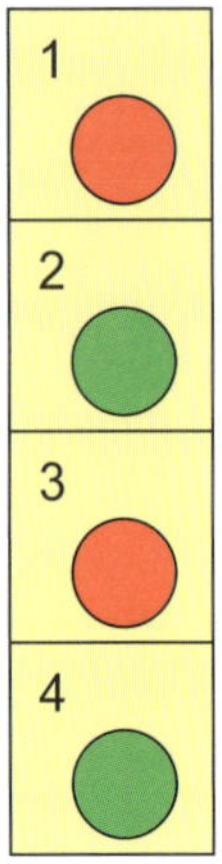

Bild 2

Wissenswertes über das Gehirn

Wenn wir sehen, ist dies ein Vorgang, der sich eher im Gehirn als im Auge abspielt. Das Auge ist das lichtempfindliche Sehorgan, das elektromagnetische Schwingungen in Nervenimpulse umwandelt, aus denen im Gehirn die Bilder entstehen, die wir „sehen".

Schwer

16. Im Folgenden werden die Schalter C, D, A, B und D im Wechsel betätigt, mit dem Ergebnis, dass sich Bild 1 in Bild 2 verändert. Somit ist ein Schalter nicht aktiv und hat keinen Einfluss auf die nummerierten Lichter. Welcher ist es?

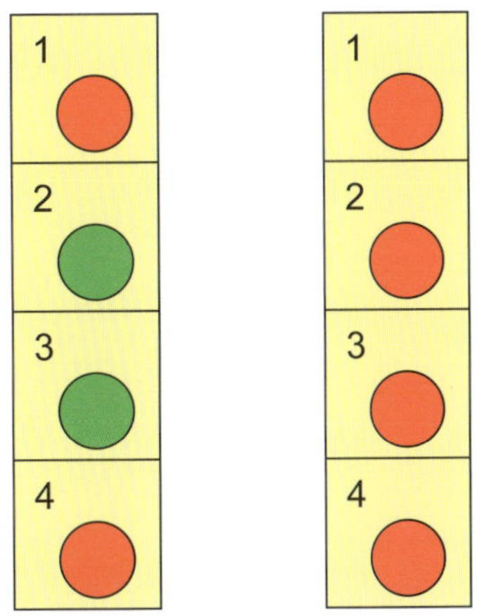

Bild 1   Bild 2

17. Im Folgenden werden die Schalter C, B, A, D und C im Wechsel betätigt, mit dem Ergebnis, dass sich Bild 1 in Bild 2 verändert. Somit ist ein Schalter nicht aktiv und hat keinen Einfluss auf die nummerierten Lichter. Welcher ist es?

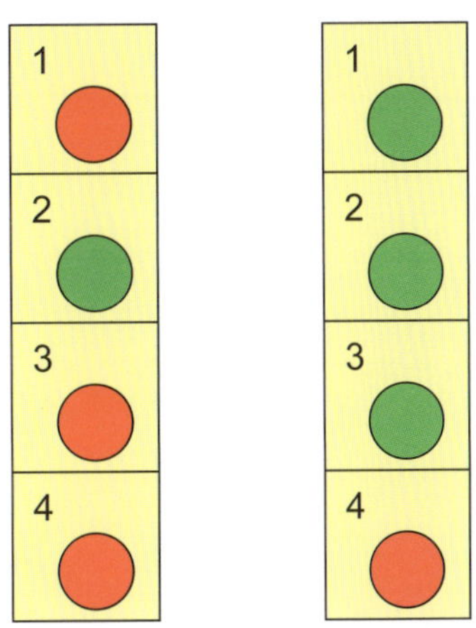

Bild 1   Bild 2

Schwer

18. Im Folgenden werden die Schalter A, D, C, A und B im Wechsel betätigt, mit dem Ergebnis, dass Bild 1 in Bild 2 verändert. Somit ist ein Schalter nicht aktiv und hat keinen Einfluss auf die nummerierten Lichter. Welcher ist es?

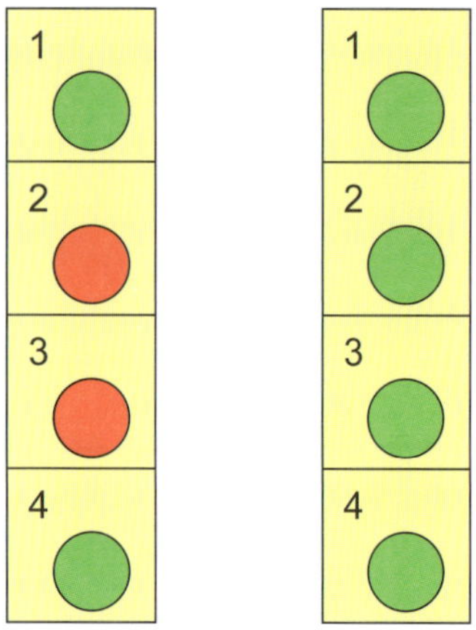

Bild 1 Bild 2

19. Im Folgenden werden die Schalter C, B, D, A und B im Wechsel betätigt, mit dem Ergebnis, dass sich Bild 1 in Bild 2 verändert. Somit ist ein Schalter nicht aktiv und hat keinen Einfluss auf die nummerierten Lichter. Welcher ist es?

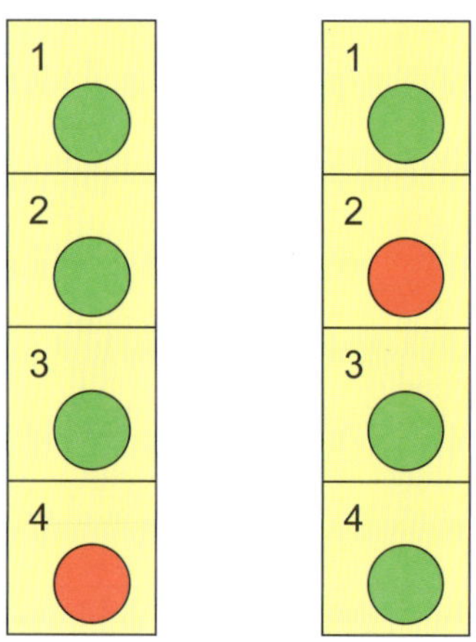

Bild 1 Bild 2

Schwer

20. Im Folgenden werden die Schalter D, C, A, B und C im Wechsel betätigt, mit dem Ergebnis, dass sich Bild 1 in Bild 2 verändert. Somit ist ein Schalter nicht aktiv und hat keinen Einfluss auf die nummerierten Lichter. Welcher ist es?

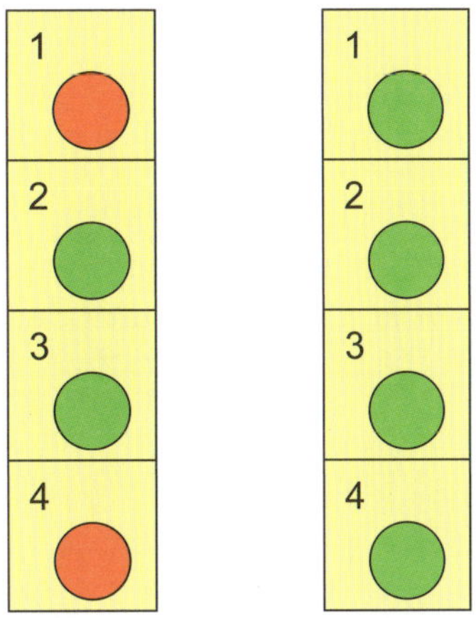

Bild 1 Bild 2

Wissenswertes über das Gehirn

Das Gehirn ist das Kontrollzentrum für praktisch jegliche lebensnotwendige Aktivität. Aber auch alle unsere Emotionen, wie Liebe, Hass, Wut, Freude und Trauer werden vom Gehirn gesteuert. Es empfängt und verarbeitet Signale aus anderen Teilen des Körpers und aus der Außenwelt.

Test 2 – Mustererkennung

Dieser Test soll Ihre Fähigkeit testen und trainieren, Muster zu erkennen, ihre Fähigkeit, logisch zu denken und zugleich offen zu sein für die verschiedenen Möglichkeiten, die zu einer richtigen Lösung führen könnten.

Bei Tests dieser Art ist eine Matrix eine Anordnung von Quadraten, in der gewöhnlich mindestens ein Quadrat fehlt; es gilt, die fehlenden Quadrate aus einer Reihe von Optionen auszuwählen.

Deshalb müssen Sie die Matrix untersuchen, bevor Sie entscheiden, welches Muster überhaupt vorliegt. Dazu betrachten Sie entweder jede Reihe und Spalte und die Anordnung als Ganzes, oder Sie untersuchen die Beziehungen zwischen den verschiedenen Quadraten.

Dieser Test besteht aus 20 Fragen wachsender Schwierigkeit. Für die Beantwortung der Fragen haben Sie höchstens 90 Minuten Zeit.

Beispiele

1.

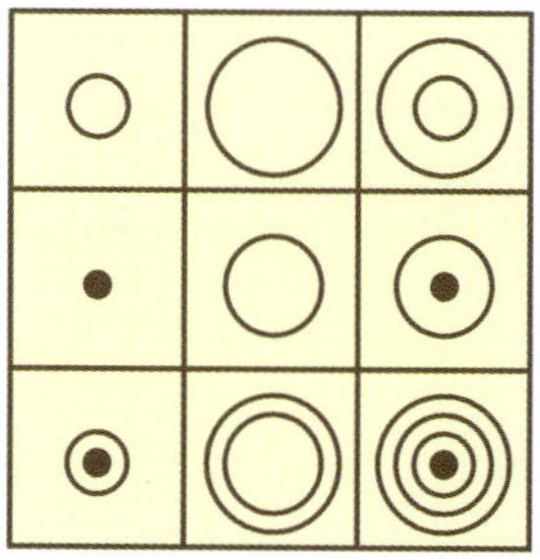

2.

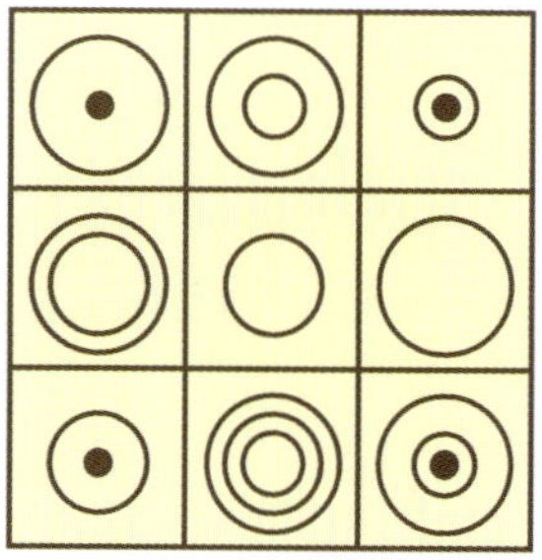

Beispiel 1
In jeder Reihe und Spalte werden die Inhalte der ersten und der zweiten Fliese in der dritten Fliese miteinander kombiniert.

Beispiel 2
In jeder Reihe und Spalte werden die Inhalte der ersten und der zweiten Fliese in der dritten Fliese miteinander kombiniert; kommt jedoch eine Linie oder ein Symbol in den beiden ersten Fliesen in der gleichen Position vor, entfällt es.

Einfach

1. Welche Fliese fehlt hier?

A

B

C

D

2. Welche Fliese fehlt hier?

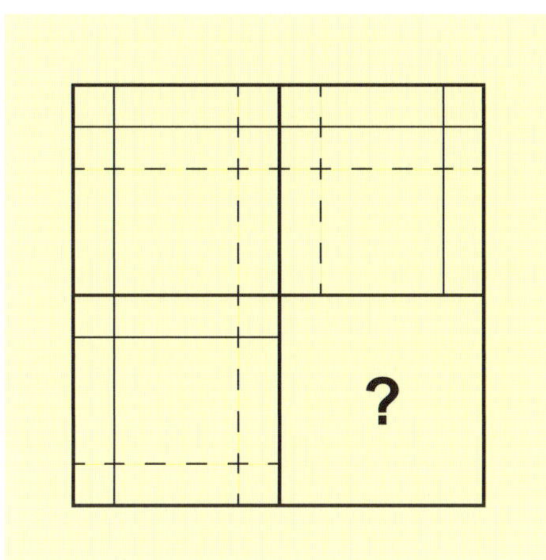

A

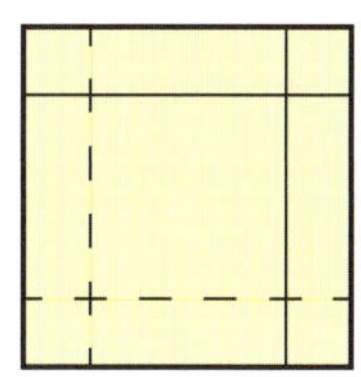

B

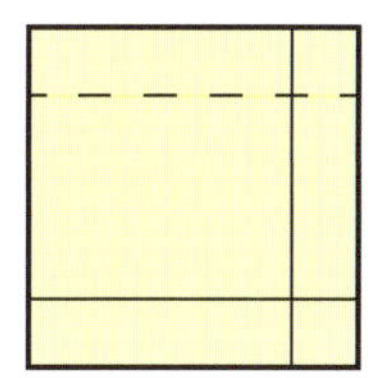

C

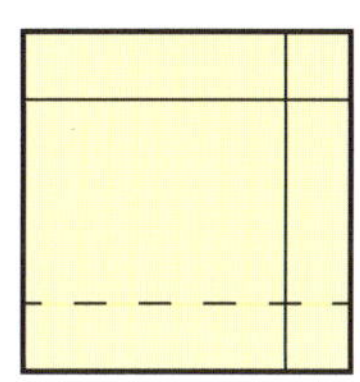

D

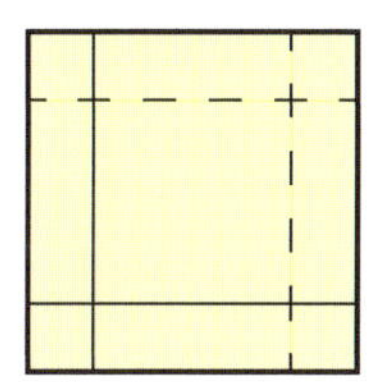

Einfach

3.

Welche Fliese fehlt hier?

A

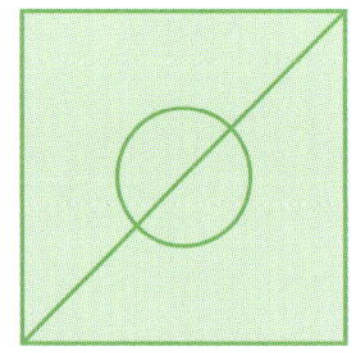

B

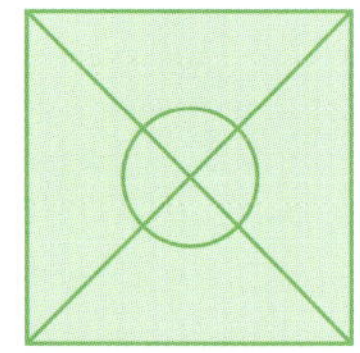

C

D

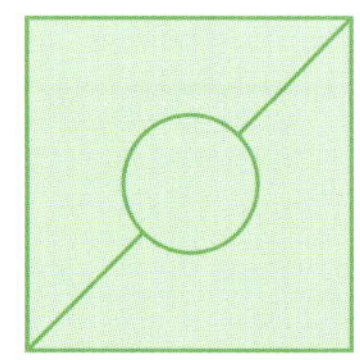

4.

Welche Fliese fehlt hier?

A

B

C

D

Einfach

5. Welche Fliese fehlt hier?

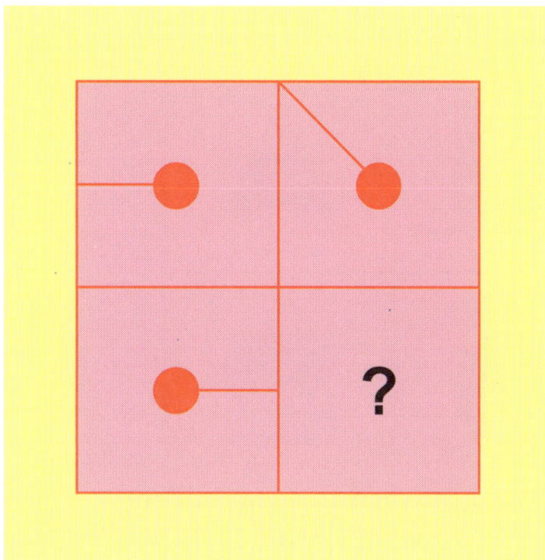

A

B

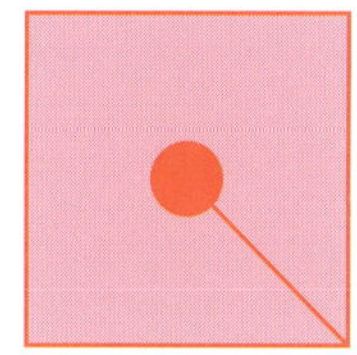

C

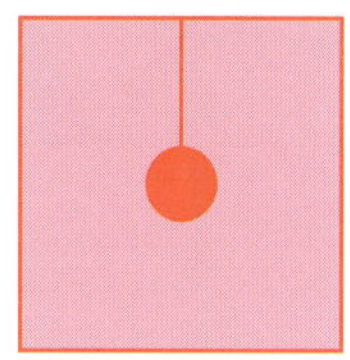

D

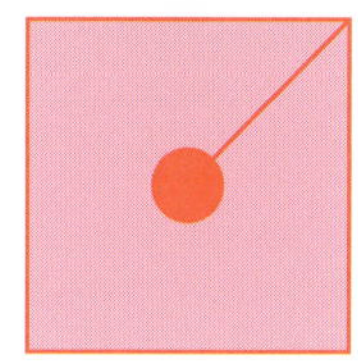

6. Welche Fliese fehlt hier?

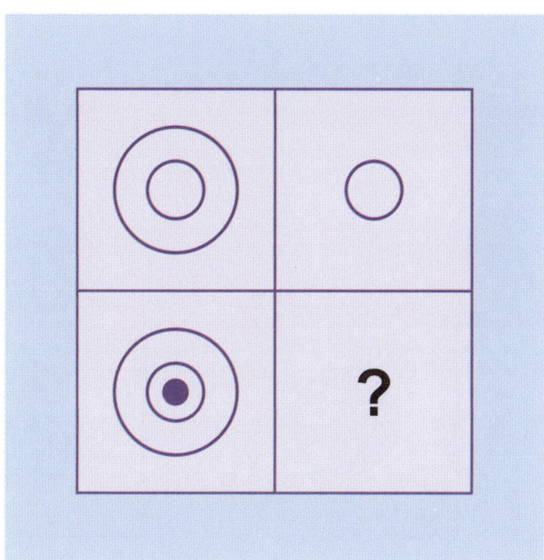

A

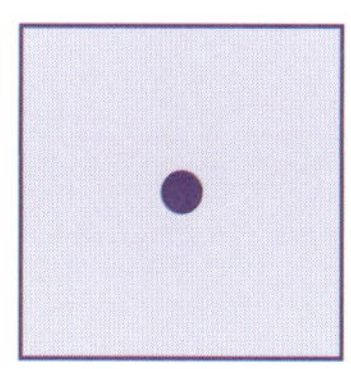

B

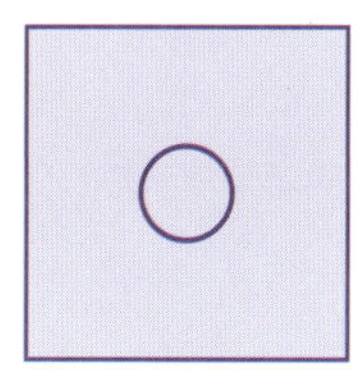

C

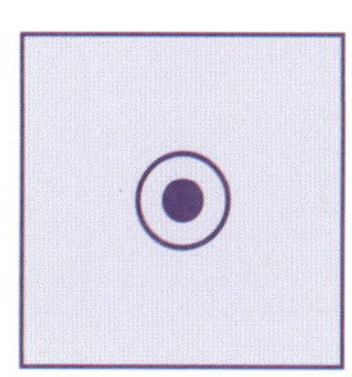

D

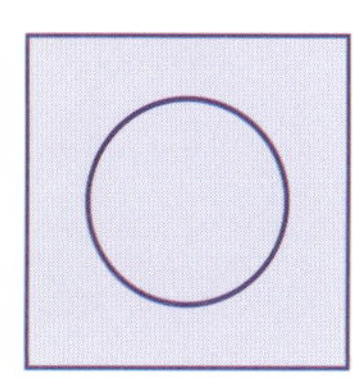

Einfach

7. Welche Fliese fehlt hier?

A B C D

Einfach

8.

Welche Fliese fehlt hier?

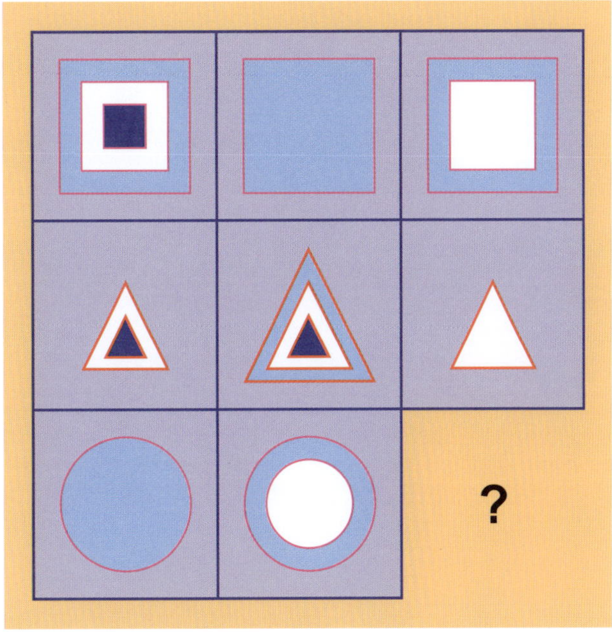

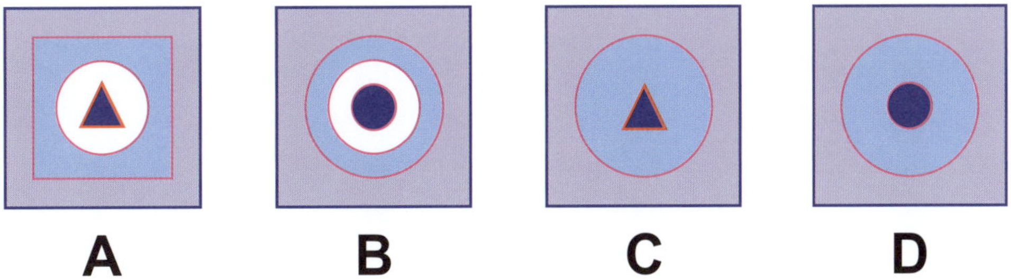

Einfach

9.

Welche Fliese fehlt hier?

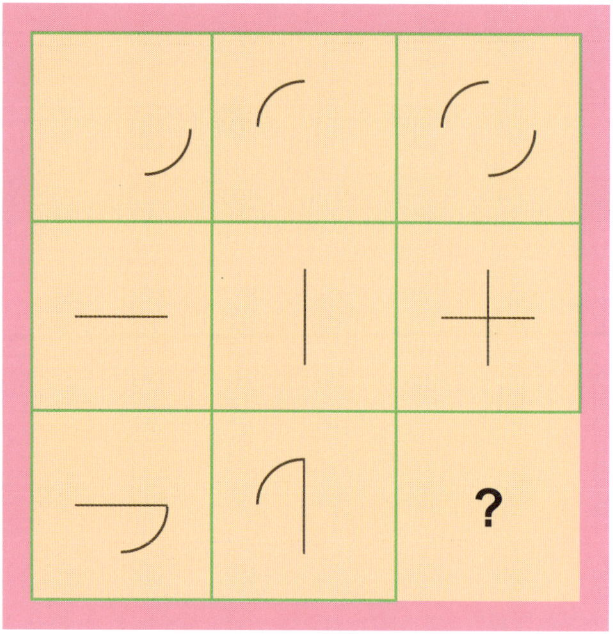

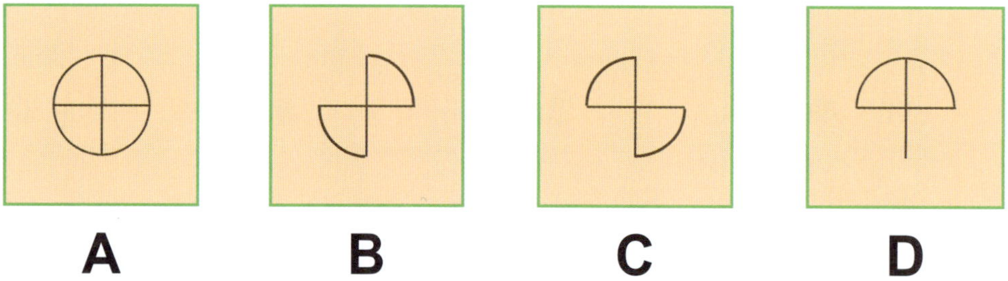

Anspruchsvoll

10. Welche Fliese fehlt hier?

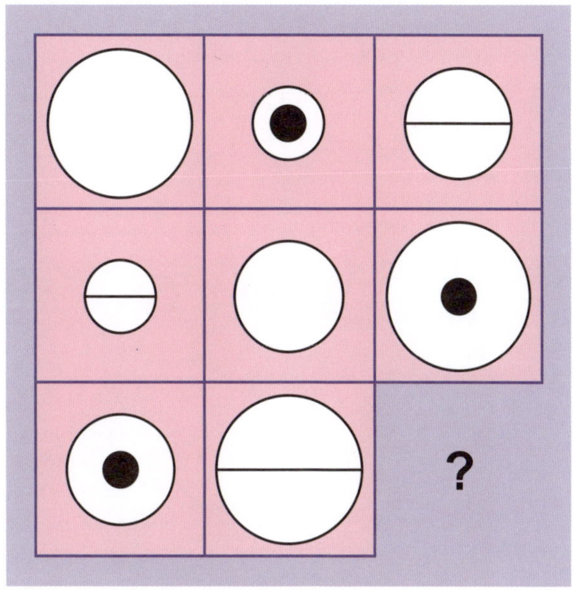

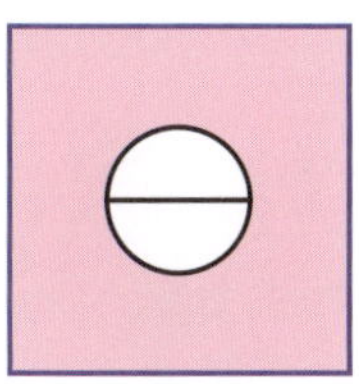

A

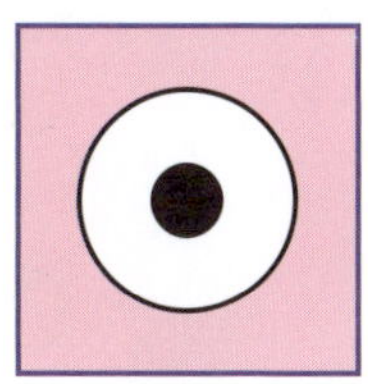

B

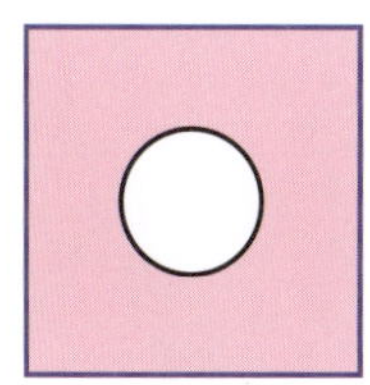

C

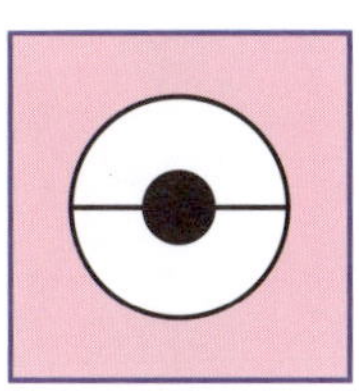

D

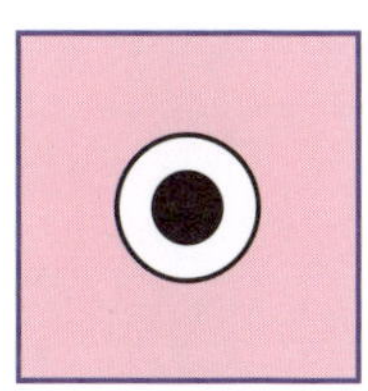

E

F

Anspruchsvoll

11. Welche Fliese fehlt hier?

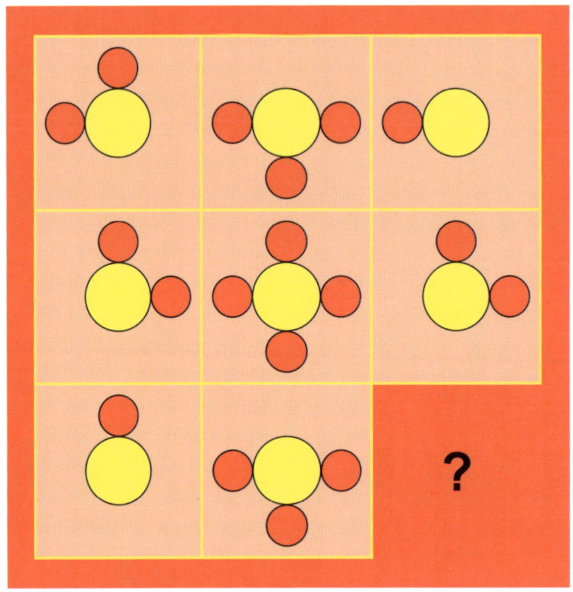

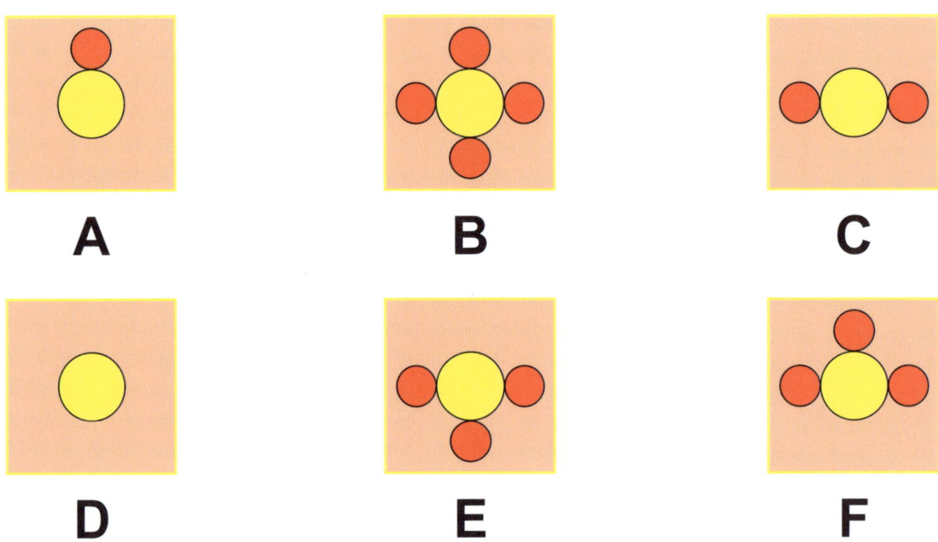

Anspruchsvoll

12. Welche Fliese fehlt hier?

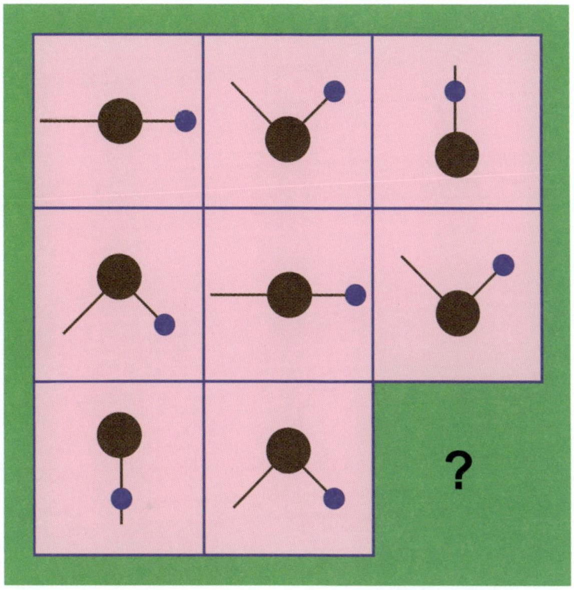

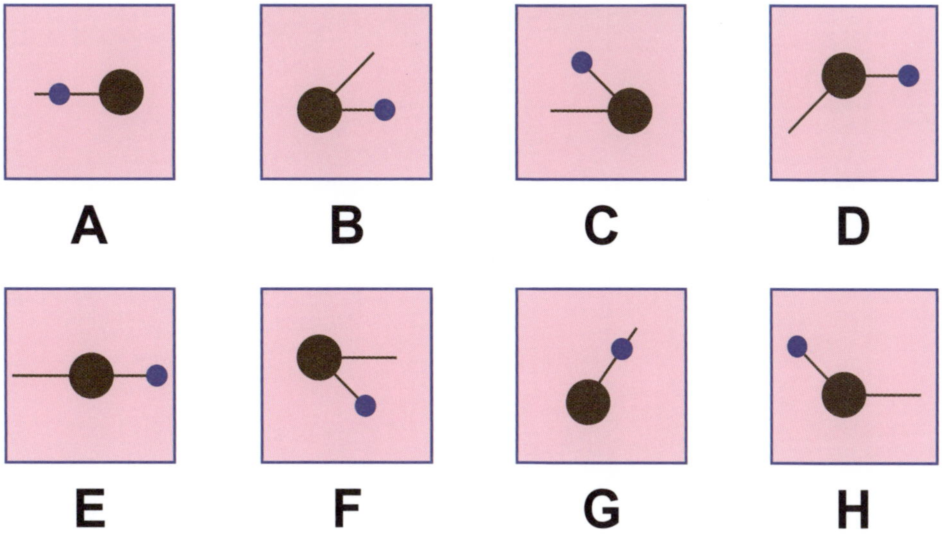

Anspruchsvoll

13.

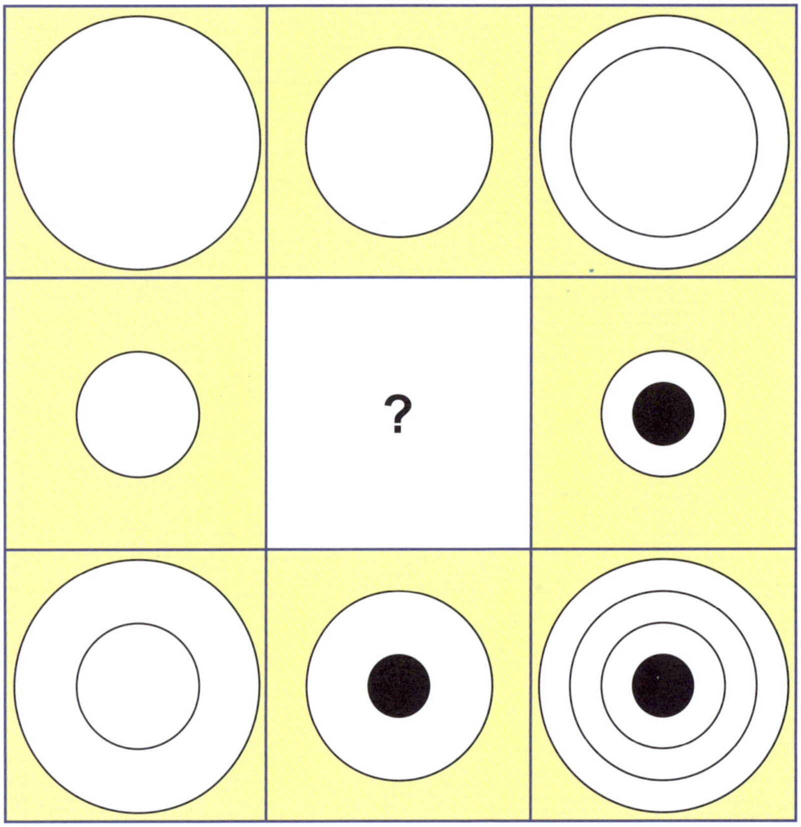

Zeichnen Sie den Inhalt der mittleren Fliese gemäß den bereits geltenden logischen Regeln.

Anspruchsvoll

14.

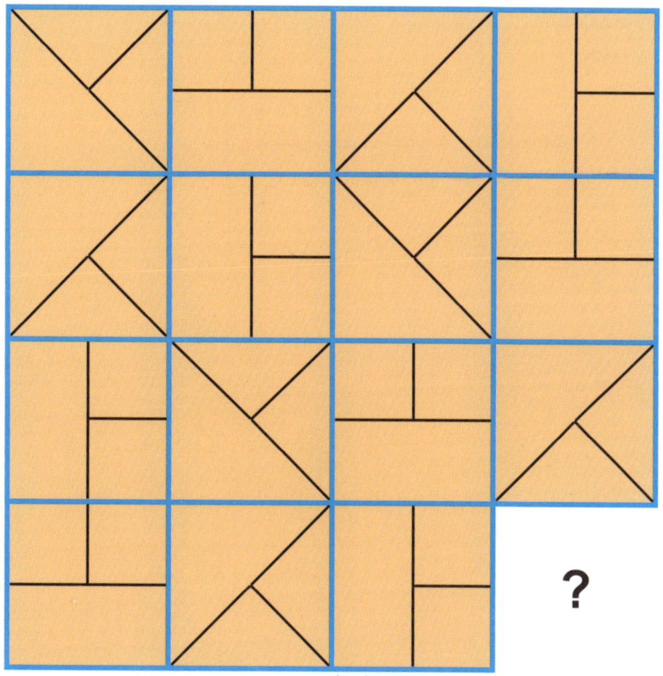

Welche Fliese fehlt hier?

A

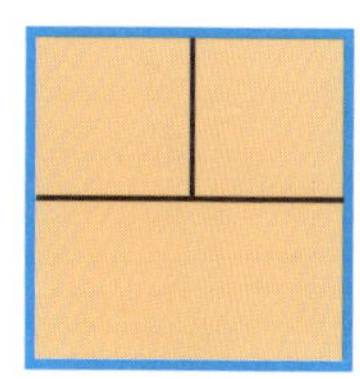

B

C

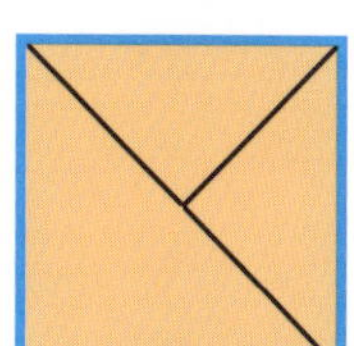

D

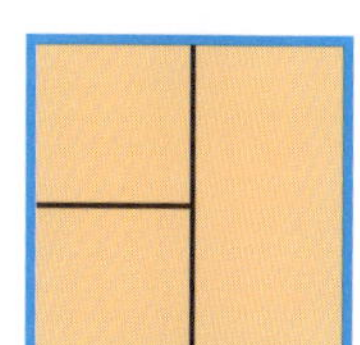

E

Anspruchsvoll

15.

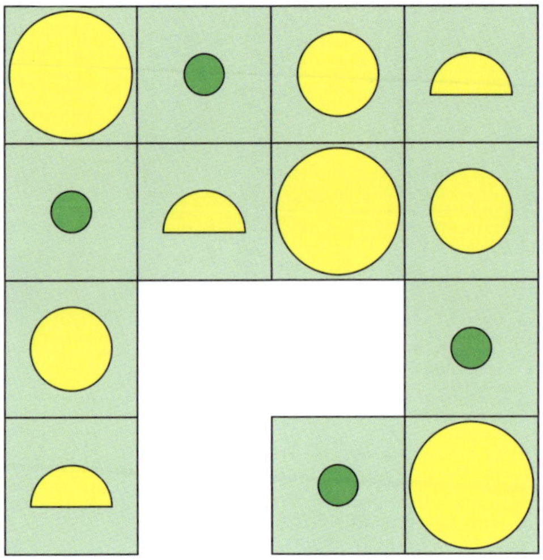

Welcher Ausschnitt fehlt hier?

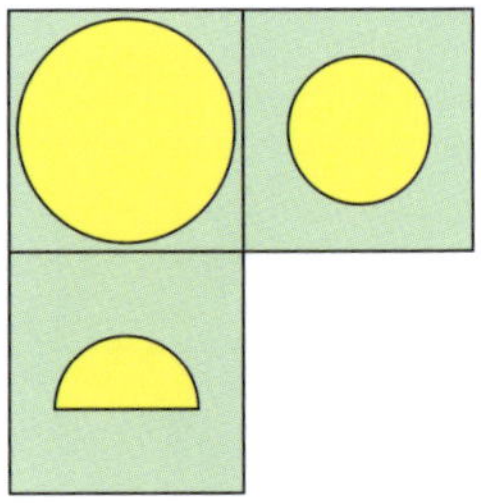

A

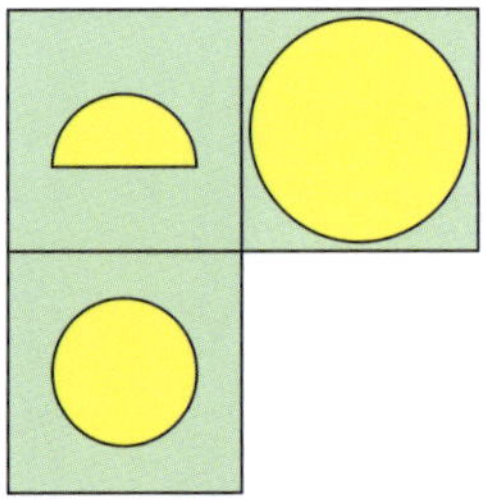

B

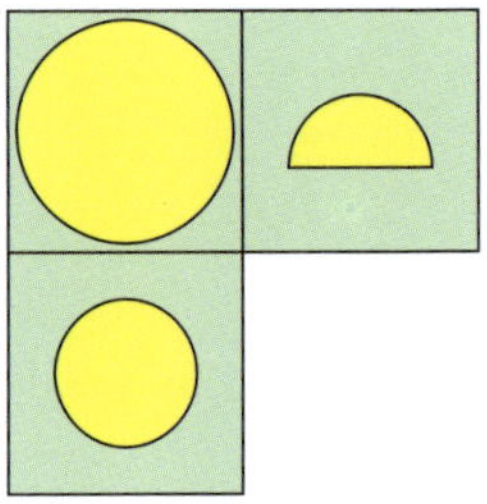

C

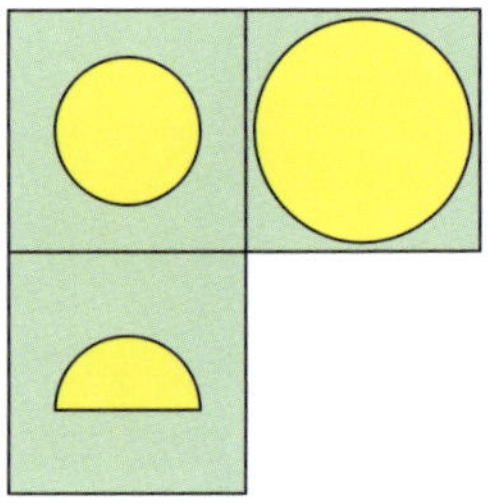

D

Schwer

16.

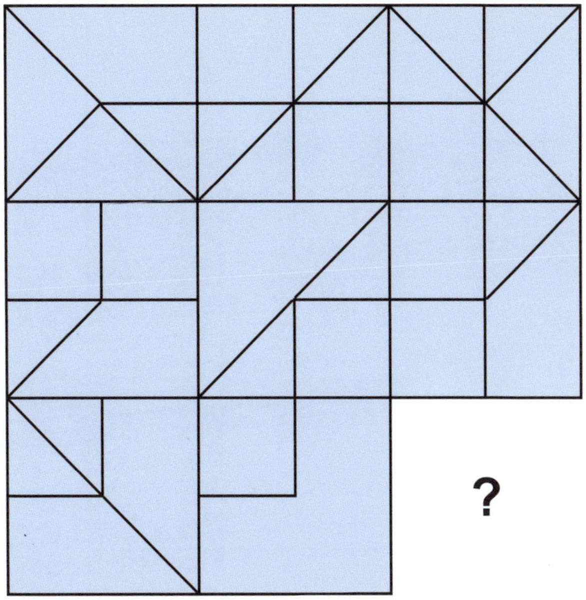

Welche Fliese fehlt hier?

A

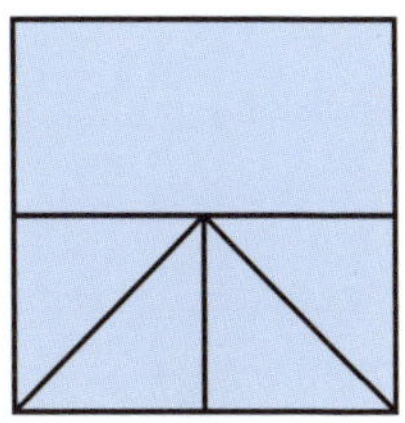

B

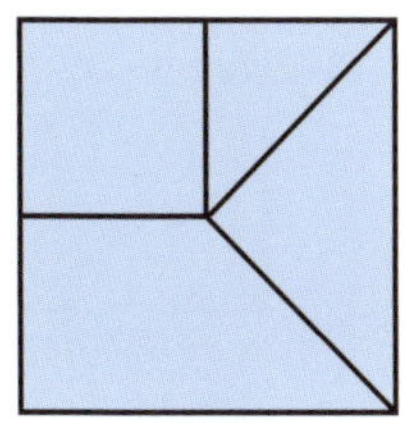

C

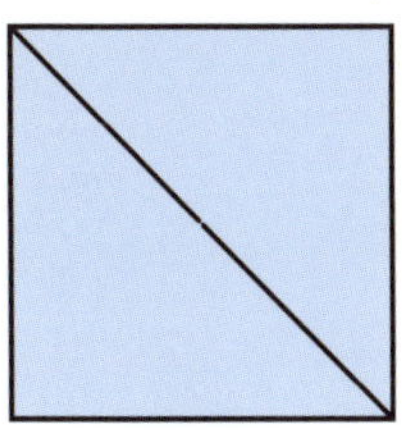

D

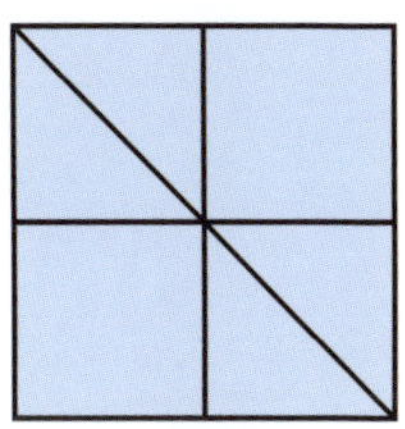

E

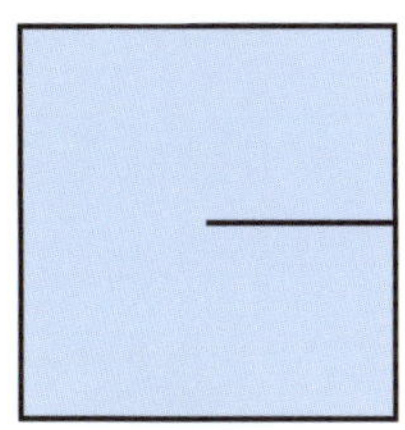

F

Schwer

17.

Zeichnen Sie den Inhalt der mittleren Fliese gemäß den bereits geltenden logischen Regeln.

Schwer

18.

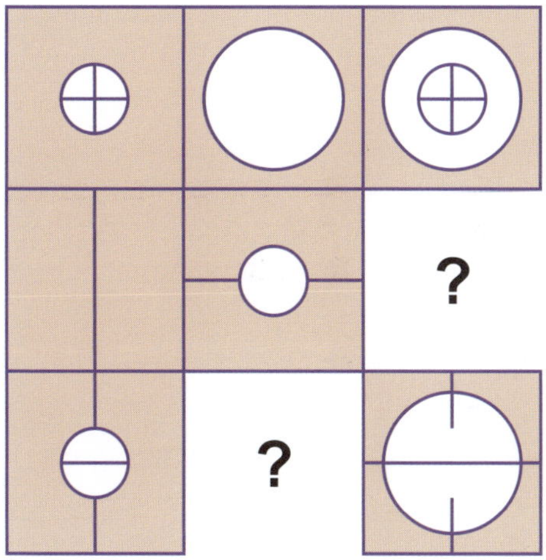

Welche beiden Fliesen fehlen hier?

A

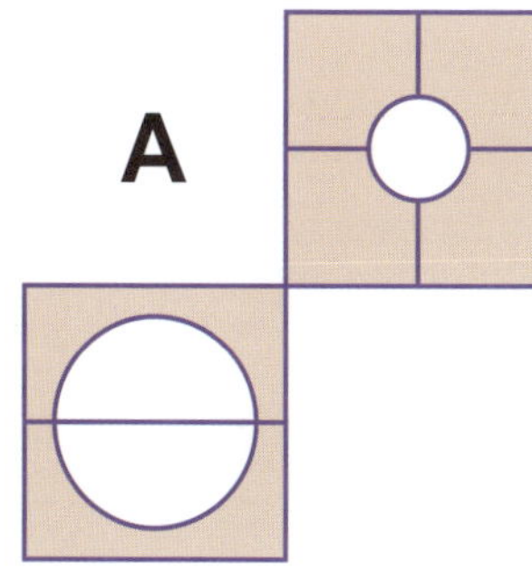

B

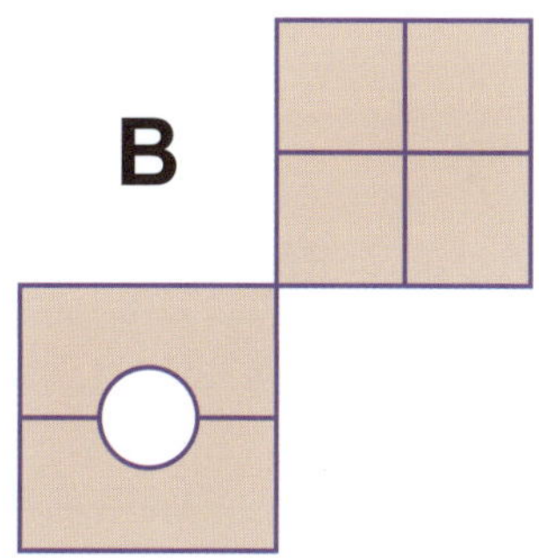

C

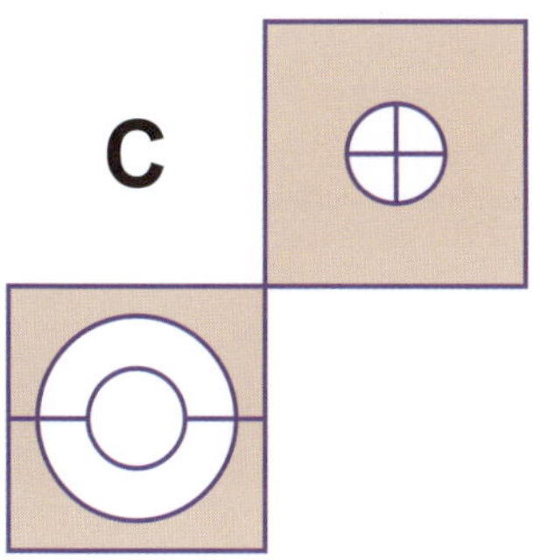

D

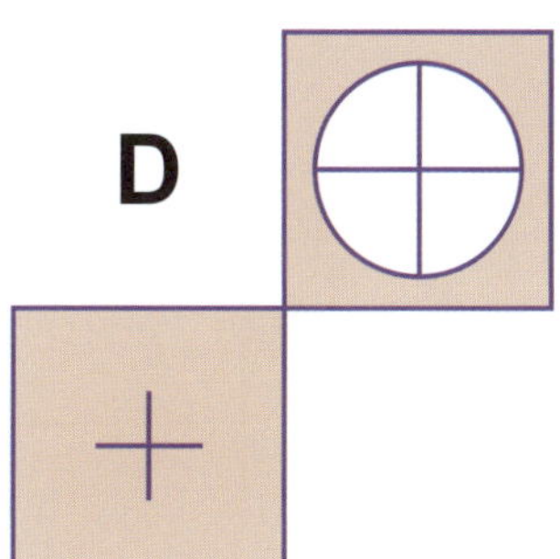

E

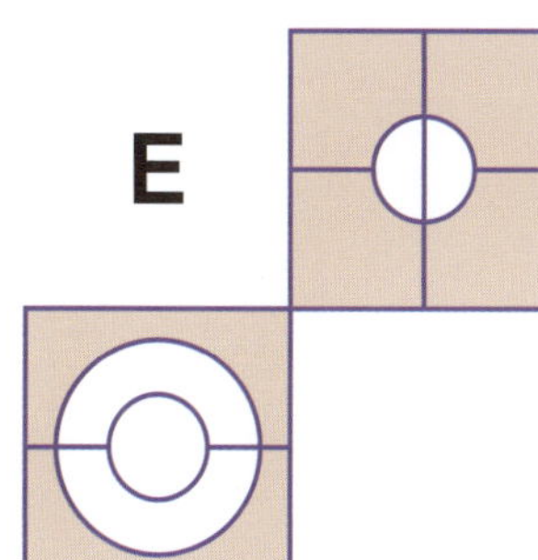

Schwer

19.

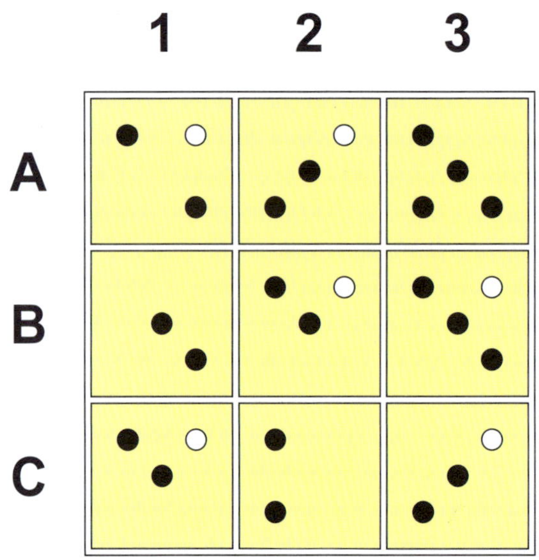

Wenn in jeder Reihe und Spalte die Inhalte der beiden ersten Fliesen miteinander kombiniert den Inhalt der dritten ergeben, außer dass zwei gleiche Kreise entfallen – welche der Fliesen oben ist dann nicht korrekt, und welche der Fliesen unten sollte sie ersetzen?

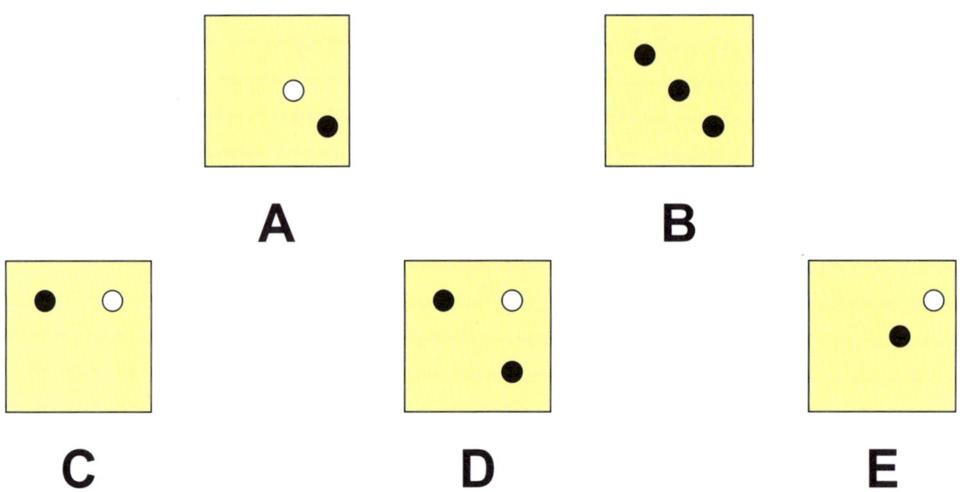

Schwer

20.

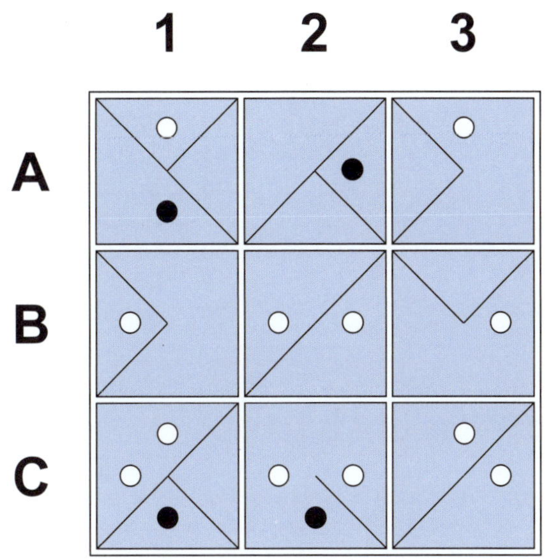

Wenn in jeder Reihe und Spalte die Inhalte der beiden ersten Fliesen miteinander kombiniert den Inhalt der dritten ergeben, außer dass gleiche Linien und Kreise entfallen – welche der Fliesen oben ist dann nicht korrekt, und welche der Fliesen unten sollte sie ersetzen?

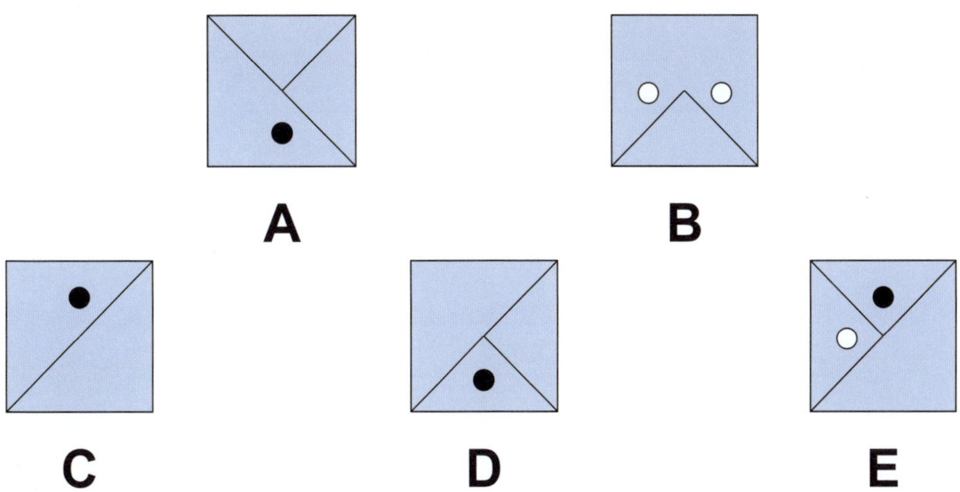

Lösungen – Test 1

1. Schalter D ist defekt.
2. Schalter A ist defekt.
3. Schalter B ist defekt.
4. Schalter A ist defekt.
5. Schalter A ist defekt.
6. Schalter B ist defekt.
7. Schalter D ist defekt.
8. Schalter C ist defekt.
9. Schalter A ist defekt.
10. Schalter D ist defekt.
11. Schalter C ist defekt.
12. Schalter A ist defekt.
13. Schalter C ist defekt.
14. Schalter D ist defekt.
15. Schalter C ist defekt.
16. Schalter B ist defekt.
17. Schalter C ist defekt.
18. Schalter C ist defekt.
19. Schalter B ist defekt.
20. Schalter D ist defekt.

Leistungsbewertung

Geben Sie sich für jede richtige Antwort 1 Punkt.

Punktzahl	Bewertung	Bevölkerungsanteil
19 / 20	genial	Top 5%
17 / 18	herausragend	Top 10%
15 / 16	Experte	Top 30%
13 / 14	überdurchschnittlich	Top 40%
11 / 12	durchschnittlich	Top 60%
9 / 10	unterdurchschnittlich	untere 40%
7 / 8	grenzwertig	untere 30%
5 / 6	schwach	untere 10%
0 / 4	sehr schwach	untere 5%

Multiplizieren Sie Ihre Punktzahl mit 1,25, runden Sie auf die nächste ganze Zahl auf, und übertragen Sie das Ergebnis Ihres Tests in die Gesamtbeurteilung auf Seite 302.

Lösungen – Test 2

1. D – Waagerecht wird nur eine horizontale Linie in den inneren Kreis eingefügt, senkrecht nur eine vertikale in den äußeren Kreis.

2. A – Alle Linien, unterbrochen oder nicht, werden in die nächste Fliese übertragen.

3. A – Waagerecht rotieren Linien um 90°, senkrecht kommt ein Kreis hinzu.

4. D – Waagrecht wechselt die Farbe des Kreises von Rot zu Gelb, und ein griechisches Kreuz kommt hinzu, senkrecht kommt ein Andreaskreuz hinzu.

5. B – Waagerecht macht die Linie eine Vierteldrehung, senkrecht eine halbe Drehung im Uhrzeigesinn.

6. C – Waagerecht fällt der große Kreis weg, senkrecht wird in den kleinen Kreis ein Punkt gesetzt.

7. C – Jede Reihe und Spalte enthält je einen Kreis, ein Quadrat und ein Dreieck.

8. B – Jede Reihe enthält abwechselnd nur Quadrate, Dreiecke, oder Kreise; waagrecht und senkrecht sind es pro Fliese je ein, zwei und drei Symbole.

9. C – Waagrecht und senkrecht ergeben die Inhalte der beiden ersten Fliesen miteinander kombiniert den Inhalt der dritten Fliese.

10. C – Jede Reihe und Spalte enthält einen großen weißen Kreis, einen mittleren weißen, einen kleineren weißen und einen kleinen schwarzen, und mitten durch einen weißen Kreis verläuft eine Linie.

11. D – In jeder Reihe und Spalte werden nur Symbole, die in beiden ersten Fliesen vorkommen, in die dritte übernommen.

12. E – Waagerecht dreht sich die lange Linie um 45° rechtsherum, senkrecht um 45° linksherum; waagerecht dreht sich die kurze Linie mit dem Kreis um 45° linksherum, senkrecht um 45° rechtsherum.

13. 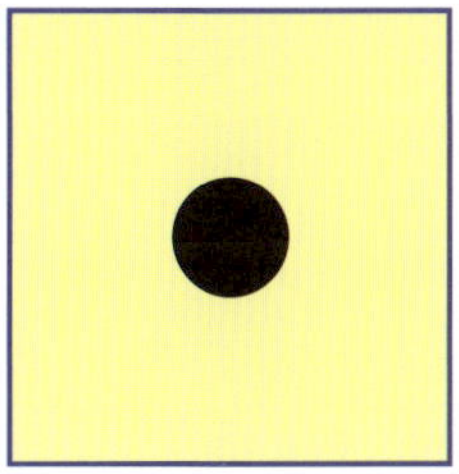

Waagrecht und senkrecht ergeben die Inhalte der beiden ersten Fliesen miteinander kombiniert den Inhalt der dritten Fliese.

14. D – Waagrecht und senkrecht kommen die vier Linienmuster je einmal vor.

Lösungen – Test 2

15. C – In der vierten Reihe wiederholen sich die Symbole der ersten Reihe, in der dritten die der zweiten Reihe, jeweils in umgekehrter Folge.

16. D – Waagerecht und senkrecht werden die Inhalte der beiden ersten Fliesen in die dritte Fliese übernommen, wenn jedoch zwei Linien in den ersten beiden Fliesen in gleicher Position vorkommen, entfallen sie.

17. 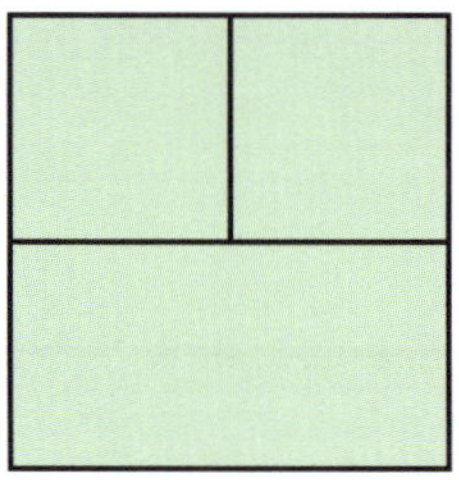

Waagerecht und senkrecht werden die Inhalte der beiden ersten Fliesen in die dritte Fliese übernommen, wenn jedoch zwei Linien in den beiden ersten Fliesen in gleicher Position vorkommen, entfallen sie.

18. E – Waagerecht und senkrecht werden die Inhalte der ersten beiden Fliesen in der dritten Fliese miteinander kombiniert, gleiche Linien und Symbole entfallen jedoch.

19. Fliese 3B ist nicht korrekt und sollte durch Fliese D ersetzt werden.

20. Fliese 2A ist nicht korrekt und sollte durch Fliese D ersetzt werden.

Wissenswertes über das Gehirn

Die französischen Mathematiker Poincaré und Hadamard definierten die folgenden vier Phasen eines kreativen Prozesses:
Präparation – der Versuch, ein Problem mit den üblichen Mitteln zu lösen.
Inkubation – Sie sind frustriert, dass es so nicht geht, und kümmern sich um anderes.
Illumination – die Antwort kommt urplötzlich wie ein Blitz aus dem Unterbewusstsein.
Verifikation – die Antwort wird nun durch logisches Denken untersucht, und Sie halten sie für machbar.

Leistungsbewertung

Geben Sie sich für jede richtige Antwort 1 Punkt.

Punktzahl	Bewertung	Bevölkerungsanteil
19 / 20	genial	Top 5%
17 / 18	herausragend	Top 10%
15 / 16	Experte	Top 30%
13 / 14	überdurchschnittlich	Top 40%
11 / 12	durchschnittlich	Top 60%
9 / 10	unterdurchschnittlich	untere 40%
7 / 8	grenzwertig	untere 30%
5 / 6	schwach	untere 10%
0 / 4	sehr schwach	untere 5%

Multiplizieren Sie Ihre Punktzahl mit 1,25, runden Sie auf die nächste ganze Zahl auf, und übertragen Sie das Ergebnis in die Übersicht auf Seite 302.

Wissenwertes über das Gehirn

Vermutlich reicht die Kapazität des Gehirns aus, bis ins hohe Alter pro Sekunde etwa tausend Bit an neuen Informationen aufzunehmen.

Einschätzung

Übertragen Sie die in den vorangegangenen sechs Abschnitten erzielten Ergebnisse in die unten stehende Übersicht und errechnen Sie Ihre Gesamtpunktzahl. Es sind insgesamt 300 Punkte (50 pro Abschnitt) möglich.

Neben dem Gehirntraining war es eines der Ziele dieses Buches, verschiedenen Typen von Intelligenz zu identifizieren und eine objektive Einschätzung Ihrer Fähigkeiten auf einer Reihe verschiedener Gebiete zu ermöglichen.

Abschnitt	Test (Mögliche Punktzahl)	Ergebnis (übertragbar)
1. Sprachliche Kompetenz	Sprachliche Kompetenz Test 1 (25) Sprachliche Kompetenz Test 2 (25)	
2. Mathematische Kompetenz	Gleichungen ergänzen (20) Kopfrechnen (20) Zahlenfolgen (10)	
3. Visuelle Kompetenz	Symbole ausschließen (20) Symbolfolgen (20) Symbolfolgen ergänzen (10)	
4. Gedächtnis	Tests 1 – 5 (50)	
5. Persönlichkeit	Selbstvertrauen (25) Einstellung (25)	
6. Höhere Logik	Ampelschaltung (25) Mustererkennung (25)	
	Gesamtergebnis	

Die obige Tafel weist den „Overall Brain Quotient“ – den „Gesamtgehirnquotienten“ – (©Philip Carter) aus, zusätzlich erlaubt sie dem Leser, seine Stärken und Schwächen zu erkennen.

Einschätzung des Overall Brain Quotient (BQ)

Höchste mögliche Punktzahl: 300

Punktzahl	Bewertung	Bevölkerungsanteil
260 / 300	genial	Top 5%
240 / 259	herausragend	Top 10%
201 / 239	Experte	Top 30%
170 / 200	überdurchschnittlich	Top 40%
135 / 169	durchschnittlich	Top 60%
111 / 134	unterdurchschnittlich	untere 40%
85 / 110	grenzwertig	untere 30%
51 / 84	schwach	untere 10%
0 / 50	sehr schwach	untere 5%

Analyse

Zusätzlich zur obigen Leistungsbewertung sollten Sie Ihre Leistung in jedem der sechs Abschnitte analysieren. Die Analyse der Ergebnisse in jedem dieser Unterabschnitte wird Sie befähigen, Ihre Stärken auszubauen und zu nutzen und auch dort, wo Sie schwach sind, besser zu werden.

Zwar werden Sie durch die Rätsel und Übungen in diesem Buch nicht über Nacht zu einem Genie werden, doch sicherlich werden Ihre Stärken etwas sein, auf das Sie bauen können. Wenn Sie nach der Lektüre dieses Buches die Leistungen Ihres Gehirn bis an die Grenze des Möglichen steigern möchten, dann gilt es, Ihr Gehirn fortdauernd zu trainieren, um noch besser zu werden.

Jeder von uns, egal wie alt er ist oder wie er lebt, kann die Leistungsfähigkeit seines Gehirns steigern, indem er dessen enormes Potential beständig nutzt. Dadurch verbessert er sein geistiges und sein körperliches Wohlbefinden gleichermaßen.

Notizen